用于国家职业技能鉴定
国家职业资格培训教程

YONGYU GUOJIA ZHIYE JINENG JIANDING·GUOJIA ZHIYE ZIGE PEIXUN JIAOCHENG

# 汽车修理工

## 第2版
### （基础知识）

**编审委员会**

主　任　刘　康

副主任　陈李翔　原淑炜

委　员　张吉国　张凯良　刘风林　王　林　王延峰　郝文直

　　　　张金码　陈　蕾　张　伟　李　克

**本书编审人员**

主　编　方瑞学

副主编　祖国民

编　者　高宏伟　周志刚　段亚丽　韩慧芝　荆文魁　国宇龙

　　　　王建军

主　审　刘风林

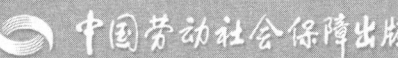
中国劳动社会保障出版社

# 图书在版编目(CIP)数据

汽车修理工：基础知识/中国就业培训技术指导中心组织编写. —2版. —北京：中国劳动社会保障出版社，2007

国家职业资格培训教程

ISBN 978-7-5045-5719-3

Ⅰ.汽… Ⅱ.中… Ⅲ.汽车-车辆修理-技术培训-教材 Ⅳ.U472.4

中国版本图书馆CIP数据核字(2006)第065712号

---

中国劳动社会保障出版社出版发行

(北京市惠新东街1号 邮政编码：100029)

出版人：张梦欣

\*

北京市艺辉印刷有限公司印刷装订 新华书店经销

787毫米×1092毫米 16开本 17印张 327千字

2007年8月第2版 2020年3月第25次印刷

定价：33.00元

读者服务部电话：(010) 64929211/84209101/64921644

营销中心电话：(010) 64962347

出版社网址：http://www.class.com.cn

版权专有 侵权必究

如有印装差错，请与本社联系调换：(010) 81211666

我社将与版权执法机关配合，大力打击盗印、销售和使用盗版图书活动，敬请广大读者协助举报，经查实将给予举报者奖励。

举报电话：(010) 64954652

# 前　言

为推动汽车修理工职业培训和职业技能鉴定工作的开展，在汽车修理从业人员中推行国家职业资格证书制度，中国就业培训技术指导中心在完成《国家职业标准——汽车修理工（2005年版）》（以下简称《标准》）制定工作的基础上，组织参加《标准》编写和审定的专家及其他有关专家，编写了《国家职业资格培训教程——汽车修理工（第2版）》（以下简称《教程》）。

《教程》紧贴《标准》，内容上，力求体现"以职业活动为导向，以职业能力为核心"的指导思想，突出职业培训特色；结构上，针对职业活动的领域，按照模块化的方式，分级别进行编写。《教程》的基础知识部分内容涵盖《标准》的"基本要求"；技能部分的章对应于《标准》的"职业功能"，节对应于《标准》的"工作内容"，节中阐述的内容对应于《标准》的"技能要求"和"相关知识"。

《国家职业资格培训教程——汽车修理工（第2版）（基础知识）》适用于对各级别汽车修理工基础知识的培训，是职业技能鉴定的推荐辅导用书。

本书在编写过程中得到了内蒙古交通职业技术学院等单位的大力支持与协助，在此一并表示衷心的感谢。

由于时间仓促，不足之处在所难免，欢迎读者提出宝贵意见和建议。

中国就业培训技术指导中心

# 目 录

## CONTENTS 《国家职业资格培训教程》

**第一章 钳工基础知识** ……………………………………………………（1）
 第一节 钳工常用量具 ………………………………………………（1）
 第二节 钳工常用工具与设备 ………………………………………（6）
 第三节 钳工作业 ……………………………………………………（9）

**第二章 汽车常用材料** …………………………………………………（21）
 第一节 金属材料 ……………………………………………………（21）
 第二节 汽车燃料、润滑油与工作液 ………………………………（27）
 第三节 汽车轮胎的规格、分类、组成及应用 ……………………（35）
 第四节 汽车用轴承与螺纹 …………………………………………（38）

**第三章 机械识图** ………………………………………………………（47）
 第一节 图样知识 ……………………………………………………（47）
 第二节 公差与配合的基础知识 ……………………………………（58）
 第三节 识读简单的零件图 …………………………………………（69）

**第四章 电工与电子基础常识** …………………………………………（71）
 第一节 电的基本概念 ………………………………………………（71）
 第二节 电路 …………………………………………………………（75）
 第三节 欧姆定律 ……………………………………………………（78）
 第四节 电功及电功率 ………………………………………………（78）
 第五节 电容器和电容 ………………………………………………（79）
 第六节 磁与电磁 ……………………………………………………（83）

第七节　正弦交流电的基本概念 ……………………………………… (95)
　　第八节　基尔霍夫定律 …………………………………………………… (97)
　　第九节　晶体管 …………………………………………………………… (98)
　　第十节　电子电路基础 …………………………………………………… (105)
　　第十一节　电工与电子测量 ……………………………………………… (109)

第五章　液压传动 ……………………………………………………………… (113)
　　第一节　液压传动基础知识 ……………………………………………… (113)
　　第二节　液压传动在汽车上的应用 ……………………………………… (120)

第六章　汽车维修机具的性能和使用 ………………………………………… (123)
　　第一节　举升器的种类、性能和使用方法 ……………………………… (123)
　　第二节　汽车拆装工具的种类、性能和使用方法 ……………………… (126)
　　第三节　车轮平衡机的性能和使用方法 ………………………………… (132)
　　第四节　汽车清洗设备的种类、性能和使用方法 ……………………… (135)

第七章　汽车构造 ……………………………………………………………… (138)
　　第一节　汽车的类型与型号 ……………………………………………… (138)
　　第二节　汽车的组成和技术参数 ………………………………………… (141)

第八章　汽车发动机 …………………………………………………………… (148)
　　第一节　发动机的组成和基本参数 ……………………………………… (148)
　　第二节　四冲程发动机的工作原理 ……………………………………… (154)
　　第三节　曲柄连杆机构的功用与组成 …………………………………… (157)
　　第四节　配气机构的功用与组成 ………………………………………… (158)
　　第五节　汽油机燃料系的功用与组成 …………………………………… (160)
　　第六节　柴油机燃料供给系的功用与组成 ……………………………… (162)
　　第七节　冷却系的功用与组成 …………………………………………… (164)
　　第八节　润滑系的功用与组成 …………………………………………… (165)

第九章　汽车底盘 ……………………………………………………………… (168)
　　第一节　传动系的功用与组成 …………………………………………… (168)

第二节　离合器的功用与组成 ……………………………………… (171)
　　第三节　变速器的功用与组成 ……………………………………… (172)
　　第四节　万向传动装置的功用与组成 ……………………………… (175)
　　第五节　驱动桥 ……………………………………………………… (176)
　　第六节　车桥的功用与组成 ………………………………………… (178)
　　第七节　悬架的功用与组成 ………………………………………… (180)
　　第八节　转向车轮定位 ……………………………………………… (181)
　　第九节　转向系 ……………………………………………………… (182)
　　第十节　制动系 ……………………………………………………… (188)

第十章　汽车电气设备 …………………………………………………… (199)
　　第一节　蓄电池的功用与组成 ……………………………………… (199)
　　第二节　交流发电机的功用与组成 ………………………………… (200)
　　第三节　点火系 ……………………………………………………… (204)
　　第四节　起动机的功用与组成 ……………………………………… (206)
　　第五节　汽车电气辅助装置 ………………………………………… (208)

第十一章　汽车电子控制装置 …………………………………………… (216)
　　第一节　汽车常用传感器的基础知识 ……………………………… (216)
　　第二节　车用电控元件的基本知识 ………………………………… (227)
　　第三节　执行元件的基本知识 ……………………………………… (231)

第十二章　安全生产与环保知识 ………………………………………… (234)
　　第一节　安全生产操作规程 ………………………………………… (234)
　　第二节　安全防火知识 ……………………………………………… (237)
　　第三节　环境保护知识 ……………………………………………… (241)

第十三章　质量管理知识 ………………………………………………… (248)
　　第一节　汽车维修企业全面质量管理的概念 ……………………… (248)
　　第二节　汽车维修企业质量管理基本方法 ………………………… (249)
　　第三节　汽车维修质量评价与控制 ………………………………… (251)
　　第四节　汽车维修人员的职业道德 ………………………………… (254)

| 第十四章 | 法律知识 | (256) |
|---|---|---|
| 第一节 | 劳动法常识 | (256) |
| 第二节 | 合同法常识 | (258) |
| 第三节 | 质量管理法 | (260) |
| 第四节 | 消费者权益保护法 | (262) |

# 第一章 钳工基础知识

## 第一节 钳工常用量具

### 一、游标卡尺

1. 用途

游标卡尺是一种能直接测量工件内、外直径,宽度,长度或深度的中等精度量具。

2. 种类

按照测量功能可以分为普通游标卡尺、游标深度尺等;按照读数值可以分为 0.10 mm,0.02 mm,0.05 mm 等几种。

普通游标卡尺的组成如图 1—1 所示。

3. 使用方法

(1) 使用前,先将工件被测表面和卡脚接触表面擦干净。

(2) 测量工件外径时,将活动量爪向外移动,使两量爪间距大于工件外径,然后再慢慢地移动游标,使两量爪与工件接触。切忌硬卡硬拉,以免影响游标卡尺的精度和读数的准确性。

(3) 测量工件内径时,将活动量爪向内移动,使两

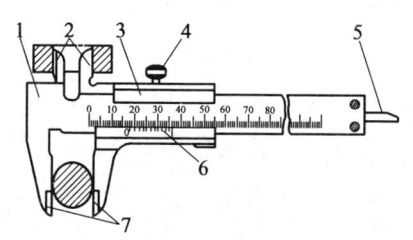

图 1—1 普通游标卡尺
1—尺身 2—内量爪 3—尺框 4—紧固螺钉
5—深度尺 6—游标 7—外量爪

量爪间距小于工件内径,然后再缓慢地向外移动游标,使两量爪与工件接触,如图1—2a所示。

(4) 测量时,应使游标卡尺与工件垂直,固定锁紧螺钉。测外径时,记下最小尺寸;测内径时,记下最大尺寸。

(5) 用游标深度尺测量工件深度时,将固定量爪与工件被测表面平整接触,然后缓慢地移动游标,使量爪与工件接触。移动力不宜过大,以免硬压游标而影响测量精度和读数的准确性,如图1—2b所示。

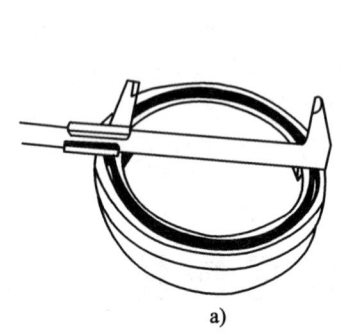 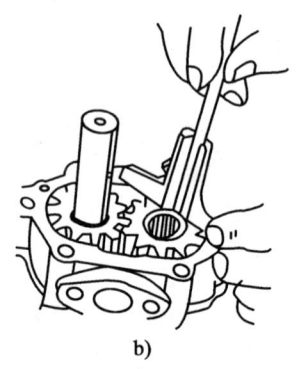

图1—2 游标卡尺的使用

(6) 用毕,应将游标卡尺擦拭干净,并涂一薄层工业凡士林,放入盒内存放,切忌拆装、重压。

4. 读数方法

(1) 读出游标零刻线所指示尺身上左边刻线的毫米数。

(2) 观察游标上零刻线右边第几条格线与尺身某一刻线对准,将游标卡尺上的格线数乘以精度值,即为毫米小数值。

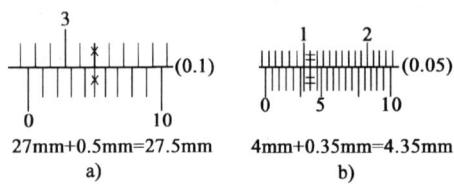

图1—3 游标卡尺读数方法
a) 精度值为0.1 mm  b) 精度值为0.05 mm

(3) 将尺身上整数和游标上读出的毫米小数值相加,即得被测工件的尺寸。

图1—3a的读数为 27 mm+0.5 mm=27.5 mm;

图1—3b的读数为 4 mm+0.35 mm=4.35 mm。

## 二、千分尺

1. 用途

千分尺是一种用于测量加工精度要求较高的精密量具,其测量精度可达到0.01 mm。

2. 种类

按照测量范围可以分为 0～25 mm，25～50 mm，50～75 mm，75～100 mm，100～125 mm 等多种不同规格，但每一种千分尺的测量范围均为 25 mm。测量范围为 0～25 mm 的千分尺的结构如图 1—4 所示。

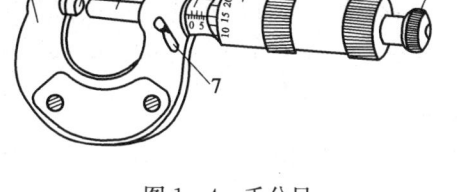

图 1—4　千分尺

1—尺架　2—测砧　3—测微螺杆　4—固定套筒
5—微分筒　6—棘轮　7—锁紧装置

3. 千分尺误差检查

（1）把千分尺测砧端表面擦拭干净。

（2）旋转棘轮，使两个测砧端先靠拢，直到棘轮发出 2～3 下"咔、咔"声响，这时检视指示值。

（3）微分筒前端应与固定套筒的"0"线对齐。

（4）微分筒的"0"线与固定套筒的基线对齐。

（5）若两者中有一个"0"线不能对齐，则该千分尺有误差，应予检调后才能测量。

4. 使用方法

（1）将工件被测表面擦拭干净，并置于千分尺两测砧端之间，使千分尺螺杆轴线与工件中心线垂直或平行，若歪斜着测量，则直接影响到测量的准确性。

（2）旋转微分筒，使测砧端与工件测量表面接近，这时改用旋转棘轮，直到棘轮发出"咔、咔"声响时为止，这时的指示数值就是所测量到的工件尺寸。

（3）测量完毕，必须倒转微分筒后才能取下工件。

（4）用毕，应将千分尺擦拭干净，保持清洁，并涂抹一薄层工业凡士林，然后放入盒内保存，禁止重压、弯曲千分尺，且两测砧端不得接触，以免影响千分尺精度。

5. 读数方法

（1）从固定套筒上露出的刻线读出工件的毫米整数和半毫米数。

（2）从固定套筒纵向线对准的微分筒刻线上读出工件的小数部分（百分之几毫米），不足一格数（千分之几毫米），可用估算读法确定。

（3）将两个读数相加就是被测工件的尺寸。

如图 1—5 所示为千分尺读数实例。

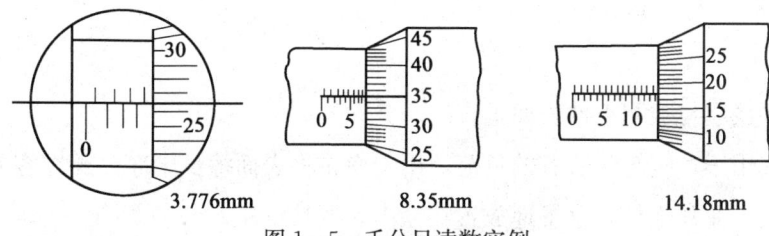

3.776mm　　8.35mm　　14.18mm

图 1—5　千分尺读数实例

### 三、百分表

1. 用途

百分表是一种比较性测量仪器，主要用于测定工件的偏差值，如零件平面度误差、直线度误差、跳动量误差、汽缸圆度误差、圆柱度误差以及配合间隙等，其结构如图1—6所示。

2. 读数方法

百分表的表盘刻度一圈分为100格，当测头每移动0.01 mm时，大指针就偏转1格（表示0.01 mm）；指针的摆动量就是被测零件的实际偏差或间隙值。

3. 使用方法

（1）先将百分表固定在表架（支架）上，将测头抵住被测工件表面，并使测头产生一定位移（即指针有一个预偏转值，一般为0.5~1.0 mm），如图1—7所示。

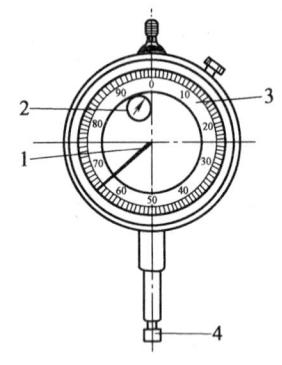

图1—6 百分表

1—大指针 2—小指针 3—表盘 4—测头

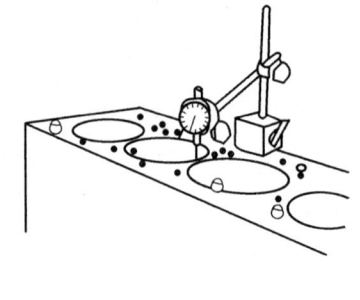

图1—7 百分表的使用

（2）移动被测工件，同时观察百分表表盘上指针的摆动量，该摆动量即被测物体的偏差值或间隙值。

4. 注意事项

（1）测杆轴线应与被测工件表面垂直。

（2）百分表用毕，应解除所有的负荷，用干净布将表面擦拭干净，并在容易生锈的金属表面涂抹一薄层工业凡士林，水平地放置在盒内，严禁重压。

## 四、内径百分表

1. 用途

内径百分表又称量缸表，是一种用于测量孔径的比较性量具，在汽车维修中，主要用于测量发动机汽缸和轴承座孔的圆度误差、圆柱度误差或零件磨损情况，其结构如图1—8所示。

2. 使用方法

（1）用手拿住绝热套，如图1—9所示，另一只手尽量托住百分表表杆下部，将内径百分表倾斜，并稍微压缩活动测量杆，放入汽缸内，轻轻摆动表杆，使内径百分表测量杆与汽缸轴线垂直，可通过观察百分表指针摆动情况来判断，当表针顺时针偏转到最大数值时，即表示测量杆已垂直于汽缸轴线。

（2）内径百分表读数方法与百分表相同，读出百分表表头指示数值。

（3）确定工件尺寸

如果百分表头的小指针恰好指在被预偏转的数值，大指针正好指在"0"处，说明被测工件的孔径（缸径）与其校表尺寸相等。若以标准尺寸进行校表，则表示工件尺寸与标准尺寸相同。如果百分表头大指针顺时针方向转离"0"位，则表示工件尺寸小于标准尺寸；反之，则表示大于标准尺寸。

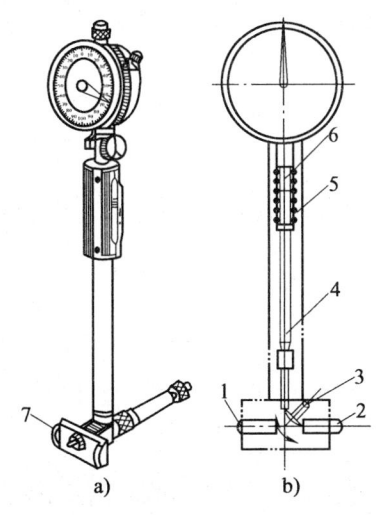

图1—8 内径百分表

1—可换测头 2—测量杆 3—摆块 4—表杆
5—弹簧 6—百分表测杆 7—定位护桥

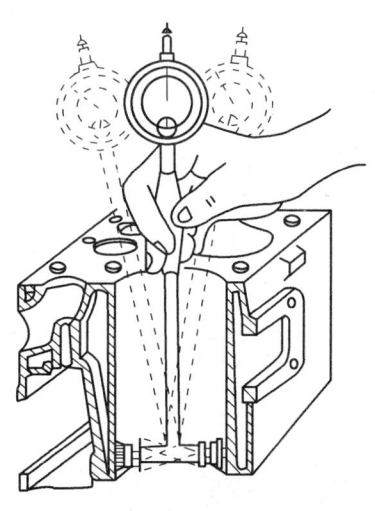

图1—9 内径百分表的使用方法

# 第二节 钳工常用工具与设备

## 一、台虎钳

1. 用途

台虎钳是一种夹持工件的夹具,分固定式和回转式两种,如图1—10所示。台虎钳的规格用钳口的宽度表示,常用尺寸为100~150 mm。

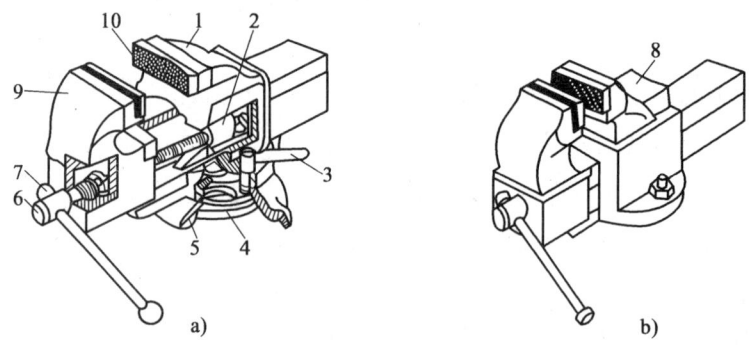

图1—10 台虎钳
a) 回转式台虎钳 b) 固定式台虎钳
1—固定钳身 2—固定螺母 3—转盘扳手 4—夹紧盘
5—转盘座 6—螺杆 7—手柄 8—砧座 9—活动钳身 10—钳口

2. 注意事项

(1) 夹紧工件时,不准用锤子敲击或套上管子转动手柄,以免丝杠、螺母或钳身受力过大而损坏。

(2) 强力作业时,应尽量使受力的方向朝向固定钳身,否则丝杠和螺母会因受力过重而损坏。

(3) 不要在活动钳身的光滑面上进行敲击作业。

(4) 台虎钳的丝杠、螺母及其他活动表面都要经常加润滑油,并保持清洁。

## 二、螺钉旋具

1. 种类与用途

（1）一字旋具如图1—11a所示，常以杆部分的长度来区分，常用的规格有50 mm，75 mm，125 mm，150 mm等几种。主要用于拆装一字槽的螺钉、木螺钉等。

（2）十字旋具如图1—11b所示，按十字口的直径可分为2～2.5 mm，3～5 mm，5.5～8 mm，10～12 mm四种规格。专用于拆装十字槽口的螺钉。

（3）花键头旋具如图1—11c所示，是一种使用简便的旋具与较高夹紧力的套筒相结合的工具。适用于在空间受到限制的位置处拆装小螺母或螺钉。

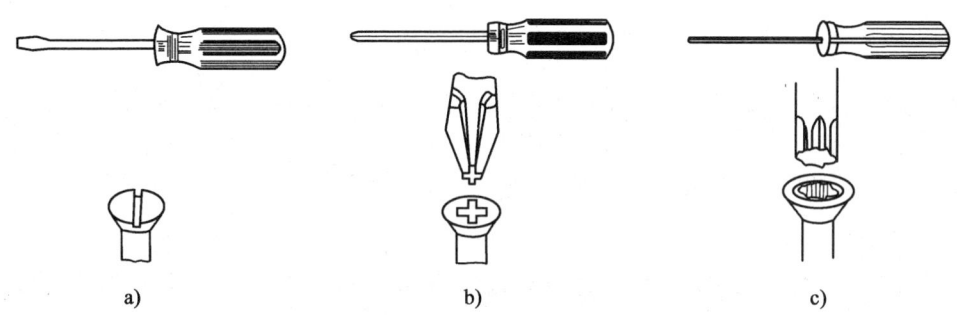

图1—11 各种旋具
a）一字旋具 b）十字旋具 c）花键头旋具

2. 注意事项

（1）旋具有木柄和塑料柄之分，塑料柄具有一定的绝缘性，适宜电工使用。

（2）使用前应擦净旋具柄和口端的油污，以免工作时滑脱而发生意外。

（3）选用的旋具口端应与螺钉上的槽口相吻合，如图1—12所示。刀口端太薄容易折断，太厚不能完全嵌入槽口内，且容易使旋具口和螺钉槽口损坏。

（4）使用时，不允许将工件拿在手上，用旋具拆装螺栓，以免旋具从槽口中滑出伤手。

（5）使用时，不可将旋具当撬棒或錾子使用，如图1—13所示。

（6）不允许用扳手或钳子扳转旋具口端的方法来增大扭力，以免使旋具发生弯曲或扭曲变形。

（7）正确的握持方法是：以右手握持旋具，手心抵住旋具柄端，让旋具口端与螺钉槽口处于垂直吻合状态。当开始拧松或最后拧紧时，应用力将旋具压紧后再用手腕力扭转旋具。当螺钉松动后，即可使手心轻压住旋具柄，用拇指、中指和食指快速扭转。使用较长的螺钉旋具时，可用右手压紧和转动旋具柄，左手握在旋具柄中部，防止旋具滑脱，以保证安全工作。

（8）使用完毕，应将旋具擦拭干净。

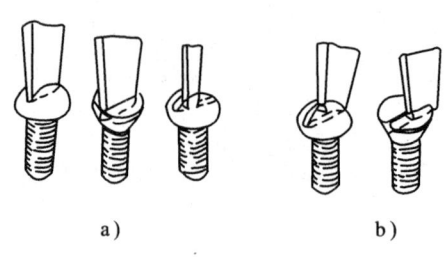

图1—12 旋具的使用方法

a) 正确 b) 错误

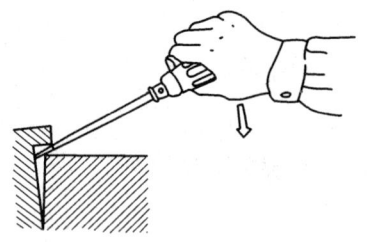

图1—13 旋具的错误使用方法

### 三、扳手

扳手一般有呆扳手、梅花扳手、活扳手、套筒扳手、管子扳手和扭力扳手等。

1. 呆扳手

常用的有6件套、8件套两种，适用范围在6～24 mm之间。按其结构形式可分为双头和单头两种；按其开口角度又可分为15°、45°、90°三种。这种扳手主要用于拆装标准规格的螺栓或螺母。使用时可以上下套入或直接插入，具有使用方便的特点。

2. 梅花扳手

常用的有6件套、8件套两种，适用范围在5.5～27 mm之间，使用时应选择合适的规格。

3. 套筒扳手

是一种组合型工具，使用时常由套筒、接杆、摇柄等共同组合成一把扳手。常用的套筒扳手有13件套、17件套和24件套等多种规格，如图1—14所示。

4. 活扳手

其开口端根据需要可以在一定范围内进行调节，主要用于拆装不规则的带有棱角的螺栓或螺母。

5. 管子扳手

是一种专门用于扭转管子、圆棒以及用其他扳手

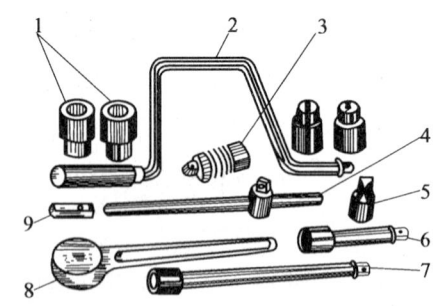

图1—14 套筒扳手

1—套筒 2—摇柄 3—方向接头
4—活动手柄 5—旋具 6—短接杆
7—长接杆 8—快速手柄 9—接头

难以夹持的表面光滑的圆柱形工件的工具。

6. 扭力扳手

如图 1—15 所示，是一种与套筒扳手中的套筒配合使用，能显示扭转力矩大小的专用工具。用扭力扳手拧紧螺栓或螺母时，其转矩的大小能及时指示出来，扭矩的单位是 N·m。汽车维护中常用扭力扳手的规格为 0～300 N·m。

图 1—15　扭力扳手

### 四、砂轮机

1. 用途与组成

砂轮机用来磨削各种工件或材料的毛刺、锐边等。砂轮机主要由砂轮、电动机和机体等组成，如图 1—16 所示。

2. 注意事项

（1）安装砂轮时一定要使砂轮平衡，无振动和其他不良现象。

（2）砂轮的旋转方向应使磨屑向下方飞离砂轮。

（3）经常保持砂轮表面平整、无缺损和裂纹，发现砂轮跳动时，应及时修整。

（4）砂轮机启动后，应待转速达到正常时方可进行磨削。不可用力过猛或用工件撞击砂轮。

（5）磨削时，应将工件夹持牢固、稳定。操作人员要站在砂轮机的侧面或斜侧位置，戴眼镜进行操作。

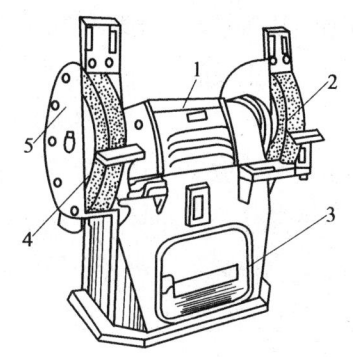

图 1—16　砂轮机
1—电动机　2—砂轮　3—机座
4—托架　5—防护罩

## 第三节　钳工作业

### 一、划线

划线是指在毛坯或工件上根据图样要求，用划线工具画出加工轮廓线的一种操作方法。划线分平面划线和立体划线两种。

1. 划线常用工具

(1) 基准工具

划线时放置工件的工具称为基准工具。常用的基准工具有划线平板、方箱、直角铁和V形架等。

(2) 划线工具

划线工具是用来在工件上划线的，有划针、划线盘、划规、划卡、样冲等。

(3) 辅助工具

常用的辅助工具有千斤顶、C形夹钳和各种垫铁。

2. 划线操作注意事项

(1) 划线操作时，应使划线平板的上平面保持水平，平板各处要均匀使用，避免局部磨凹。不准在平板上锤敲各种物体。要经常保持平板的清洁，长期不用时应涂油防锈。

(2) 使用V形架划线时，应将V形架、划线平板、工件擦干净，以免影响工件轴心线与划线基面平行，出现划线误差。

(3) 划线时，不应用力过大，以免折断划针尖角。

(4) 使用划规时，划规两脚开合松紧度要适当，以免划线时发生自动张缩。使用划规在钢直尺上量取尺寸时，为减少误差，应重复量取几次。

(5) 使用样冲时，应先使样冲向外倾斜，让样冲底部对准线中部，然后将样冲摆正，用锤子轻打样冲顶部，否则易使冲眼偏离划线。

(6) 划线结束后，应将划线工具摆放好，以免损坏。

## 二、錾削

用锤子锤击錾子，对金属工件进行切削加工的方法叫錾削。

1. 錾削工具

錾削的主要工具是錾子和锤子。

錾子一般用优质碳素工具钢制成，刃口部分经淬火和回火处理。常用的錾子有扁錾、尖錾、油槽錾和圆口錾四种，如图1—17所示。

錾削时常用锤子规格有 0.25 kg、0.5 kg、0.75 kg 和 1.00 kg 等几种，錾子和锤子的握法如图1—18所示。

2. 錾削方法

(1) 平面錾削

1) 用台虎钳夹持工件，在工件上划出的尺寸线要露出钳口，但不宜过高。

2) 錾削时，錾子的切削刃应与錾削方向倾斜一个角度，大约为25°~40°，使切削刃与工件有较多的接触面，錾出平面较平整。每次錾削厚度约为 0.5~1 mm。如果一次錾

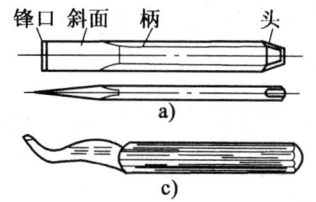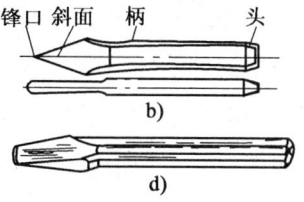

图 1—17 錾子的种类

a）扁錾 b）尖錾 c）油槽錾 d）圆口錾

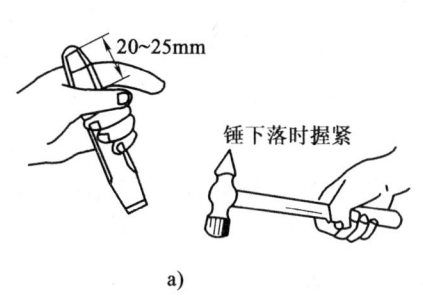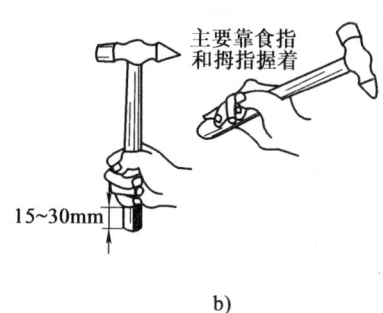

图 1—18 錾子和锤子的握法

a）錾子的握法 b）锤子的握法

削过厚，则錾削费力，且不易錾平；錾削过薄则易使錾子从工件表面滑脱。当快要錾削到工件尽头时，为避免使工件边缘崩裂，应将工件调头，从另一端錾去多余部分，如图 1—19 所示。

3）錾削较宽平面时，尖錾在平面上开槽，然后用扁錾錾去剩余部分，如图 1—20 所示。

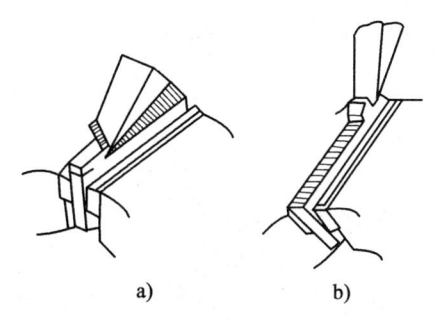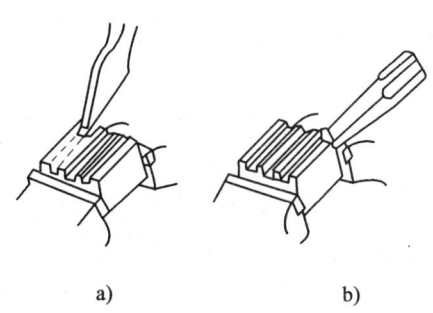

图 1—19 錾削平面

a）錾平面 b）从另一端錾削

图 1—20 錾削较宽平面

a）开槽 b）錾削

(2) 槽錾削

槽錾削一般分为錾削油槽和錾削键槽。

在平面上錾削油槽的方法与錾削平面基本一致，但錾削的油槽必须光滑且深度均匀，以便输油和存油。在曲面上錾削油槽时，錾削方向应随工件的曲面及油槽的圆弧而变动，使錾子倾斜角度不变。油槽錾削好后，应用刮刀或细锉刀修除掉边上的毛刺。

錾削键槽时，应先划出加工线，再在錾削部位钻孔，用窄錾磨成合适尺寸，进行錾削。

3. 錾削操作注意事项

(1) 錾削时，左手握住錾身，用中指、无名指与掌心夹持，手腕不可以向上或向下歪，錾子尾端以露出 20 mm 左右为宜。过长的錾子容易摇动，造成锤子打手。

(2) 錾削厚层金属时，应分几次完成。錾铁板成圆、方铁件时，可将其放在铁砧上或夹在台虎钳上，打出槽痕后，再用手将其压断或用锤子轻轻敲断。

(3) 錾软金属（铜、铝）时，可将肥皂或油涂于錾子刃口上，这样容易錾削，且表面光滑。

(4) 錾削时，眼睛应注视錾子刃口，不要盯着被锤击的錾顶。

(5) 錾削操作前，应检查锤头是否松动，如有松动现象，应及时用锤楔楔牢，以防使用时锤头脱出。

(6) 操作中应及时擦净锤柄上的汗水、油污，避免锤子从手中滑脱。

## 三、锯削

锯削是用手锯或机械锯把金属材料分割、开缝和切槽的加工方法。

1. 锯削工具

钳工主要用手锯进行锯削，手锯由锯弓和锯条组成。

(1) 锯弓

锯弓是用来装夹锯条的。它有固定式和可调式两种，如图 1—21 所示。

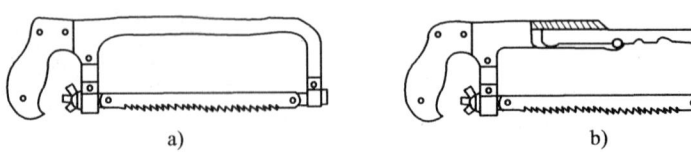

图 1—21 锯弓
a) 固定式  b) 可调式

(2) 锯条

锯条规格用其两端的安装孔距表示，常用的是 300 mm 锯条。锯齿的大小以 25.4 mm

长度内所包含的锯齿数表示，长度内包含的齿数越多，锯齿就越细。细齿锯条适用于锯削硬材料或小而薄的工件。

2. 锯削方法

（1）锯条安装

安装锯条时，锯齿的齿尖要朝前。不要装歪斜，其拉紧度以工作时锯条不弯曲为宜。过松会使锯条扭曲，锯缝歪斜，锯条容易折断；过紧会使锯条失去弹性，在锯割中也易折断。

（2）锯削方法

1）扁钢锯削方法　为了得到整齐的削口，应从扁钢较宽的面下锯，这样锯缝的深度较浅，锯条不易卡住。

2）圆管锯削方法　锯削直径较大的薄壁管子时，一般用细齿锯条。锯割时不要从一个方向锯到底，应在管壁被锯透时，将圆管向锯条方向转动，锯条仍然从原锯缝锯下，如图1—22所示。

锯削薄壁管子和精加工过的管子，应将管子水平夹在两块V形木衬垫之间进行锯削，以防夹扁和夹坏表面，如图1—23所示。

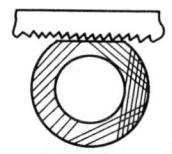

图1—22　圆管锯削方法

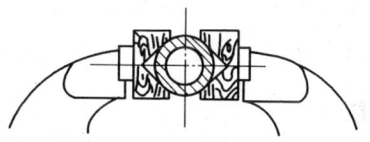

图1—23　薄壁管子夹持方法

3）槽钢锯削方法　锯法同锯削扁钢方法相同。槽钢从三面来锯，角钢从两面来锯，如图1—24所示。

4）薄板锯削方法　锯削薄板时，工件易振动和变形，锯齿容易被钩住造成崩齿，锯削薄板时，可将薄板工件夹持在两木板之间，然后按线锯下，如图1—25所示。

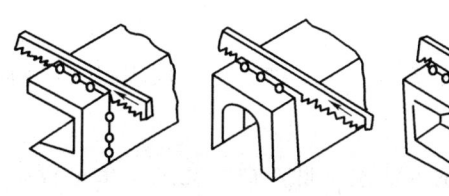

图1—24　槽钢锯削方法

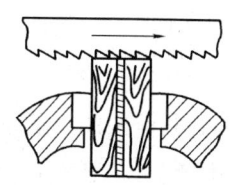

图1—25　薄板锯削方法

5）深缝锯削方法　锯深缝时，先用正常安装的锯条一直锯到锯弓将要碰到工件为止，然后将锯条转过90°安装后再锯，此时用力要轻，以防锯条折断。锯宽缝时，可用几根锯条拼装进行锯削。

3. 锯削操作注意事项

（1）工件应夹紧在台虎钳上，锯削部位尽可能靠近钳口。

（2）起锯角度要小（约15°），一般应在工件的最宽面上起锯。起锯时，行程要短，压力要小，速度要慢。

（3）尽可能使锯条全长参加工作，锯削速度以30～40次/min为宜。当工件快要锯断时，锯削速度要慢，压力要轻，行程要短，尽量扶住工件，以免工件落地损坏或伤人。

（4）锯削时，用右手握持手柄，拇指在上，左手轻握锯架前端。手锯在前行中应加压力，回行时不用加压，并将其稍抬起。

（5）锯削钢件时应使用切削液。

## 四、锉削

锉削是用锉刀切削、修整金属表面尺寸和形状的加工方法。

1. 锉刀

锉刀可分为钳工锉、特种锉和整形锉三类。

（1）钳工锉刀是钳工最常用的锉刀，按断面形状不同，又可分为平锉、方锉、三角锉、半圆锉和圆锉等几种。

（2）特种锉用来锉削特殊工件表面，按断面形状不同，又可分为刀口锉、菱形锉、扁三角锉、椭圆锉和圆肚锉等多种。

（3）整形锉又称什锦锉，常用于修整工件的细小部位。整形锉每套分别有5把、6把、8把、10把和12把等。

2. 锉削方法

（1）平面锉削

1）顺锉法　是最常用的一种锉法，如图1—26所示。顺锉法可得到直的锉痕，锉削后表面粗糙度较低，一般用于不太大的工件和最后精锉。

2）交叉锉法　粗锉时常用交叉锉法，如图1—27所示。这种方法不仅锉得快，而且可用锉痕来判断锉面的高低。

3）推锉法　一般用于锉削狭长平面。这种锉削方法效率低，适宜在加工余量较小或修正尺寸时采用，如图1—28所示。

（2）曲面锉削

1）外圆弧面锉削　锉削时，锉刀做前进运动的同时，还应绕工件圆弧面中心摆动。当加工余量较小时，可采用锉刀沿圆弧锉削的方法，如图1—29a所示。当加工余量较大时，先采用横向圆弧锉削方法,如图 1—29b 所示,当将要锉削到要求的尺寸时,再采用沿圆弧锉法进行精锉。

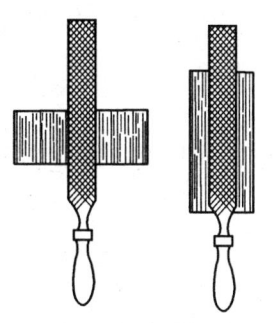

图 1—26 顺锉法

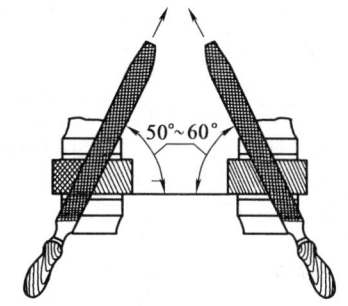

图 1—27 交叉锉法

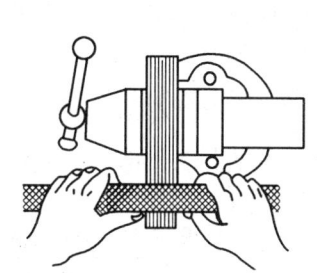

图 1—28 推锉法

2) 内圆弧面锉削　一般用圆锉或半圆锉。锉削时,锉刀要同时完成三个运动:即前进运动,如图 1—30a 所示;左右运动,如图 1—30b 所示;绕锉刀中线转动,如图 1—30c 所示。

3) 球面锉削　锉球面时,锉刀在做外圆弧锉削运动的同时,还应绕球面中心线做摆动,如图 1—31 所示。

3. 锉削操作注意事项

(1) 不得用锉刀敲打或撬其他东西;不得用细锉刀锉软金属,否则会粘塞锉齿。有氧化皮、硬皮和砂粒的铸件与锻件,应先用砂轮或旧锉刀打磨,再用新锉刀锉削。

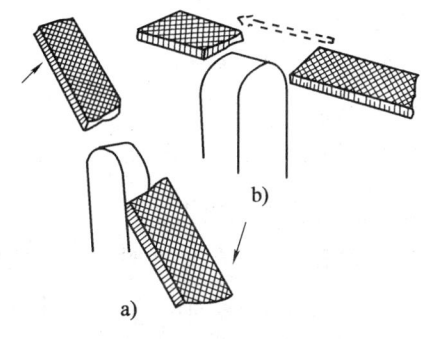

图 1—29 外圆弧面锉削

a) 加工余量较小时　b) 加工余量较大时

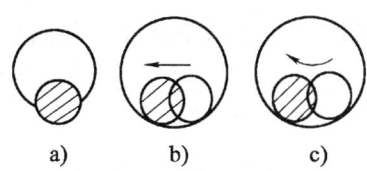

图 1—30 内圆弧面锉削

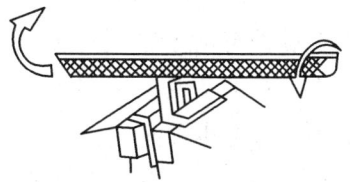

图 1—31 球面锉削

(2) 新锉刀应先用一面,待该面用钝后再用另一面,这样可以延长使用期限。

(3) 锉刀不可沾水、沾油,以防锈蚀和锉削时打滑。锉削时,不要用手摸工件加工面,否则锉刀易打滑。

(4) 清除锉齿中的锉屑时,应用钢丝刷顺着齿纹刷拭,不得敲拍锉刀去屑或用嘴吹去锉屑。

(5) 锉刀不得重叠堆放在一起,也不得将锉刀和量具混放在一起。

五、钻孔

用钻头在实心工件上钻出孔眼的切削加工方法。

1. 钻头

钻头有麻花钻、扁钻、深孔钻、中心钻等,其中麻花钻是最常用的钻头。麻花钻由柄部、颈部和工作部分组成,如图1—32所示。

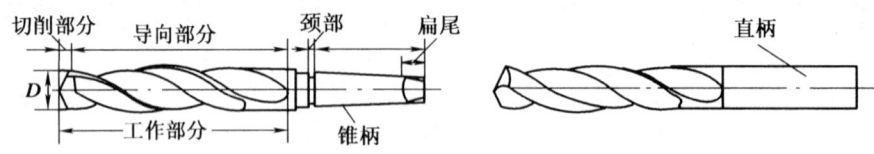

图1—32 麻花钻

2. 钻孔方法

(1) 单件或小批量工件钻孔时,可先在工件上划线确定所要钻孔的中心点,并在此中心点上用锥形样冲冲出锥坑,然后钻头对准锥坑进行钻孔。

(2) 大批量工件钻孔时,可用钻模来保证孔的位置精度。

(3) 钻较深的孔时,要多次退出钻头,排除切屑并进行冷却润滑,以防切屑堵塞在孔内,使钻头过热而加快磨损甚至扭断。

3. 钻孔操作注意事项

(1) 装夹钻头和操作时要注意检查钻头是否装夹牢固、正确。

(2) 钻划线孔时要先试钻1/4直径的浅坑,然后检查是否对正中心,如果钻偏可用槽錾修正,位置正确后才能继续深钻。

(3) 当孔即将钻通时,必须减少进刀量,一般用手动进刀,以免钻头被卡住而受损坏。

(4) 若钻孔的孔径超过30 mm时,应先钻小孔,小孔直径应超过大钻头的横刃宽度,然后再扩孔,以减少轴向力。

(5) 钻孔时应注入充足的切削液,以防止钻头和工件摩擦时产生的高温降低钻头的使用寿命和工件受热变形。在钢件、黄铜或紫铜上钻孔时,可用肥皂水或矿物油;在铝件上钻孔时,可用混有煤油的肥皂水;在铸铁或青铜件上钻孔可不用切削液。

(6) 进行钻孔操作时严禁戴手套。

六、铰孔

用铰刀对孔进行精加工的方法称铰孔。它是在钻孔、扩孔后进行的一道精加工工序。

1. 铰刀

通常使用的铰刀分为固定式铰刀（外径尺寸固定）和活动式铰刀（外径尺寸可以在一定范围内调整，一般为 1～10 mm）两种。可调式铰刀如图 1—33 所示。

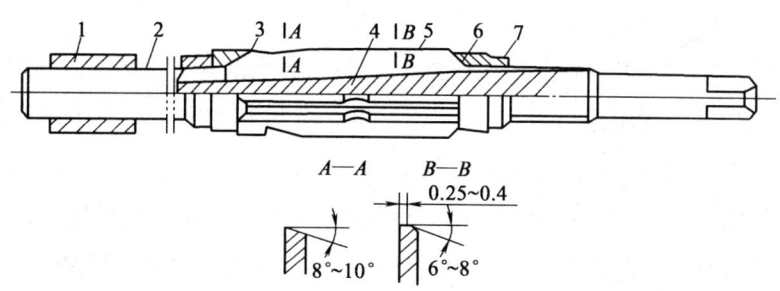

图 1—33　可调式铰刀

1—导向套　2—导向柱　3—引导部分（磨成圆柱面）　4—刀体　5—刀片　6—压圈　7—调整螺母

2. 活动式铰刀的使用方法

活动式铰刀可以调节外径尺寸，因此，用少量铰刀即可铰削多种尺寸的孔。其使用方法是：

（1）铰削余量要适宜。余量过大，费时费力，孔铰削得不光滑；余量过小，不易去掉上道工序留下的刀痕。

（2）活塞销孔和连杆铜套的铰削余量一般只有 0.03～0.10 mm，每刀铰削量一般为 0.02～0.05 mm。铰削时第一刀为试铰，一般调整到刀片上端露出孔端面即可。以后各刀调整也不宜过大，通常是旋转调整螺母 60°～90°，调整后，螺母要旋紧。

3. 铰削操作注意事项

（1）操作时，铰刀在孔中必须对正中心位置，不允许反向旋转铰刀，否则会使孔壁和刃带夹住切屑，损坏孔面或折断铰刀。

（2）铰削进刀时，要随着铰刀的旋转轻轻地施加压力，两手用力要平衡，不能左右摇摆，以避免孔的进口处出现喇叭口或破坏表面粗糙度。铰完后，应沿顺时针方向旋出铰刀。

（3）铰削中，如铰刀被卡住，不可过猛扳转铰刀，以防铰刀折断或孔壁起棱。应将铰刀退出，清除切屑。如铰刀过钝，应研磨刀片；如切削量过大，应调整铰刀，然后继续铰削，缓慢进给，以防在原处再被卡住。

（4）铰孔时，要不断地加切削液。对于铸铁和青铜，可以干铰。铰削钢料时，切屑易粘刀，要经常退出铰刀，清除切屑。

（5）铰刀用毕要清洗干净，涂上机油，用油纸包好，以免碰伤刀刃。

### 七、刮削

用刮刀在工件已加工表面刮去一层很薄的金属层的操作方法称为刮削。其目的是减小工件表面粗糙度，增加零件相配合表面的接触面积，减小摩擦和磨损，提高零件的使用寿命。

1. 刮刀

刮刀是刮削用的主要工具，一般用碳素工具钢或轴承钢制成。刮削硬材料时，也可焊上硬质合金刀头。刮刀按其用途可分为平面刮刀和曲面刮刀。平面刮刀用于刮削平面和外曲面；曲面刮刀用于刮削内曲面，如轴承、衬套等。

平面刮刀和曲面刮刀及其握法如图 1—34 和图 1—35 所示。平面刮刀常用的是手握刮刀、挺刮刀和钩头刮刀；曲面刮刀常用的是三角刮刀、蛇头刮刀和匙形刮刀。

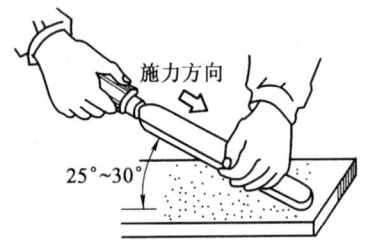

图 1—34　平面刮刀及其握法

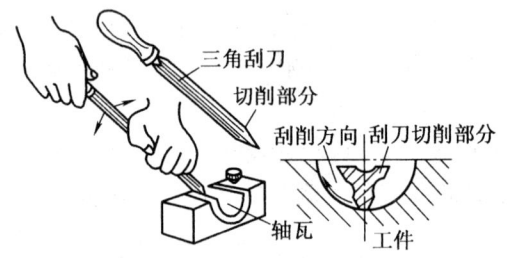

图 1—35　曲面刮刀及其握法

2. 刮削余量

刮削余量的合理选择与工件表面积大小有直接关系，一般控制在 0.05～0.40 mm 之间。

3. 平面刮削与曲面刮削

（1）平面刮削

平面刮削分为粗刮、细刮和精刮三种。

1）粗刮　工件表面有明显的加工痕迹、锈斑或比较粗糙时，要进行粗刮。粗刮时用较宽的刮刀施较大的压力并做较长的行程，刮去较多的切削层。开始方向与刀痕方向成 45°角，然后交叉进行，到基本平整以后，再用研点法检查贴合点分布情况，并按贴合点修刮，一直刮到每 25 mm×25 mm 内有 4～6 个贴合点为止。

2）细刮和精刮　细刮和精刮用较窄的刮刀以短刮法或点刮法进行。把已贴合的点子逐个刮去，使一个较大的点变成几个小点，从而增加贴合点的数目。

细刮时，刀痕比粗刮时窄，行程比粗刮时短，并按一定方向依次刮削。当刮削到第二遍时，应与上一遍成 45°或 60°角的方向交叉进行，直到刮至每 25 mm×25 mm 的面积内出现 12～15 个贴合点时，细刮完成。

精刮时，选用短刮刀，刮削时用力要小，刀痕要短（3～5 mm）。反复刮削，一直达到要求为止。

（2）曲面刮削

一般指内曲面刮削，采用三角刮刀。刮削时，三角刮刀应在曲面内做螺旋运动，如图 1—35 所示。曲面刮削采用标准轴或配合的工作轴作为贴合点的检验工具，轴瓦的刮削过程如图 1—36 所示。

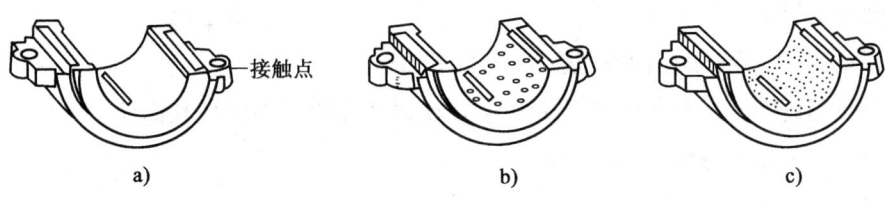

图 1—36　轴瓦的刮削过程
a）修瓦口　b）粗刮　c）细刮

1）修瓦口　刮削前先对轴瓦进行显示，用标准轴或工作轴，在其表面涂一层显示剂，将轴置于孔中正、反转动，并做适当的轴向移动，以显示贴合点。通常情况下，最初贴合点在两个瓦口上，如图 1—36a 所示。用刮刀修刮瓦口并反复进行显示和刮削，直到轴瓦底面有贴合点显示为止。

2）粗刮　对上、下轴瓦分别进行粗刮，使轴瓦接触面逐步扩大，直到瓦底显示均匀贴合点，如图 1—36b 所示。

3）细刮　将轴放入轴承内，改变垫片厚度，使上、下轴瓦的松紧度调整适当，转动轴并根据贴合点进行刮削，如图 1—36c 所示。刮削几遍后，再一次调整上、下轴瓦的间隙，重复上述动作，直到达到需要。

## 八、研磨

研磨是用研具和研磨剂从工件表面磨掉一层极薄的金属，使工件具有准确的形状、尺寸和表面粗糙度的操作方法。

1. 研具

研具是研磨时决定工件表面几何形状的标准工具。常用研具有研磨平板、研磨环和研磨棒等。

铸铁和软钢是较常用的研具材料。

2. 研磨方法

（1）平面研磨

在非常平整的研磨板上进行。粗研磨时应使用有槽的平板，精研磨时则应使用光滑的平板。研磨前,将平板及工件表面清洗干净,然后在平板上涂上适当的研磨剂,把工件需研磨的表面贴合在平板上,用8字形或螺旋形的运动轨迹进行研磨,如图1—37所示。研磨时,压力不宜过大,且用力要均匀。

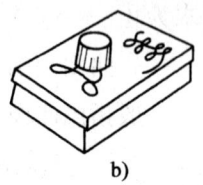

图1—37 平面研磨
a) 螺旋形轨迹　b) 8字形轨迹

（2）圆柱面研磨

圆柱面研磨分外圆柱孔面研磨和内圆柱孔面研磨两种。一般用研磨环进行外圆柱孔面研磨,用研磨棒进行内圆柱孔面研磨。图1—38所示为外圆柱面的手工研磨方法。

（3）圆锥面研磨

包括圆锥孔研磨和圆锥体研磨,如图1—39所示为汽车发动机气门座的圆锥面研磨。

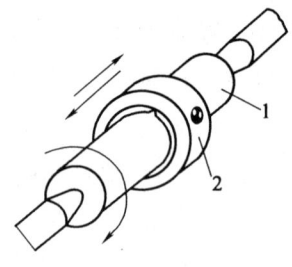

图1—38 外圆柱面研磨
1—工件　2—研磨环

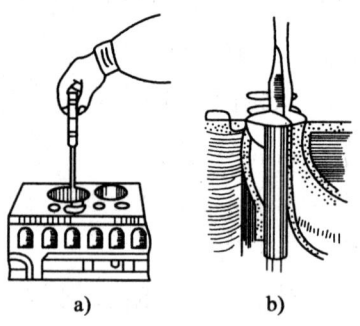

图1—39 发动机气门座的研磨
a) 用橡皮捻子　b) 用螺钉旋具

# 第二章 汽车常用材料

## 第一节 金属材料

### 一、金属材料的力学性能

金属材料的力学性能包括强度、硬度、塑性、韧性和疲劳。

1. 强度

金属材料的强度是指金属材料在外力作用下抵抗变形不致破坏的能力,主要有抗拉强度和屈服强度。

抗拉强度是金属材料在受拉时抵抗被拉断的能力,其代号为$\sigma_b$,单位是兆帕(MPa)。

屈服强度是金属材料在受拉时抵抗产生明显的永久性变形的能力,单位是兆帕(MPa)。

2. 硬度

硬度指金属材料抵抗局部变形、压痕或划痕的能力,一般以布氏硬度(HB)和洛氏硬度(HR)表示。

3. 塑性

塑性是指金属材料受到外力作用时产生显著的永久性变形而不断裂的能力,常用伸长率($\delta$)和断面收缩率($\psi$)表示。它们分别表示材料受拉时长度变形和截面变形,以百分比表示。

4. 韧性

韧性是指金属材料抵抗冲击而不致断裂的能力，常以冲击韧度 $A_k$ 表示，单位是焦耳/平方厘米（$J/cm^2$）。

5. 疲劳

疲劳是指金属零件长期在交变载荷作用下工作，突然发生断裂的现象，以疲劳强度 $\delta_{-1}$ 表示。疲劳强度是指金属材料在无限多次交变载荷作用下，而不致发生断裂的最大应力。

## 二、金属材料的工艺性能

1. 可铸性

可铸性指金属熔化后，可以铸造成各种形状的能力，主要指金属熔化后的流动性和冷凝性。

2. 可锻性

可锻性指金属材料在冷状态下，承受锤锻或压力发生塑性变形的能力。

3. 可焊性

可焊性指金属材料是否容易焊接的性能。

4. 切削性

切削性指金属材料是否容易被切削工具进行加工的性能。

5. 延展性

延展性指金属材料能够拉拔成线或能够碾轧成板的性能。

6. 耐磨性

耐磨性指金属材料抵抗磨损的性能。

7. 淬透性

淬透性指金属材料在热处理中获得淬透层深度的能力。

## 三、金属材料的分类

金属材料分为黑色金属和有色金属两大类，见表2—1。

## 四、碳素钢的牌号及应用

钢是含碳量小于2.11%的铁碳合金，是使用最广泛的金属材料。汽车上的重要零件绝大部分用钢制成。

钢的种类很多，分为碳素钢和合金钢两大类。按含碳量多少，又可分为低碳钢（C<0.25%）、中碳钢（0.25%≤C≤0.6%）和高碳钢（C>0.6%）三类。

在钢中，没有为改善性能而加入碳以外其他元素的钢称为碳素钢。碳素钢可分为很多类，在汽车上使用较多的碳素钢是碳素结构钢和优质碳素结构钢。

**表 2—1　　　　　　　　　金属材料分类**

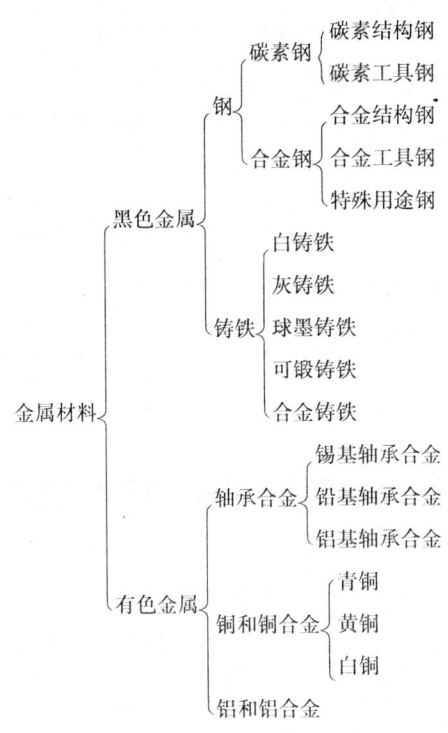

1. 碳素结构钢

（1）牌号

由代表屈服强度的字母、屈服强度的数值、质量等级符号、脱氧方法符号这四个部分按顺序组成，如 Q235-AF。牌号中："Q"是钢材屈服强度"屈"字汉语拼音首位字母，"235"表示屈服强度为 235 MPa，"A"表示质量等级为 A，"F"表示沸腾法脱氧。

（2）用途

碳素结构钢常用于制造受力不大、不重要也不复杂的零件，如螺钉、螺母、垫圈、推杆、制动杆、车轮轮毂等。

2. 优质碳素结构钢

（1）牌号

由两位数字组成，表示钢平均含碳量的万分之几。如钢号"30"表示钢中含碳量 0.30%。含锰量较高的优质碳素结构钢还应将锰元素符号在钢号后标出，如 15Mn，45Mn 等。

（2）用途

优质碳素结构钢的用途见表 2—2。

表 2—2　　　　　　　　　　优质碳素结构钢的用途

| 钢号 | 主要性能 | 应用举例 |
|---|---|---|
| 08F, 10　10F, 15　20, 25 | 良好的塑性、韧性、可焊性和冷加工成型性。由于含碳量低，可用作渗碳件 | 制造冲压件（制动气室外壳、消声器外壳）、焊接件及渗碳件（齿轮、凸轮、拉杆）、紧固零件（螺栓、垫圈、铆钉等） |
| 30, 35　40, 45　50, 55 | 强度较高，并有一定的塑性和韧性。可焊性较差，使用时大都经调质处理 | 制造负荷较大的调质零件，如连杆、曲轴、机油泵传动齿轮、活塞销、凸轮等 |
| 60, 65　70, 75 | 强度、硬度高，塑性、韧性差，经淬火和中温回火后弹性好 | 用于截面尺寸较大而且比较重要的弹簧、轴、销等的制造 |

### 五、合金钢的牌号与应用

在优质碳素钢中加入一种或多种合金元素，以改善钢的某种性能，称为合金钢。优质碳素钢中常加入的合金元素有 Si、Mn、Cr、Ni、W、V、Mo、Ti 等。

合金钢根据用途分为合金结构钢、合金工具钢和特殊性能钢三大类。合金结构钢具有较高的强度和良好的韧性，在汽车上主要用于制造受热、受磨损和冲击载荷较剧烈的零件。

1. 牌号

合金结构钢的牌号用"两位数字＋元素符号＋数字"表示：前面两位数字表示钢中平均含碳量是万分之几；元素符号表示所含合金元素；后面数字表示合金元素平均含量的百分数。

合金工具钢的牌号与合金结构钢的基本相同，区别在于：当含碳量小于 1.0% 时，首部只用一位数字表示平均含碳量的千分之几；当含碳量大于或等于 1.0% 时，则不标注含碳量。高速钢和其他一些高合金钢，含碳量小于 1.0% 时，也不标注含碳量。

特殊性能钢的牌号基本与合金工具钢相同，首部的阿拉伯数字表示平均含碳量的千分之几，当平均含碳量小于千分之一时，用"0"表示。

2. 用途

40Cr：常用来制作气门、汽缸盖螺栓、车轮螺栓、半轴和重要齿轮等。

18CrMnTi：常用来制造变速器齿轮、主传动锥齿轮等。

40MnB：可代替 40Cr 钢作转向节、半轴、花键轴等。

60Si2Mn：用来制造钢板弹簧等。

### 六、铸铁的牌号与应用

铸铁具有良好的可铸性、耐磨性和切削性。凡力学性能要求不高、形状复杂、锻制困难的零件，多用铸铁制造，如汽缸体、汽缸套、后桥壳、飞轮、制动鼓等。

铸铁分为白铸铁、灰铸铁、球墨铸铁、可锻铸铁和合金铸铁等。其牌号、主要性能和用途见表2—3。

表2—3　　　　　　　　　　常用铸铁材料

| 名称 | 牌号说明 | 主要性能 | 用途 |
|---|---|---|---|
| 灰铸铁（HT） | 由"HT"及后面的一组数字组成，数字表示其最低抗拉强度 | 脆性大，塑性差，焊接性差；铸造性好，易切削。具有消振和润滑作用 | 制造汽缸体、汽缸盖、飞轮和制动鼓等 |
| 球墨铸铁（QT） | 由"QT"和两组数字组成，分别表示最低抗拉强度和伸长率 | 强度较高，韧性比灰铸铁有较大改善。有较良好的铸造性、耐磨性、减振性和切削性 | 制造曲轴、凸轮轴和前、后桥壳 |
| 可锻铸铁（KT） | 由"KTH""KTB""KTZ"及两位数字组成，"KT"是可锻铸铁的代号，"H""B""Z"分别表示"黑心""白心"及"珠光体"，两位数字的含义同球墨铸铁 | 具有较高的塑性和韧性，强度较好，能承受一定的冲击载荷，但铸造工艺较复杂 | 制造桥壳、轮、制动踏板、活塞环、齿轮轴、摇臂、转向机构等 |

## 七、铝及铝合金

1. 纯铝

铝是银白色的金属，密度小（2.7 g/cm$^3$），熔点低于660℃，具有良好的导电性和导热性，主要用于制造电线、电缆以及配制合金等。

我国工业纯铝的牌号是按其纯度来编制的，如L1，L2，L3等，"L"为"铝"字的汉语拼音字头，编号数字越大，纯度越低。

2. 铝合金

纯铝中加入Si，Cu，Mg，Mn等合金元素后，可得到强度较高、耐蚀性较好的铝合金。铝合金分为形变铝合金（或称压力加工铝合金）和铸造铝合金两类。

（1）形变铝合金

适用于压力加工的铝合金称为形变铝合金。常用形变铝合金的牌号和用途如下：

1) **防锈铝合金**　用"LF"加顺序号表示，如LF5，LF11等，用来制造热交换器、壳体等。

2) **硬铝合金**　用"LY"加顺序号表示，如LY1，LY11等，在飞机制造中应用较广。

3) **锻铝合金**　用"LD"表示，用于制造高温件，如活塞、汽缸盖等。

（2）铸造铝合金

用来制作铸件的铝合金称为铸造铝合金。铸造铝合金的牌号由铝及主要合金元素的化学符号组成。主要合金元素后面跟有表示其百分含量的数字。如果合金元素的百分含量不小于1，该数字用整数表示；如果合金元素的百分含量小于1，一般不标数字。

在合金牌号前冠以字母"Z"（"铸"字汉语拼音的第1个字母）表示属于铸造合金。如ZAlSi7Mg，ZAlSi9Mg等。

铸造铝合金的代号用汉语拼音字母"ZL"（铸铝）与3个数字组成。ZL后面第一个数字表示合金类别，1表示铝硅合金，2，3，4分别表示铝铜、铝镁和铝锌合金。ZL后面第二、三个数字表示顺序号，如合金牌号为ZAlSi7Mg的铝硅合金，其合金代号为ZL101。

铝硅合金常用来制造内燃机活塞、汽缸体、水冷的汽缸盖、汽缸套、风扇叶片、各种电动机和仪表外壳等。

### 八、铜及铜合金

1. 纯铜

纯铜外观呈紫红色，故称紫铜，密度为8.9 g/cm³，熔点为1 083℃。纯铜的导电性、导热性、耐腐蚀性、塑性好，主要用于制造导电器材或配制各种铜合金。

工业纯铜的牌号为T1，T2，T3。"T"为"铜"字的汉语拼音字首，数字为编号，数字越大则纯度越低。

2. 铜合金

铜合金有黄铜、青铜和白铜三种。

（1）黄铜

黄铜是以锌为主要合金元素的铜合金。当铜中仅加入锌时，称为普通黄铜。

普通黄铜的牌号用"H"（"黄"字的汉语拼音字首）加数字来表示，数字代表平均含铜量，含锌量不标出，如H68。特殊黄铜则在"H"之后标以主加元素的化学元素符号，并在其后表明铜及合金元素含量的百分数，如HPb59-1。如果是铸造黄铜，牌号前还应加一"Z"字，其牌号由铜及主要合金元素的化学元素符号组成，主要合金元素后面跟有表示其百分含量的数字，如ZCuZn16Si4。

黄铜主要用来制作导管、冷凝器、散热片及导电、冷冲压、冷挤压零件和各种结构零件（如销、螺钉、螺母、衬套、垫圈等）。

（2）青铜

青铜原指铜与锡的合金。现在除铜锌合金的黄铜与铜镍合金的白铜外，铜与其他元素所组成的合金均称为青铜。

青铜的牌号以字母"Q"（"青"字的汉语拼音字首）表示，后面加第一个主加元素的符号及除铜以外的各元素的百分含量，如 QSn4-3，QBe2 等。如果是铸造青铜，牌号前还应加一"Z"字，其牌号由铜及主要合金元素的化学元素符号组成，主要合金元素后面跟有表示其名义百分含量的数字。

青铜主要用于制造轴承、轴套等耐磨零件和弹簧等弹性元件。

# 第二节 汽车燃料、润滑油与工作液

**一、汽油的牌号、性能及选用**

汽油是汽油发动机的燃料，是从石油中精炼后得到的碳氢化合物。

1. 汽油的使用性能

汽油的使用性能包括汽油的蒸发性、抗爆性、安定性、防腐性和清洁性等。

（1）蒸发性

汽油的蒸发性是指汽油从液体状态转化为气体状态的性能。汽油的蒸发性越好，就越容易汽化而形成品质良好的可燃混合气，保证发动机在低温条件下也能顺利启动和正常工作。蒸发性太好可能在油管中形成气泡，产生气阻。所以要求汽油的蒸发性要适当。

（2）抗爆性

汽油的抗爆性是指汽油在汽缸内燃烧时避免爆燃的能力。爆燃是汽油的一种不正常燃烧现象。汽油抗爆性的好坏用辛烷值来表示。汽油的辛烷值越高，抗爆性能越好。

（3）安定性

汽油的安定性是指在正常的储存和使用条件下，避免氧化生胶的能力。

（4）防腐性

汽油的防腐性是指防止汽油腐蚀金属的能力。

（5）清洁性

汽油的清洁性是指汽油中是否含有机械杂质和水分。

2. 汽油的牌号和选用

（1）汽油的牌号

国产汽油的牌号是按照辛烷值的高低来划分的。目前常见的汽油牌号按马达法有 90，93 和 97 三个牌号；按研究法汽油有 90，93 和 95 三个牌号。汽油牌号越高，其辛烷值越高；只要辛烷值相同，其抗爆性就相同。

（2）汽油的选用

汽油牌号的选用应符合汽车说明书要求。一般压缩比较高的发动机应选用高辛烷值汽油，压缩比较低的发动机应选用辛烷值较低的汽油。

3. 使用汽油注意事项

（1）不要使用长期存放或已变质的汽油。

（2）牌号相近的汽油可暂时代用。用低牌号汽油代替高牌号汽油时，应适当推迟点火提前角，以免发生爆燃；用高牌号汽油代替低牌号汽油时，应适当加大点火提前角，以提高发动机的输出功率。

## 二、柴油的牌号、性能及选用

柴油是柴油发动机的燃料，是从石油中精炼后得到的碳氢化合物。

1. 轻柴油的使用性能

轻柴油的使用性能包括柴油的发火性、蒸发性、低温流动性、黏度、安定性、防腐性和清洁性等。

（1）发火性

柴油的发火性是指柴油自燃的能力，用十六烷值来表示。

（2）蒸发性

柴油机的低温启动性、工作可靠性、燃料经济性均与柴油的蒸发性有关。喷入燃烧室中的柴油是在汽化以后着火燃烧的，从燃料喷入燃烧室到开始燃烧这一段时间内，燃料的蒸发速度与燃料的蒸发性有很大关系，而蒸发速度对柴油机混合气形成速度影响很大。

（3）低温流动性

柴油的低温流动性用凝点来表示。凝点是指在规定条件下柴油失去流动能力时的温度值。

（4）黏度

黏度是表示油料稀稠度的一项指标。黏度随温度的变化而变化。温度高时油料变稀，黏度变小；反之，温度低时油料变稠，黏度变大。

2. 轻柴油的牌号及选用

（1）轻柴油的牌号

国产轻柴油按凝点分为六种牌号，即10号、0号、−10号、−20号、−35号和−50号。

（2）轻柴油的选用

选用时，应根据地区气温，选用不同牌号（即凝点）的轻柴油，并随季节变化而适时更换。使用地区气温低时，应选用凝点较低的轻柴油；反之，选用凝点较高的轻柴油。为保证车用柴油机能正常工作，选用轻柴油的凝点应低于季节最低温度3～5℃。选用原则是：

10号轻柴油适合于有预热设备的高速柴油机使用；

0号轻柴油适合于最低气温在4℃以上的地区使用，即全国4—9月份及长江以南地区冬季使用；

－10号轻柴油适合于最低气温在－5℃以上的地区使用，即长江以南地区冬季使用；

－20号轻柴油适合于气温在－5～－14℃的地区使用，即适合于长城以北地区冬季使用，也适合于长城以南、黄河以北地区严冬使用；

－35号轻柴油适合于气温在－14～－29℃的地区使用，即适合于东北、华北、西北地区使用；

－50号轻柴油适合于气温在－29～－44℃的地区使用，即适合于东北、新疆、西藏等高寒地区严冬使用。

### 三、汽车润滑油的牌号、性能及选用

1. 发动机机油的性能、分类、牌号和选用

（1）性能

发动机机油的使用性能有黏度、黏温性能、清净分散性、安定性等。黏度是指机油在外力作用下流动时分子间的内摩擦力。黏温性能是指黏度随温度变化的特性。清净分散性是指发动机机油能抑制积炭、涂膜和油泥生成或将这些沉淀物清除的性能。安定性是指在使用中与氧接触抵抗氧化变质的性能，包括热氧化安定性和氧化安定性。

（2）分类和牌号

目前润滑油的分类大多采用黏度分类法和性能分类法两种。性能分类法根据使用场合和使用对象将汽油机油分为S类，其中包括：SC，SD，SE，SF，SG和SH等。将柴油机油分为C类，其中包括：CC，CD，CD-Ⅱ，CE，CF-4等。黏度分类法根据所测定的黏度，将机油分为：0W，5W，10W，15W，20W，25W，20，30，40，50和60等级。

SC汽油机油按黏度分为5W/20，10W/30，15W/40，30和40等牌号。

SD汽油机油按黏度分为5W/30，10W/30，15W/40，30和40等牌号。

SF汽油机油按黏度分为5W/30，10W/30，15W/40，30和40等牌号。

CC柴油机油按黏度分为5W/30，5W/40，10W/40，15W/40，20W/40，30，40和50等牌号。

CD柴油机油按黏度分为5W/30，10W/30，10W/40，15W/40，20W/40，30，40等牌号。

机油牌号中，在数字后面带"W"字母的，表示低温系列，数字代表黏度等级，W表示冬季用机油；不带字母的数字代表普通系列。牌号中15W/30这种形式称为多级油，表示这种机油黏温特性良好，可四季通用。

(3) 选用

发动机机油的选用，主要依据汽车使用说明书的要求。在没有说明书的情况下，一个是根据使用场合和使用条件确定它的性能等级；另一个是根据环境温度确定黏度等级。

汽油机油性能等级的选择，主要考虑发动机机型。汽缸的有效压力越高，发动机的转速越高，对发动机机油性能等级的要求也越高。

柴油机油性能等级的选择，主要根据柴油机的强化系数。

(4) 机油使用中的注意事项

1) 在能保证润滑的条件下，要尽量选取黏度低的机油。只有在机器磨损严重时，才应选择高黏度的机油。

2) 性能等级较高的机油可以用于要求使用级较低的发动机上，反之则不可。

3) 汽油机油和柴油机油不能相互替代使用。

2. 齿轮油的性能、分类、牌号和选用

(1) 性能

齿轮油的使用性能有极压抗磨性、低温流动性、热氧化安定性和抗泡沫性。极压抗磨性是指在高负荷条件下，抵抗齿面擦伤和烧结的能力。低温流动性是指在低温下保持流动性的能力。热氧化安定性是在高温条件下抵抗氧化的能力。抗泡沫性是指在搅动条件下，抵抗泡沫生成的能力。

(2) 分类和牌号

齿轮油尚无使用性能分类标准，根据国标 GB/T 7631.7—1995 附录 B，齿轮油性能分类暂定为：普通车辆齿轮油、中负荷车辆齿轮油和重负荷车辆齿轮油，牌号分别是 CLC，CLD 和 CLE。黏度分类参照美国汽车工程师协会（SAE）黏度分类法，分为：70W，75W，80W，85W，90，140 和 250 七种。

(3) 选用

汽车齿轮油的选用主要是根据汽车生产厂家的使用说明书要求选用。在没有使用说明书的情况下，应根据汽车齿轮传动的种类及传动工作负荷、使用条件和环境温度来确定齿轮油的性能等级和黏度等级。

(4) 注意事项

1) 不能将齿轮油当发动机机油使用。

2) 不能用普通齿轮油代替双曲线齿轮油。

3) 在换油时，应趁热放出旧油，将齿轮及齿轮箱洗净后方可加入新油。

4) 不同产地的齿轮油不能混用，即使是同类、同牌号的齿轮油，产地不同，某些指标也不完全相同。

### 四、汽车润滑脂的性能、分类及选用

1. 润滑脂的性能

润滑脂的使用性能主要有稠度、低温性能、高温性能和抗水性等。稠度是指润滑脂受外力作用时，抵抗变形的程度，按 GB 7631.1—87 的规定，把润滑脂的稠度分为 000，00，0，1，2，3，4，5，6 九个等级。低温性能是指在低温条件下保持良好润滑性能的能力。高温性能是指润滑脂在较高的使用温度条件下，保持其附着性能，抵抗氧化变质的能力。抗水性是指润滑脂遇水后抵抗结构和稠度改变的能力。

2. 润滑脂的分类

新的分类标准是根据国标 GB 7631.8—1990《润滑剂和有关产品（L 类）的分类——第 8 部分：X 组（润滑脂）》的标准，按润滑脂的操作条件（温度、水污染和负荷等）对润滑脂进行分类。但目前生产和销售的润滑脂还未按新标准体系实行。按旧标准分类法，汽车常用润滑脂品种有钙基润滑脂、钠基润滑脂、通用锂基润滑脂、汽车通用锂基润滑脂、极压锂基润滑脂和石墨钙基润滑脂等。

钙基润滑脂是由动植物脂肪与石灰制成的钙皂稠化矿物润滑油，并以水作为胶溶剂组成。

钠基润滑脂是以动植物脂肪酸钠皂稠化矿物润滑油制成的耐高温但不耐水的普通润滑脂，有 2 号和 3 号两个稠度牌号。

汽车通用锂基润滑脂是用天然脂肪酸锂皂稠化低凝点润滑油，并加抗氧、防锈剂制成，具有良好的机械安定性、胶体安定性、防锈性、氧化安定性和抗水性，适用于 30～120℃ 温度范围内汽车轮毂轴承、水泵、发电机等各摩擦部位的润滑，稠度牌号为 2 号。进口汽车和国产新车普遍推荐使用这种润滑油。

极压锂基润滑脂与汽车通用锂基润滑脂的区别是有更高的极压抗磨性，适用于 −20～160℃。

石墨钙基润滑脂由动植物油钙皂稠化 68 号机械油制成，其中加有 10% 的鳞片石墨，具有良好的抗水性和抗碾压性能，适用于重负荷、低转速和粗糙的机械润滑。汽车的钢板弹簧、起重机齿轮转盘及半拖挂货车的转盘等承压部位使用石墨钙基润滑油。

3. 润滑脂的选用

选择润滑脂应根据车辆和机械设备说明书的规定，选用与用脂部位操作条件相适应的润滑品种和稠度牌号。在没有说明书的情况下，润滑脂的选用要根据工作温度、转速、负荷和工作环境，来选择润滑脂的种类，根据加脂方式和环境温度选择润滑脂的稠度，多选用 2 号润滑脂。

### 五、汽车常用工作液的性能、分类、牌号及选用

1. 制动液的性能、分类、牌号及选用

制动液是汽车液压制动系统中传递压力的工作介质。

（1）制动液的性能

制动液的使用性能有抗气阻性、吸湿性、橡胶相溶性和溶水性等。抗气阻性是指制动液在高温时抵抗气阻产生的能力。吸湿性是指制动液吸收周围的水汽后会使沸点下降，要求制动液吸水后沸点下降小。橡胶相容性是要求制动液对橡胶零件不会造成显著的溶胀、软化或硬化的不良影响。溶水性是要求制动液吸水后能与水互溶，不产生分离和沉淀。

（2）制动液的分类

根据制动液的组成和特性，一般分为醇型、醇醚型、脂型、矿油型和硅油型五种。其中醇醚型和脂型统称为合成型，是目前广泛应用的主要品种。醇型制动液已被淘汰，矿油型制动液未被我国推广使用，硅油型制动液价值昂贵，目前难以推广使用。

（3）制动液的牌号

合成型制动液常用的有 HZY2，HZY3 和 HZY4 三个牌号（GB 12981—2003）。它们参照标准及与 GB 10830 的对应关系见表 2—4。

表 2—4　　　　合成型制动液的参照标准与国家标准的对应关系

| 牌号 | 参照标准 | 与 GB 10830 的对应关系 |
| --- | --- | --- |
| HZY2 | SAEJ 1703 | JG2 |
| HZY3 | ISO 4925　DOT 3 | JG3 |
| HZY4 | DOT 4 | JG4 |

目前我国有许多醇醚型和脂型合成制动液是按行业标准或企业标准生产的，为了便于使用，这些产品中达到或基本达到 GB 10830—1989 要求，见表 2—5。

表 2—5　　　　国产制动液与国家标准级别对照

| 国家标准分级 | 国产制动液的牌号 |
| --- | --- |
| JG0 | ZSM41　8011B　YRC-115　SRJ-803-1　7100 |
| JG1 | 719　4603　ZSM207C　6801　8013B　YRC-200　SRJ803-3 |
| JG2 | ZSM207B　8015　SRJ-803-300 |
| JG3 | 4604　ZSM207　BPE8017　7103 |
| JG4 | BPE8019　7104-1 |

（4）制动液的选用

选用制动液时，要求其性能与工作条件相适应，以确保汽车的运行安全。

1）根据气温、湿度和道路条件选用制动液。如炎热夏季，在山区或高速公路上行驶，车辆制动强度大，制动液工作温度高，特别是在湿热条件下，一般要求选用 JG3 或 JG4 级（HZY3，HZY4 等合成制动液）；非湿热条件可选用 JG2（HZY2 等合成制动液）。在车速不高的平原地区，除冬季外，可使用 JG1 级制动液；而在严寒冬季，应选用 JG0 级制动液。

2）根据车辆的速度性能，依据其使用说明书选用制动液。

（5）注意事项

1）各种制动液不能混用。

2）按车辆使用说明书的要求，按期更换制动液，更换期一般为车辆行驶 20 000～40 000 km 或 1 年。更换制动液时必须将制动系统清洗干净。

3）制动液属易燃品，应注意防火，存放时避免阳光直射。

**2. 发动机冷却液的性能、牌号及选用**

（1）性能

目前汽车发动机广泛采用强制循环水冷却系，冷却液即为发动机水冷却系中带走高温零件热量的一种工作介质。汽车冬季露天停放或长时间停车时，发动机温度降至与气温相近。因此，冷却液要防冻。总的来说，汽车发动机冷却液的使用性能要求黏度小，流动性好；冰点低，沸点高，冬夏均能使用；良好的抗腐蚀性，不损坏汽车的有机涂层；不易产生水垢，也不易产生泡沫，以免降低传热效率。

目前发动机冷却液主要是乙二醇型冷却液，是目前最好的冷却液。它的沸点高（197.4℃），与水混合后，混合液的冰点可显著降低，最低能达－68℃。用不同比例的乙二醇和水可以配制成不同冰点的冷却液。乙二醇—水型冷却液的沸点高，挥发损失少，在使用中只需补充蒸发掉的水即可。它的冰点低，热容量大，冷却效率高，黏度小，流动性好。但乙二醇—水型冷却液有毒性，对金属有腐蚀作用，并对橡胶有轻度的侵蚀。

（2）乙二醇型冷却液的牌号

按石化行业标准 SH 0521—92 生产的乙二醇型冷却液按冰点不同，有－25，－30，－35，－40，－45 和－50 六个牌号。冷却液产品可以制成浓缩液，由用户加清洁水稀释后使用，也可制成一定冰点的成品直接使用。

（3）乙二醇冷却液的使用方法

1）根据当地冬季最低气温选用适当冰点牌号的冷却液，冰点至少应低于最低气温 5℃。如果是浓缩液，应按产品说明书的规定比例加清洁水稀释。

2) 乙二醇冷却液一般可使用2~3年。入冬前，如有必要可检查、调整冷却液的密度，添加防腐剂，并将冷却液的冰点调到该牌号的最高冰点。

3) 乙二醇型冷却液不仅有较低的冰点，以防止冬季冻结，而且可提高沸点，防止在夏季沸腾，因此，可四季使用。

4) 使用冷却液前应检查冷却系，保证无渗漏。加注时不要过满，一般只加到冷却系总容量的95%，以免温度升高后膨胀溢出。

5) 乙二醇有毒，使用中严禁用嘴吮吸，手接触后要洗净。

3. 液力传动油的性能、分类、牌号及选用

液力传动油也称自动变速器油，或简称自动变速液（ATF），是汽车液力自动传动系统的工作介质。

(1) 性能

液力传动油的作用是传能、控制、润滑和冷却。液力传动油的使用性能要求有适当的黏度和良好的低温流动性、黏温性；良好的抗磨性、热氧化安定性、抗泡沫性和橡胶相溶性等。

(2) 国产液力传动油的分类和牌号

我国目前尚无液力传动油详细分类的国家标准。参照国外的标准分类如下：美国材料及试验学会和石油学会的分类方法是将液力传动油分为PTF-1、PTF-2和PTF-3三类。现有产品按中国石油化工总公司制定的企业标准，有6号普通液力传动油和8号液力传动油两种；另有一种拖拉机传动、液压两用油（相当于PTF-3）。

6号普通液力传动油（Q/SH 003.01.11—88）是以深度精制的石油馏分，加入抗氧、抗磨、防锈、降凝、抗泡等添加剂制成的液力传动油。它适用于内燃机车、载货汽车的液力变矩器，接近于PTF-2级油。

8号液力传动油（Q/SH 003.01.012—88）是以润滑油馏分经脱蜡、深度精制并加入增黏、降凝、抗氧、防腐、防锈、油性、抗磨、抗泡等多种添加剂制成的液力传动油。它适用于各种具有自动变速器的汽车，接近于PTF-1级油，为红色透明体。

(3) 选用

按车辆使用说明书的规定，选用适当品种的液力传动油。轿车和轻型货车应选用8号油，进口轿车要求用GM-A型、A-A型或Dexron型自动变速器油的均可用8号油代替；重型货车、工程机械的液力传动系统应选用6号油；拖拉机、工程机械选用拖拉机传动、液压两用油。

(4) 注意事项

1) 注意保持正常的油温。油温过高会加速油的氧化变质，形成沉积物和积炭。

2)经常检查油平面。车辆停在平地上,发动机保持运转,油温正常。此时油平面应在自动变速器量油尺上、下刻线之间,不足时应及时添加。如果油面下降过快,可能是漏油,应及时检查排除。

3)按车辆使用说明书的规定更换液力传动油和过滤器,同时拆洗自动变速器油底,并更换其密封垫及滤清器。通常车辆每行驶 10 000 km 应检查油面,每行驶 30 000 km 应更换液力传动油。

# 第三节 汽车轮胎的规格、分类、组成及应用

1. 轮胎的分类

轮胎安装在轮辋上,直接与路面接触。其作用是支撑汽车的总质量;吸收和缓和汽车行驶时所受到的部分冲击和振动,以保证汽车有良好的乘坐舒适性和行驶平顺性;保证轮胎与路面的良好附着,以提高汽车的动力性、制动性和通过性。

目前汽车几乎都采用充气轮胎。充气轮胎按胎内气压大小可分为高压胎(0.5~0.7 MPa)、低压胎(0.15~0.45 MPa)和超低压胎(0.15 MPa 以下)。按胎面花纹的不同又可分为普通花纹轮胎、越野花纹轮胎和混合花纹轮胎,如图 2—1 所示。

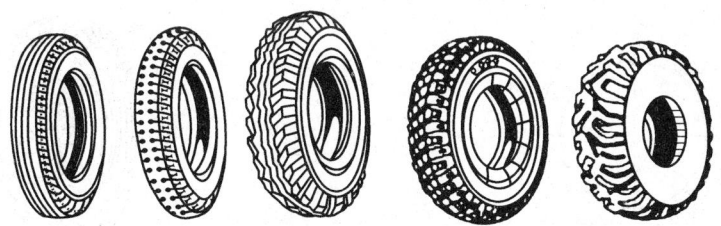

图 2—1 轮胎花纹
a)纵向花纹 b)横向花纹 c)混合花纹 d)马牙形花纹 e)人字形花纹

2. 充气轮胎的结构组成及应用

充气轮胎按结构组成不同可分为有内胎轮胎和无内胎轮胎。有内胎的充气轮胎由于外胎帘布层结构不同,可分为普通斜交轮胎和子午线轮胎。

(1)有内胎充气轮胎

有内胎充气轮胎如图2—2所示，它由外胎、内胎和垫带组成。

1）外胎　外胎的结构如图2—3所示，它由胎面、帘布层、缓冲层及胎圈组成。胎面是外胎的外表面，由胎冠、胎肩和胎侧组成。胎冠用耐磨橡胶制成，它与路面接触，直接承受冲击与磨损。为使轮胎与路面有良好的附着性能，在胎冠上制成各种形式的花纹。胎肩是较厚的胎冠与较薄的胎侧间的过渡部分，一般也制有花纹，以利散热。胎侧是贴在帘布层侧壁的薄橡胶层，它用以保护帘布层，避免受机械损伤和潮湿。

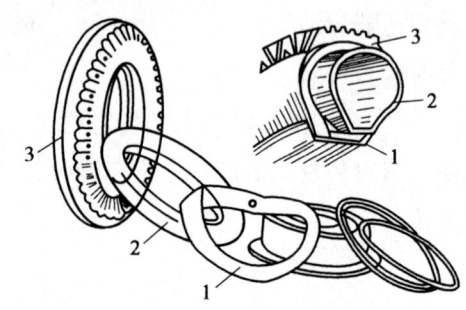

图2—2　充气轮胎的组成
1—垫带　2—内胎　3—外胎

帘布层（也称胎体）是外胎的骨架，用以保持外胎形状和尺寸，并使其具有足够的强度，通常由多层胶化的棉线或其他纤维组成。帘布层的帘线按一定角度交叉排列。帘布的层次越多，强度越大，但弹性下降。外胎表面上注有帘布的层次。

相邻帘布层帘线交叉，且与胎面中心线小于90°角排列的充气轮胎为普通斜交轮胎。帘布层通常由成双数的多层帘布用橡胶贴合而成，帘布的帘线与轮胎子午断面的交角一般为52°～54°。该轮胎的特点是工作噪声小，外胎面柔软，在低速行驶时乘坐舒适性好，价格便宜。

帘布层的帘线排列方向与轮胎子午断面一致（即与胎面中心线成90°角）的充气轮胎为子午线轮胎，如图2—4所示。帘线这样排列能使其强度被充分利用，故它的帘布层数比普通轮胎可减少一半，因而胎体较柔软，而缓冲层层数较多，提高了胎面的刚度和强度。

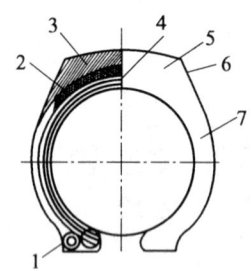

图2—3　外胎的结构
1—胎圈　2—缓冲层　3—胎面
4—帘布层　5—胎冠　6—胎肩　7—胎侧

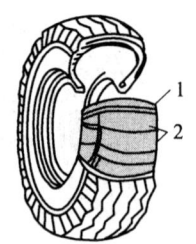

图2—4　子午线轮胎的结构
1—帘布层　2—带束层

普通轮胎与子午线轮胎在性能上的比较，如图2—5和图2—6所示。子午线轮胎在承受横向力时，胎侧虽然有些变形，但触地面积不受影响，而斜交轮胎则做不到。在垂直载荷作用下，由于子午线轮胎刚度大，变形小，触地面积变化小。

由于子午线轮胎具有上述特性,与普通斜交轮胎相比具有更多的优越性:弹性大、耐磨性好、滚动阻力小、附着性能强、缓冲性能好、承载能力大、不易穿刺。其缺点是外胎面刚度大、不容易吸收路面凹凸及接缝产生的冲击(主要是低速时)。此外,由于胎侧柔软,被刺后伤痕易扩大。由于具有较多优点,现代汽车已逐渐广泛应用。

缓冲层位于胎面和帘布之间,由两层或数层较稀疏的帘布和橡胶制成,弹性较大,其作用是加强胎面与帘布层之间的结合,能有效防止汽车紧急制动时胎面与帘布层脱离,并缓和汽车行驶时所受到的不平路面的冲击。

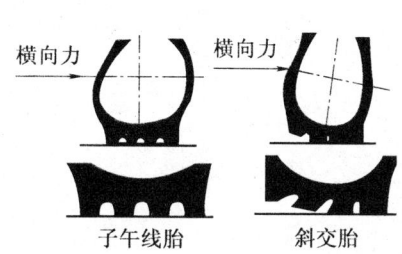

图2—5 轮胎承受横向力时的变化

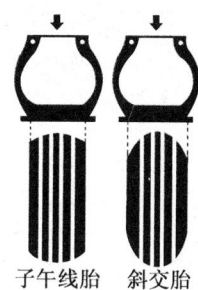

图2—6 轮胎承受重力时的变化

胎圈是帘布层的根基,由钢丝圈、帘布层包边和胎圈包布组成,有较大的刚度和强度,轮胎靠胎圈固装在轮辋上。

2)内胎　内胎是一个环形的橡胶管,其上有气门嘴,以便充气和放气,为使内胎在充气状态下不产生褶皱,其尺寸应稍小于外胎内壁尺寸。内胎具有良好的弹性、耐热性和密封性。

3)垫带　垫带是一个环形的橡胶带,它垫在内胎和轮辋之间,保护内胎不被轮辋和胎圈磨伤,并防止尘土及水汽侵入胎内。

(2)无内胎充气轮胎　无内胎充气轮胎的结构如图2—7所示,它虽然没有充气内胎,但在外胎内壁有一层很薄的专门用来封气的橡胶密封层,胎缘部位留有余量,密封层被固定在轮辋上。它的特点是尖物刺破轮胎后,内部空气不会立即泄掉,安全性好。另外,轮胎爆破后可从外部紧急处理。目前这种轮胎在轿车上应用较多。

3. 轮胎的规格

充气轮胎尺寸的标记如图2—8所示。

高压轮胎规格一般用 D×B 表示。D 为轮胎的外径,B 为轮胎断面宽度,单位均为英寸,×为高压胎。高压胎在汽车上已很少使用。

低压胎由两个数字中间加"—"表示(B—d),例如:9.00—20,表示轮胎断面宽度为9英寸,轮辋直径为20英寸。如果中间为"R",则表示子午线轮胎。

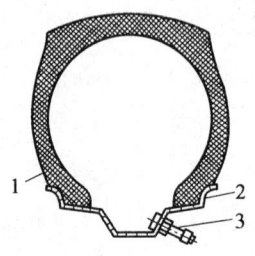

图 2—7 无内胎充气轮胎

1—橡胶密封层 2—胎圈橡胶密封层 3—气门嘴

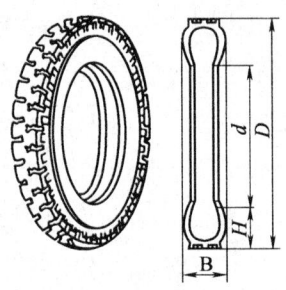

图 2—8 轮胎的尺寸标记

超低压轮胎的表示方法与低压胎相同。一般情况下，轮辋直径 D 在 15 英寸以下为超低压胎，如 7.00—14。

## 第四节 汽车用轴承与螺纹

### 一、轴承类型、结构与代号

轴承是汽车中的部件之一，其功用是：支撑轴及轴上零件，并保持轴的旋转精度；减少转动的轴与支撑件之间的摩擦及磨损。

轴承按照工作时的摩擦性质，分为滑动轴承和滚动轴承两类。

1. 滑动轴承

滑动轴承通常由轴承体、轴瓦及轴承衬、润滑和密封装置等组成。

滑动轴承按承受载荷的方向可分为径向滑动轴承和推力滑动轴承两类。

径向滑动轴承如图 2—9a 所示，用于承受径向载荷；推力滑动轴承如图 2—9b 所示，用于承受轴向载荷。

滑动轴承的结构形式很多，有些使用较多的滑动轴承，其结构和尺寸已标准化，使用时根据用途，可查有关手册。

2. 滚动轴承

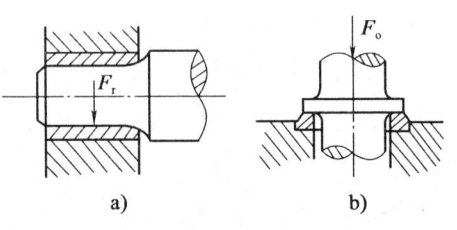

图 2—9 滑动轴承

a) 径向滑动轴承 b) 推力滑动轴承

滚动轴承是支撑转动零件或摆动零件的一种标准组件，具有结构紧凑、摩擦力小等优点，在汽车的离合器、变速器、主减速器等总成中广泛使用。滚动轴承的规格、形式很多，但都已标准化，由专门工厂生产，需要时可根据要求，查阅有关标准选购。

(1) 滚动轴承的构造

滚动轴承的种类虽多，但它们的结构大致相似，一般由外圈、内圈、滚动体、隔离圈（保持架）等零件组成，如图 2—10 所示。内圈紧套在轴颈上，随轴一起转动，而外圈则固定在支座上，起支撑作用。工作时，滚动体在内、外圆滚道上滚动，形成滚动摩擦。保持架将滚动体均匀地相互隔开，以避免滚动体之间的摩擦和磨损。滚动体是滚动轴承的重要元件，其形状有球形、短圆柱形、圆锥形、鼓形和滚针等。

(2) 滚动轴承的种类

滚动轴承按其受力分为三类：

1) 径向轴承　主要承受径向载荷，如深沟球轴承，如图 2—10a 所示。

2) 止推轴承　主要承受轴向载荷，如推力球轴承，如图 2—10b 所示。

3) 径向止推轴承　同时承受径向和轴向载荷，如圆锥滚子轴承，如图 2—10c 所示。

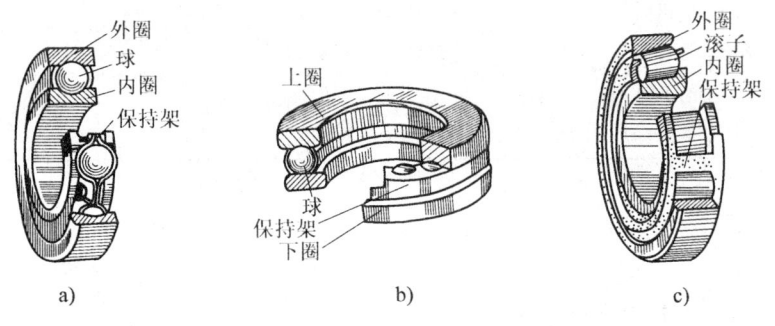

图 2—10　三类滚动轴承

a) 径向轴承　b) 止推轴承　c) 径向止推轴承

(3) 滚动轴承的代号

滚动轴承代号是由字母加数字来表示滚动轴承的结构、尺寸、公差等级、技术性能等特征的产品符号。它由基本代号、前置代号和后置代号构成，其排列如下：

| 前置代号 | 基本代号 | 后置代号 |

1) 基本代号　基本代号表示轴承的基本类型、结构和尺寸，是轴承代号的基础。

基本代号由轴承类型代号、尺寸系列代号、内径代号构成，其排列如下：

| 轴承类型代号 | 尺寸系列代号 | 内径代号 |

轴承类型代号用数字或字母表示，见表2—6。

尺寸系列代号由轴承宽（高）度系列代号和直径系列代号组合而成，用两位阿拉伯数字表示。它的主要作用是区别内径相同而宽度和外径不同的轴承，具体代号需查阅相关标准。

内径代号表示轴承的公称内径，用两位阿拉伯数字表示。代号数字为00，01，02，03时，分别表示轴承内径$d=10$ mm，12 mm，15 mm，17 mm；代号数字为04～95时，代号数字乘5，即为轴承内径。轴承公称内径为1～9 mm时，用公称内径毫米数直接表示；轴承公称内径为22 mm，28 mm，32 mm，500 mm或大于500 mm时，用公称内径毫米数直接表示，但应与尺寸系列代号之间用"/"隔开。

表2—6　　　　　　轴承类型代号（摘自GB/T 272—93）

| 代号 | 0 | 1 | 2 | 3 | 4 | 5 | 6 | 7 | 8 | N | U | QJ |
|---|---|---|---|---|---|---|---|---|---|---|---|---|
| 轴承类型 | 双列角接触球轴承 | 调心球轴承 | 调心滚子轴承和推力调心滚子轴承 | 圆锥滚子轴承 | 双列深沟球轴承 | 推力球轴承 | 深沟球轴承 | 角接触球轴承 | 推力圆柱滚子轴承 | 圆柱滚子轴承 | 外球面球轴承 | 四点接触球轴承 |

轴承基本代号举例：

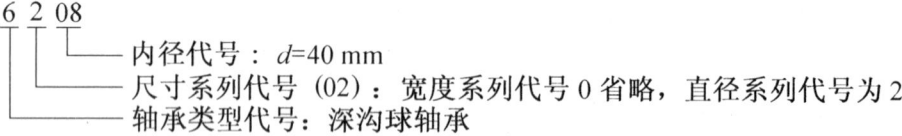

6 2 08
├── 内径代号：$d=40$ mm
├── 尺寸系列代号（02）：宽度系列代号0省略，直径系列代号为2
└── 轴承类型代号：深沟球轴承

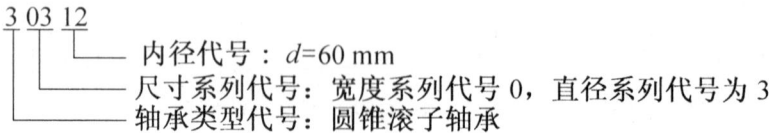

3 03 12
├── 内径代号：$d=60$ mm
├── 尺寸系列代号：宽度系列代号0，直径系列代号为3
└── 轴承类型代号：圆锥滚子轴承

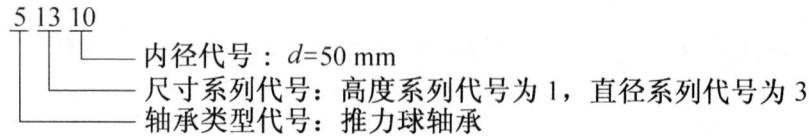

5 13 10
├── 内径代号：$d=50$ mm
├── 尺寸系列代号：高度系列代号为1，直径系列代号为3
└── 轴承类型代号：推力球轴承

2) 前置、后置代号　前置代号用字母表示。后置代号用字母（或加数字）表示。前置、后置代号是轴承在结构形状、尺寸、公差、技术要求等有改变时，在其基本代号左、右添加的代号。

前置代号与后置代号举例：

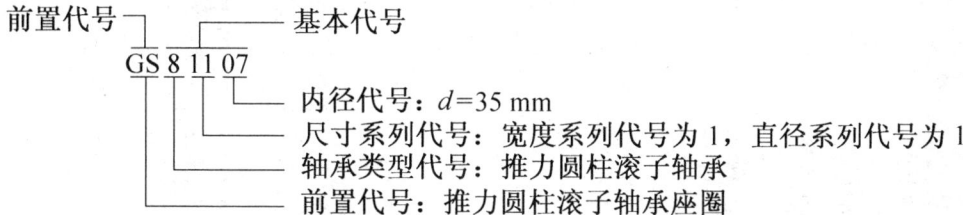

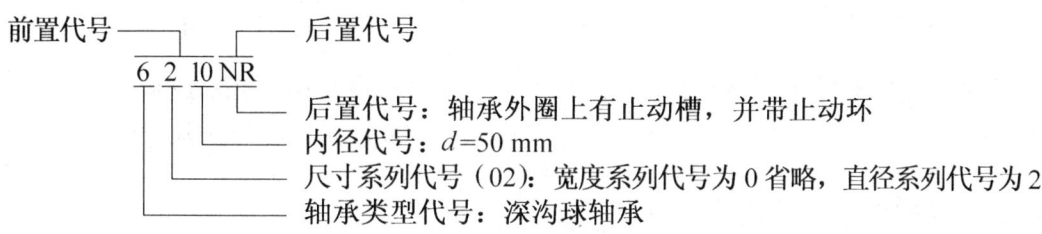

## 二、螺纹的种类与代号

### 1. 螺纹的种类

螺纹的种类较多。在圆柱或圆锥外表面上所形成的螺纹称外螺纹；在圆柱或圆锥内表面上所形成的螺纹称内螺纹。按螺纹的旋向不同，顺时针旋转时旋入的螺纹称右旋螺纹；逆时针旋转时旋入的螺纹称左旋螺纹。螺纹的旋向可以用右手来判定。如图 2—11a 所示，伸展右手，掌心对着自己，四指并拢与螺杆的轴线平行，并指向旋入方向，若螺纹的旋向与拇指的指向一致为右旋螺纹；反之则为左旋螺纹。一般常用右旋螺纹。

按螺旋线的数目不同，又可分成单线螺纹（沿一条螺旋线所形成的螺纹）和多线螺纹（沿两条或两条以上的螺旋线所形成的螺纹，该螺旋线在轴向等距分布）。在图 2—11 中，图 2—11a 所示为单线右旋螺纹、图 2—11b 所示为双线左旋螺纹、图 2—11c 所示为三线右旋螺纹。

在通过螺纹轴线的剖面上，螺纹的轮廓形状称为螺纹牙型。按螺纹牙型不同，常用的螺纹可分为三角形螺纹、矩形螺纹、梯形螺纹和锯齿形螺纹，如图 2—12 所示。

### 2. 螺纹代号与标记

螺纹种类很多，在这里只介绍普通螺纹代号。

粗牙普通螺纹用字母 M 及公称直径表示；细牙普通螺纹用字母 M 及公称直径×螺距表示。当螺纹为左旋时，在螺纹代号之后加"LH"字。例如：

M24——公称直径为 24 mm 的粗牙普通螺纹；

M24×1.5——公称直径为 24 mm、螺距为 1.5 mm 的细牙普通螺纹；

M24×1.5LH——公称直径为 24 mm、螺距为 1.5 mm、方向为左旋的细牙普通螺纹。

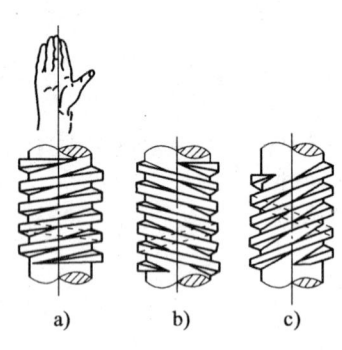

图 2—11 螺纹的旋向和线数

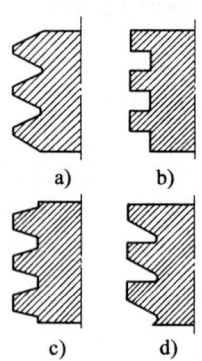

图 2—12 螺纹的牙型
a）三角形 b）矩形 c）梯形 d）锯齿形

### 三、攻螺纹

用丝锥加工工件内螺纹的方法称为攻螺纹。

**1. 丝锥**

丝锥是加工内螺纹的刀具，分为手用丝锥和机用丝锥两种。按其牙型可分为普通螺纹丝锥、圆柱管螺纹丝锥和圆锥螺纹丝锥等。普通螺纹丝锥又分粗牙和细牙两种。

丝锥由工作部分和颈部组成，工作部分又分为切削部分和校准部分。在工作部分上，沿轴向有 3～4 条容屑槽（多为直槽，专用丝锥可做成右旋或左旋的容屑槽），使切削部分形成切削刃、前角、后角和锥角，如图 2—13 所示，以便将切削力均匀地分布到各刀齿上，逐渐切到齿深。校准部分具有完整的齿形，其后角为零，它的作用是修光并校准已切出的螺纹，引导丝锥沿轴向运动，加工出合格的内螺纹。

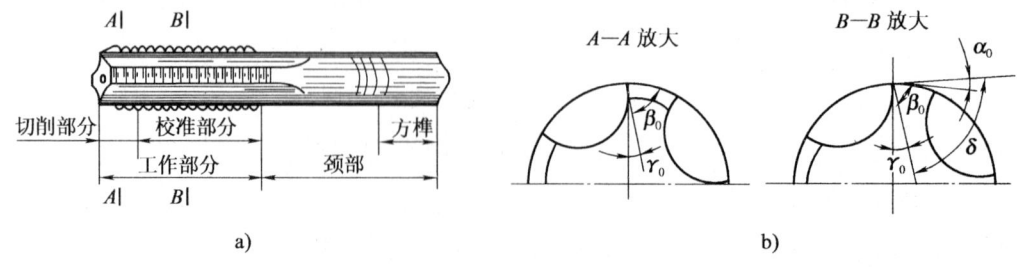

图 2—13 丝锥的结构及切削角度
a）丝锥结构 b）丝锥的切削角度

丝锥因其切削量分布不同,可分为三支一组和两支一组的简单类型。

一般 M6～M24 的丝锥均为两支一组。小于 M6 的丝锥,因螺纹底孔较小,丝锥细,刚度差,强度低,攻螺纹时容易折断丝锥,因此,所用丝锥均为三支一组。大于 M24 的丝锥,攻螺纹时切削力较大,转矩大,此时所用的丝锥均为三支一组。这样每支丝锥的切削量较小,切削省力,丝锥也不易扭断。

各种规格的圆锥螺纹、圆锥管螺纹丝锥均为单支。

2. 铰杠

铰杠是用手工攻螺纹时用来夹持丝锥进行工作的工具。它分普通铰杠和丁字铰杠两种,如图 2—14 所示。各种铰杠又分固定式和活络式两种。攻制 M5 以下的螺孔时,因丝锥受力不大,多使用固定式铰杠。活络式铰杠的方孔尺寸大小可以调整,使用范围较大,其规格以柄长表示,有 150 mm,230 mm,…,600 mm 等六种,可用于 M6～M24 的丝锥。

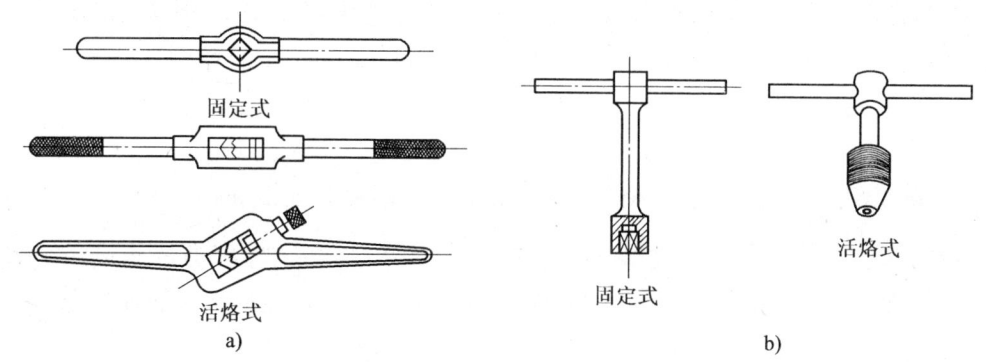

图 2—14 铰杠
a) 普通铰杠　b) 丁字铰杠

3. 螺纹底孔直径的确定

用丝锥加工螺纹时,丝锥切削部分上的每个齿在对材料进行切削的同时,又对材料进行挤压,因此,螺纹牙型的顶端要凸起一小部分,材料的塑性越大,被挤出的材料越多。此时,螺纹底孔直径必须大于螺纹的小径,否则牙顶端与丝锥齿根部没有足够的空间容纳挤出的材料,就会将丝锥卡住或挤断。

底孔的大小要根据工件材料的塑性和螺纹的大径及螺距的大小决定,即一方面保证有足够的空间来容纳挤出的金属,另一方面又要保证加工出的螺纹有完整、充实的牙型。根据上述要求,可用下式计算钻螺纹底孔用钻头的直径。

加工塑性材料时:

$$d_{钻}=D-P$$

式中 $d_{钻}$——底孔钻头的直径，mm；

$D$——螺纹大径，mm；

$P$——螺距，mm。

加工脆性材料时：

$$d_{钻}=D-(1.05\sim1.1)P$$

钻普通螺纹底孔用钻头的直径也可查表选用。

4. 钻不通孔的螺纹时的钻孔深度

钻不通孔的螺纹底孔时，由于丝锥的顶端锥度部分不能切出完整的螺纹，所以，钻孔深度要大于所需螺孔的深度，一般应增加 0.7D（D 为螺纹的大径）的深度。

5. 攻螺纹的方法及注意事项

(1) 攻螺纹前，应先在底孔孔口处倒角，其直径略大于螺纹大径。

(2) 装夹工件时，应尽量使底孔中心线处于铅垂或水平位置，以便于判断丝锥的正确位置。

(3) 开始攻螺纹时，要尽量将丝锥放正，然后对丝锥施加适当压力和扭力，转动铰杠，如图 2—15a 所示。

(4) 当切入 1~2 圈时，要仔细观察和校正丝锥的轴线方向，同时，也可以用 90°角尺在丝锥的两个相互垂直的平面内测量、检查，如图 2—15b 所示，要边工作，边检查、校准。

(5) 当旋入 3~4 圈时，丝锥的位置应正确无误，只需转动铰杠，丝锥将自然攻入工件，如图 2—15c 所示，决不能对丝锥施加压力，否则螺纹牙型将被破坏。

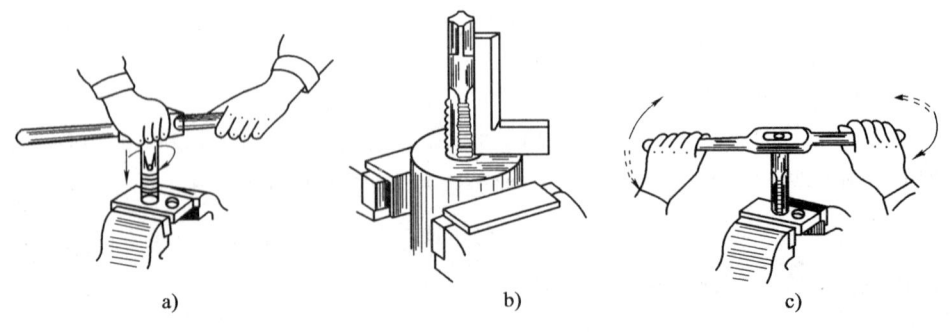

图 2—15 攻螺纹的方法
a) 起始方法 b) 检查方法 c) 攻制方法

(6) 在工作过程中，丝锥每转 1/2 圈至 1 圈时，丝锥就要倒转 1/2 圈，将切屑切断并挤出。尤其是攻不通孔的螺纹时，要及时退出丝锥排屑。

(7) 当要更换后一支丝锥时，要用手旋入至不能再旋入时，再改用铰杠夹持继续工作，以免施加在丝锥上的压力不均匀或丝锥晃动损坏螺纹。

（8）在塑性材料上攻螺纹时，要加机油或切削液润滑，以改善螺纹孔表面的加工质量，减小切削阻力，延长丝锥的使用寿命。

（9）攻螺纹结束后，将丝锥退出时，最好卸下铰杠，用手旋出丝锥，以保证螺孔的质量。

### 四、套螺纹

套螺纹是用板牙或螺纹切头加工螺纹的方法。

**1. 板牙**

板牙是加工外螺纹的工具，由切削部分、校准部分和排屑孔组成。排屑孔使板牙的工作部分形成切削刃和前角，如图2—16所示。切削部分在板牙两端，有切削锥，可以两面使用，板牙的中间是校准部分。

M3.5以上的板牙，外圆上有四个锥坑和一条V形槽，V形槽对面的两个锥坑用手将板牙固定在板牙架中，用两螺钉顶住并传递转矩；V形槽两侧的锥坑用于调节板牙尺寸。

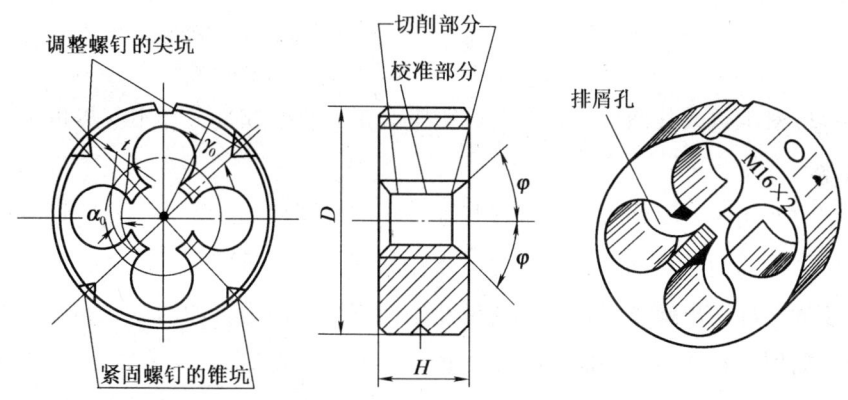

图2—16　板牙的结构及切削角度

圆柱管螺纹板牙与普通螺纹板牙相似，只是单面有切削锥。圆锥螺纹的板牙工作时，所有切削刃都参加切削，切削费力，其切削长度影响圆锥螺纹的尺寸，所以，套圆锥螺纹时，要经常检查、测量其长度，只要相配件旋入后满足使用要求即可，不能太长。

**2. 板牙架**

板牙架是装夹板牙的工具，如图2—17所示为常用的圆板牙架。

**3. 套螺纹前圆杆直径的确定**

套螺纹与攻螺纹的切削过程相同，所以，套螺纹前的圆杆直径应稍小于螺纹大径的尺寸。

一般圆杆直径用下式计算：

$$d_{杆} = D - 0.13P$$

式中　$D$——螺纹大径，mm；

　　　$P$——螺距，mm。

4. 套螺纹的方法及注意事项

（1）套螺纹前，圆杆端部应倒成 15°～20°的锥角，如图 2—18a 所示，形成圆锥体，最小直径要小于螺纹小径，以便板牙切入，且螺纹端部不出现锋口。

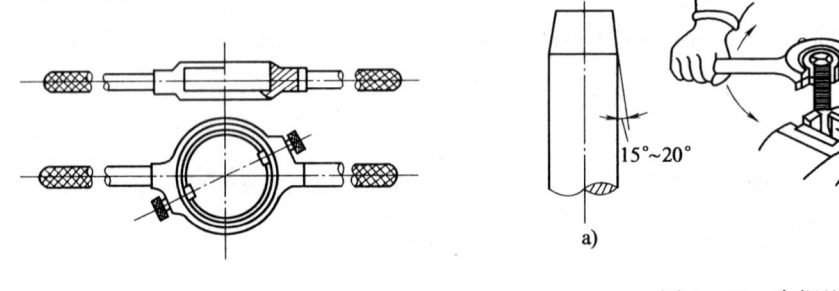

图 2—17　板牙架

图 2—18　套螺纹的方法

a）套螺纹前圆杆倒角　b）用力方法

（2）圆杆应衬木板或其他软垫，在台虎钳中夹紧。套螺纹部分伸出应尽量短，其圆杆最好沿铅垂线方向放置。

（3）套螺纹开始时，要将板牙放正，其轴心线应与圆杆轴线重合。然后转动板牙架并施加轴向力，压力要均匀，转动要慢，同时，要在圆杆的前、后、左、右方向观察板牙是否歪斜。待板牙旋入工件切出螺纹时，只转动板牙架，不施加压力，如图 2—18b 所示。

（4）为了断屑，板牙转动一圈左右要倒转 1/2 圈进行排屑。

（5）在钢件上套螺纹要加切削液润滑，以保证螺纹质量，延长板牙的使用寿命，使切削省力。

# 第三章 机械识图

## 第一节 图样知识

### 一、图样的概念

图样是指准确地表达物体的形状、大小及其技术要求的图。图样是技术文件，它表达设计者的意图，是生产的依据。

图样中常用的图形有两种：立体图（见图3—1）和视图（见图3—2）。

#### 1. 立体图

立体图富有立体感，给人一种直观的感觉，但不能反映物体的真实形状，不能用于生产上。

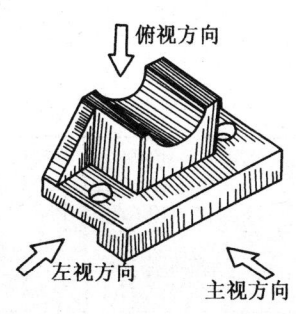

图3—1 轴承座立体图

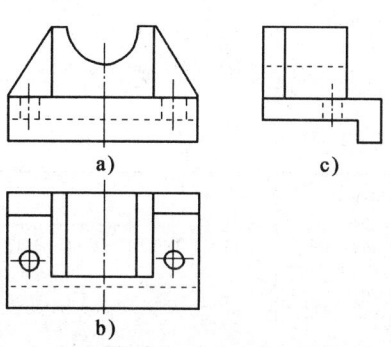

图3—2 轴承座三视图
a) 主视图  b) 俯视图  c) 左视图

2. 视图

视图是"正对着"物体的几个方面去看，而分别按正投影方法绘制的图形。一般分为主观图、俯视图和左视图三个视图，主视图是从前向后投影物体所得到的图形；俯视图是从上向下投影物体所得到的图形；左视图是从左向右投影物体所得到的图形。

## 二、《机械制图》国家标准的基本知识

1. 图线

物体的形状在图样上是用各种不同的图线画成的。为了使图样清晰和便于识读，绘制图样的图线时，应采用表3—1的规定。

表3—1　　　　　　　　　图线及其应用

| 分类 | 名称 | 图线形式 | 代号 | 图线宽度 | 一般应用 |
|---|---|---|---|---|---|
| 粗线 | 粗实线 |  | A | $b$（约0.5～2 mm） | 可见轮廓线 |
| | 粗点画线 |  | J | | 有特殊要求线 |
| 细线 | 细实线 |  | B | 约$b/3$或更细 | 尺寸线、尺寸界线、剖面线、引出线 |
| | 细点画线 |  | G | | 轴线对称中心线 |
| | 双点画线 |  | K | | 假想投影轮廓线 |
| | 虚线 |  | F | | 不可见轮廓线 |
| | 波浪线 |  | C | | 断裂处的边界线、视图和剖视图的分界线 |
| | 双折线 |  | D | | 断裂处边界线 |

各种图线的部分应用示例如图3—3所示。

2. 图纸幅面、格式及比例

图纸幅面应采用国家规定图纸幅面尺寸，见表3—2。

表3—2　　　　　　　　　图纸幅面规格　　　　　　　　　　　　　　　mm

| 幅面代号 | A0 | A1 | A2 | A3 | A4 | A5 |
|---|---|---|---|---|---|---|
| $B×L$ | 841×1 189 | 594×841 | 420×594 | 297×420 | 210×297 | 148×210 |
| $a$ | 25 | | | | | |
| $c$ | 10 | | | 5 | | |
| $e$ | 20 | | | 10 | | |

注：$B$，$L$为图纸幅面的宽度和长度，$a$，$c$，$e$为留边宽度。

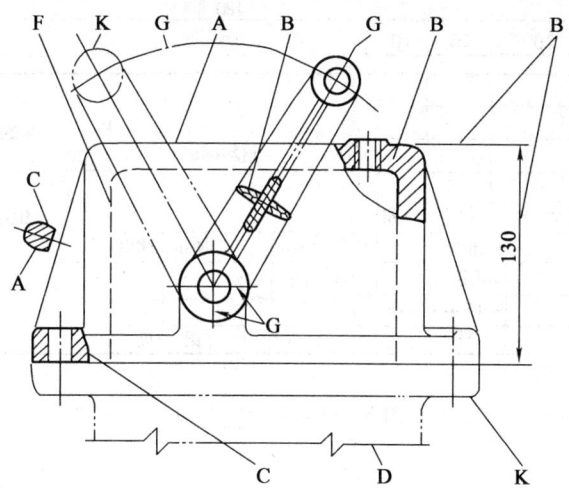

图 3—3 图线的部分应用示例

无论图样是否装订,均需画出边框,其格式如图 3—4 所示。

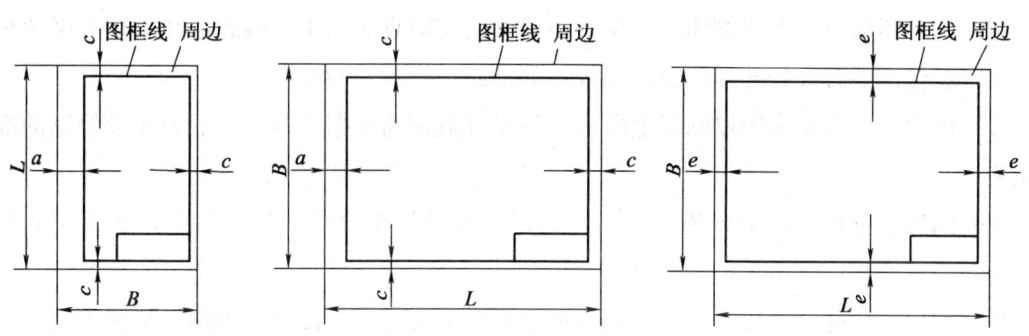

图 3—4 图框格式

绘制图样时一般应采用表 3—3 中规定的比例。

表 3—3　　　　　　　机械图样比例（摘自 GB/T 14690—1993）

| 种类 | 比例 |
|---|---|
| 原值比例 | $1:1$ |
| 放大比例 | $2:1$　$5:1$　$1\times10^n:1$　$2\times10^n:1$　$5\times10^n:1$ |
| 缩小比例 | $1:2$　$1:5$　$1:10$　$1:1\times10^n$　$1:2\times10^n$　$1:5\times10^n$ |

**3. 标题栏**

在图框的右下角,应画出标题栏,其内容与格式如图 3—5 所示。

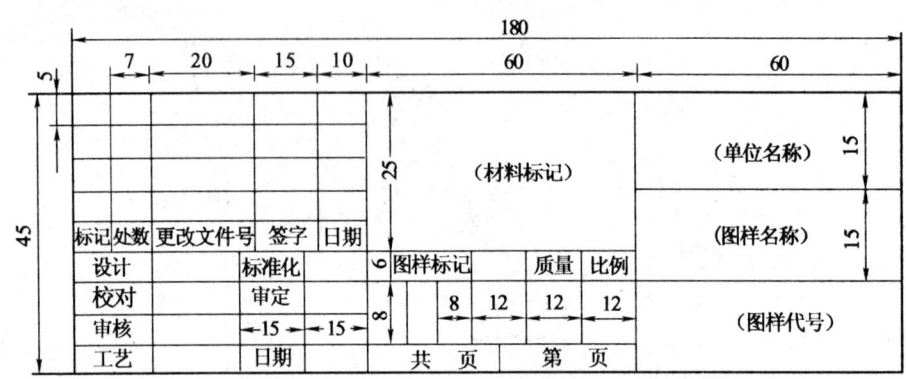

图 3—5  标题栏的格式

**4. 字体**

为了提高图样和技术文件上字体的清晰、美观程度,国家标准规定汉字应写成长仿宋体。

**5. 尺寸标注**

图样中,图形只能表达物体的形状,不能确定它的真实大小。因此,在图样上必须标注尺寸。国家标准中有关尺寸标注方法的规定如下:

(1) 机件的真实大小应以图样上所标注的尺寸数值为依据,与图形的大小及绘制的准确度无关。

(2) 图样中的尺寸以毫米为单位时,不需标注计量单位的代号或名称,如采用其他单位,则必须标明相应计量单位的代号或名称。

(3) 图样中所标注的尺寸,为该图样所示机件的最后完工尺寸,否则应另加说明。

(4) 机件的每一尺寸一般只标注一次,并应标注在反映该结构最清晰的图形上。

### 三、三视图及其投影规律

**1. 正投影法**

投影线与投影面垂直时得到的投影简称正投影,如图 3—6 所示。

由于正投影法能真实地表达物体的大小和形状,画图也比较方便,所以广泛应用于机械制图。习惯上将正投影简称为视图。

**2. 三视图的形成与投影规律**

为了表达物体的空间方位和形状,通常采用三个相互垂

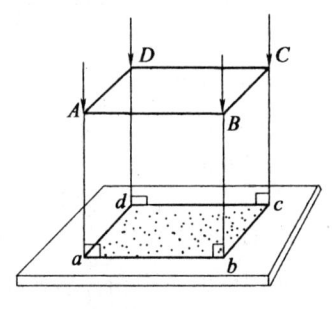

图 3—6  正投影

直的投影面，建立一个投影面体系，如图3—7所示。

正立在观察者正前方的投影面称为正投影面，用 $V$ 表示；水平设置的投影面称为水平投影面，用 $H$ 表示；右侧的投影面称为侧投影面，用 $W$ 表示。这三个投影面相互垂直。$V$ 面与 $H$ 面的交线称为 $X$ 轴；$H$ 面与 $W$ 面的交线称为 $Y$ 轴；$W$ 面与 $H$ 面的交线称为 $Z$ 轴。$X$，$Y$，$Z$ 轴又称为投影轴。三个轴的交点称为原点，用 $O$ 表示。这样，以 $O$ 为基准，沿 $X$ 轴方向可度量长度和确定物体的左、右位置；沿 $Y$ 轴方向可度量宽度和确定物体的前、后位置；沿 $Z$ 轴方向可度量高度和确定物体的上、下或高、低位置。

将物体放在三投影面体系中，如图3—8所示，沿箭头方向，用正投影方法，分别得到三个投影，即物体的三视图。$V$ 面上的投影称为主视图；$H$ 面上的投影称为俯视图；$W$ 面上的投影称为侧视图或左视图。

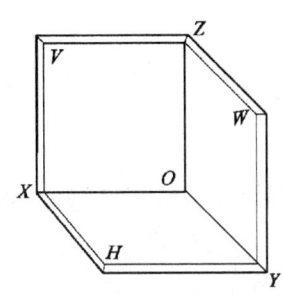

图3—7 三投影面体系的建立

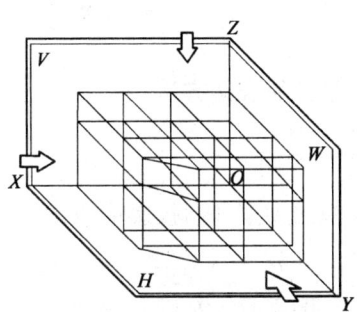

图3—8 三视图的形成

为了便于绘图，把 V，H，W 三个互相垂直的投影面展开成一个平面，如图3—9所示。

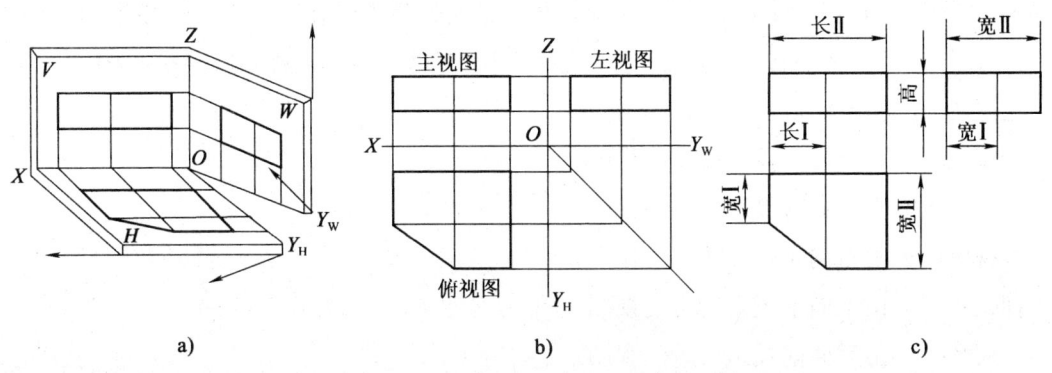

图3—9 三视图的展开和简化

a）投影面的展开　b）展开后的三视图　c）三视图的投影规律

图 3—9a 表示将 $H$ 面绕 $X$ 轴向下旋转 $90°$，将 $W$ 面绕 $Z$ 轴向右旋转 $90°$，并使其与 $V$ 面均在同一平面上。这样，主视图、俯视图和左视图就处在同一平面上，如图 3—9b 所示。其中 $Y$ 轴被分解成 $Y_H$ 和 $Y_W$ 两个轴，实质上 $Y_H$ 和 $Y_W$ 是 $Y$ 轴在 $H$ 面和 $W$ 面的代表。尽管 $OY_H$ 和 $OZ$ 在同一直线上，$OY_W$ 和 $OX$ 也在同一直线上，但它们却代表着各自不同的含义。

$OX$ 是长度方向的度量轴；$OZ$ 是高度方向的度量轴；$OY_H$ 和 $OY_W$ 都是宽度方向的度量轴。

3. 投影规律

从图 3—9c 可以看出，主视图反映了物体的长度、高度，以及物体正面的形状；侧视图反映了物体的高度、宽度，以及侧面的形状；俯视图反映了物体宽度、长度和俯视形状。由此可得出三视图的投影规律：主、俯视图长对正；主、左视图高平齐；俯、左视图宽相等。简称"长对正、高平齐、宽相等"。

### 四、零件的表达方法

1. 零件视图

零件视图为零件向投影面投影所得到的图形。它一般只画零件的可见部分，必要时才画出其不可见部分。

零件视图有基本视图、局部视图、斜视图和旋转视图四种。

（1）基本视图

零件向基本投影面投影所得的图形称为基本视图。

国家标准规定，采用正六面体的六个面为基本投影面，如图 3—10a 所示。将零件放在正六面体中，由前、后、左、右、上和下六个方向，分别向六个基本投影面投影，再按图 3—10b 所示的方法展开，正投影面不动，其余各面按箭头所指方向旋转展开，与正投影面展成一个平面，即得六个基本视图，如图 3—10c 所示。六个基本视图的名称和投影方向为：

主视图——由前向后投影所得的视图；

俯视图——由上向下投影所得的视图；

左视图——由左向右投影所得的视图；

右视图——由右向左投影所得的视图；

仰视图——由下向上投影所得的视图；

后视图——由后向前投影所得的视图。

六个基本视图中，最常用的是主、俯、左三个视图，视图的采用应根据零件的形状特征而定。

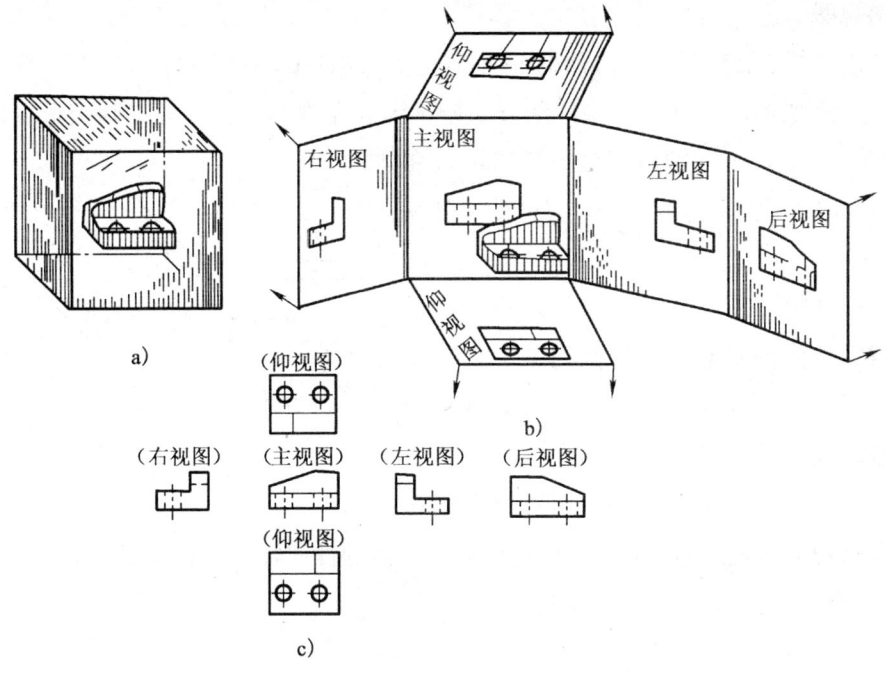

图 3—10 六个基本视图

(2) 局部视图

零件的某一部分向基本投影面投影而得到的视图称为局部视图。局部视图是不完整的基本视图。利用局部视图可以减少基本视图的数量，补充基本视图尚未表达清楚的部分。

如图 3—11 所示为零件的直观图、基本视图和局部视图，主、俯两基本视图已将其基本部分的形状表达清楚。唯有两侧凸台和左侧肋板的厚度尚未表达清楚，因此，采用 A 向、B 向两个局部视图加以补充，这样就可以省去两个基本视图，简化表达方式，节省画图工作量。

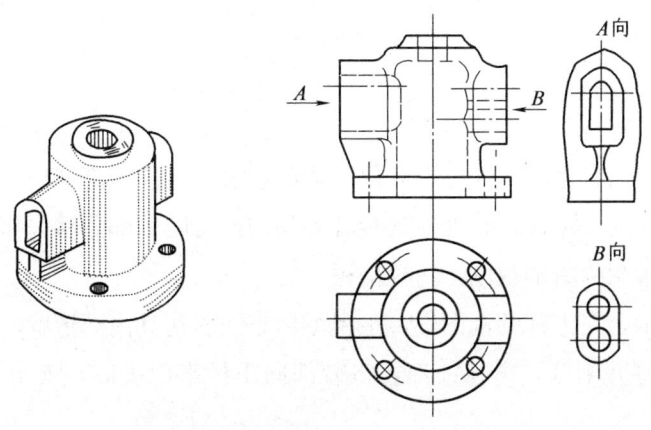

图 3—11 局部视图

(3) 斜视图

向零件不平行于任何基本投影面的平面投影所得的视图,称为斜视图。

如图 3—12 所示的零件,其倾斜部分在俯视图和左视图上都不能得到实形投影,这时就可以另加一个平行于该倾斜部分的投影面,在该投影面上画出倾斜部分的实形投影,即斜视图。

(4) 旋转视图

假想将零件的倾斜部分旋转到与某一选定的基本投影面平行后再向该投影面投影所得到的视图,称为旋转视图。

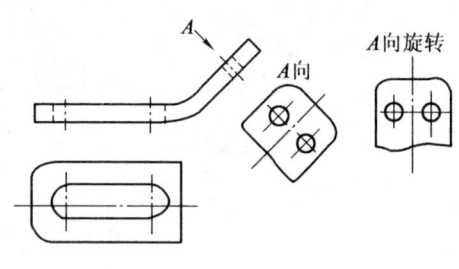

图 3—12 斜视图

如图 3—13 所示的零件的右端对水平面倾斜,为将该部分结构形状表达清楚,即可假想将该部分绕零件回转轴线旋转到与水平面平行的位置,再投影而得到的视图,即为旋转视图。

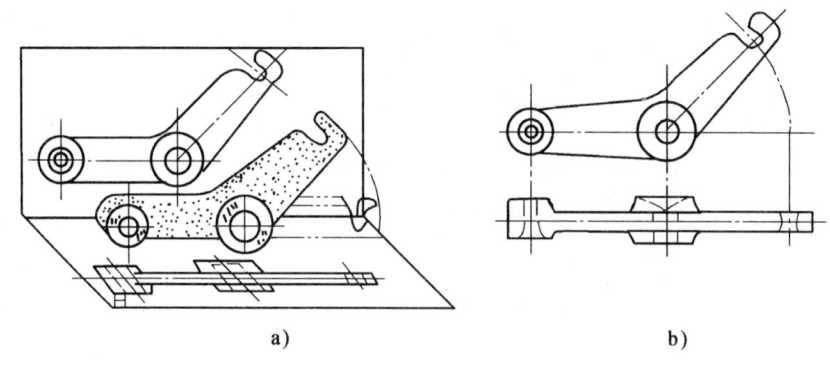

a)                                  b)

图 3—13 旋转视图

2. 剖视图

用零件视图表达零件时,零件内部的结构形状都用虚线表示。如果视图中虚线过多,就会使图形不够清晰,而且标注尺寸也不方便。为此,表达零件内部结构,常采用剖视图的方法,即假想用剖切面剖开零件,将处在观察者和剖切面之间的部分移去,而将其余部分向投影面投影所得到的视图称为剖视图,简称剖视。

如图 3—14 所示,在零件的视图中,主视图用虚线表达其内部形状,不够清晰。假想沿零件前后对称平面将其剖开,去掉前部,将后部向正投影面投影,就得到一个剖视的主视图。

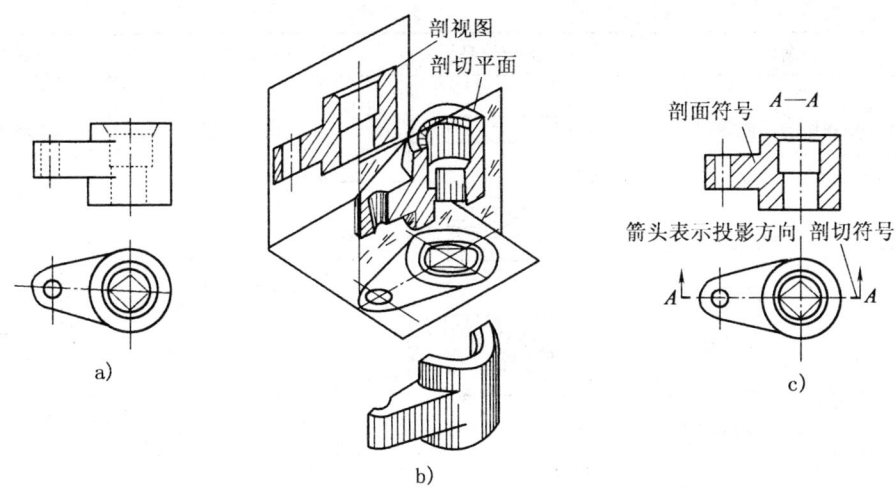

图 3—14 剖视图的形成

a) 未剖的视图　b) 假想剖切及移出　c) 剖视图

剖视图中，凡被剖切的部分应画上剖面符号。国家标准中规定了各种材料的剖面符号，见表 3—4。

表 3—4　　　　　　　　　　　各种材料的剖面符号

| 材料名称 | 剖面符号 | 材料名称 | 剖面符号 |
| --- | --- | --- | --- |
| 金属材料 | | 木质胶合板 | |
| 线圈绕组元件 | | 基础周围的泥土 | |
| 转子、电枢、变压器、电抗器等的叠钢片 | | 混凝土 | |
| 非金属材料 | | 钢筋混凝土 | |
| 型砂、填砂、粉末冶金、砂轮、陶瓷刀片、硬质合金刀片等 | | 砖 | |

续表

| 材料名称 | 剖面符号 | 材料名称 | 剖面符号 |
|---|---|---|---|
| 玻璃及供观察用的其他透明材料 | | 格网 | |
| 木材 纵剖面 | | 液体 | |
| 木材 横剖面 | | | |

剖视图按剖切范围的大小,可分为全剖视图、半剖视图和局部剖视图。

(1) 全剖视图

用剖切平面完全地剖开零件后所得到的剖视图,叫做全剖视图。

(2) 半剖视图

零件具有对称平面时,在垂直于对称平面的投影面上投影所得到的图形。以对称中心线为界,一半画成剖视,另一半画成视图,这样组成的剖视图,叫做半剖视图,如图3—15所示。

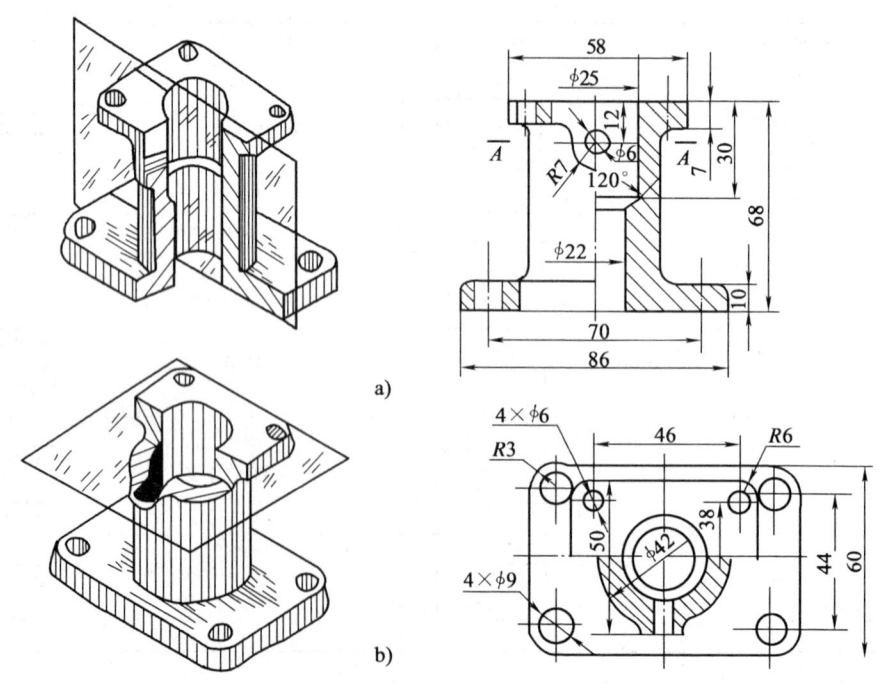

图 3—15 半剖视图
a) 垂直剖切平面  b) 水平剖切平面

(3) 局部剖视图  用剖切平面局部地剖开零件所得到的视图叫做局部剖视图，如图 3—16 所示。

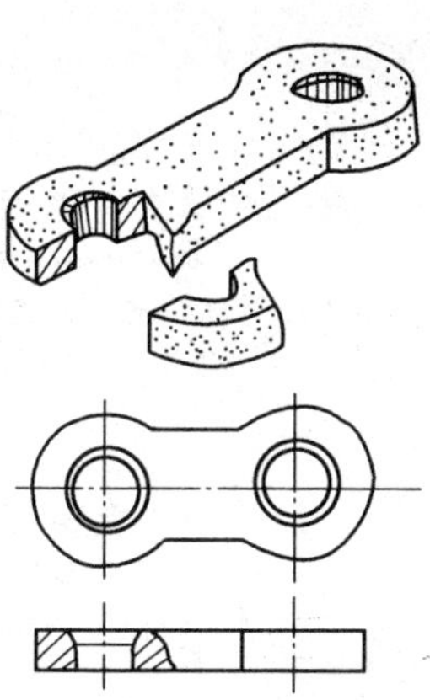

3. 剖面图

(1) 剖面图的概念

假想用剖切平面将零件的某处切断，仅画出断面的图形，称为剖面图，如图 3—17 所示。

剖面图与剖视图的区别在于：剖面图仅画出切断面的图形；剖视图除了画出切断处断面的图形外，还要画出剖面后其余部分的投影。

图 3—16  局部剖视图

(2) 剖面图的种类

剖面图有移出剖面和重合剖面两种图形形式。

1) 移出剖面图  移出剖面图是指画在视图轮廓线之外的剖面图，如图 3—18 所示。

2) 重合剖面图  剖切后绕剖切平面旋转并重合在视图内的剖面，称为重合剖面，如图 3—19 所示。

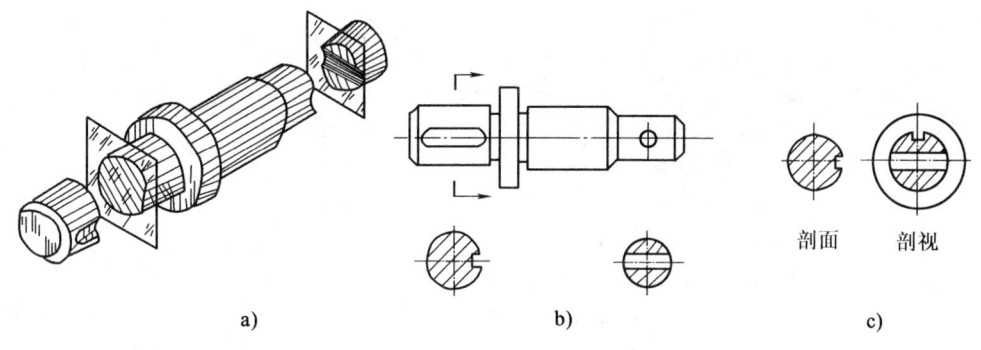

a)　　　　　　　　　　b)　　　　　　　　　　c)

图 3—17  剖面图

a) 假想剖切  b) 视图  c) 剖面和剖视

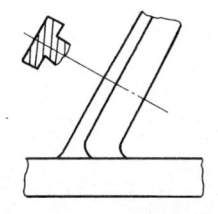

图 3—18  移出剖面图

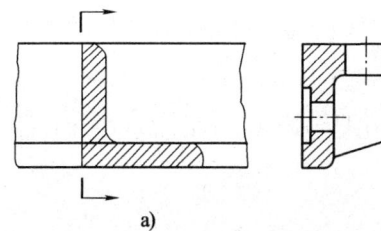

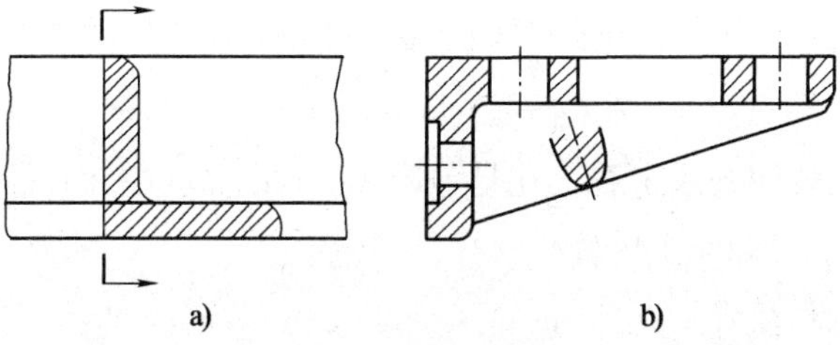

a)　　　　　　　　　　b)

图 3—19  重合剖面图

a) 角钢的重合剖面  b) 肋板的重合剖面

# 第二节 公差与配合的基础知识

## 一、公差与配合的基本概念

制造汽车零件时，不可能把一批相同规格的零件尺寸做得绝对相等，但也不允许相差太大。为了满足使用要求，必须对零件的尺寸规定一个恰当的允许尺寸变动量，即尺寸公差（简称公差）。可见，公差是反映零件制造精确程度的技术指标。

配合是指零件装配在一起后松紧程度的技术指标。

1. 有关孔与轴的定义

（1）孔

主要指圆柱形的内表面，也包括其他内表面中由单一尺寸确定的部分，如图3—20所示。

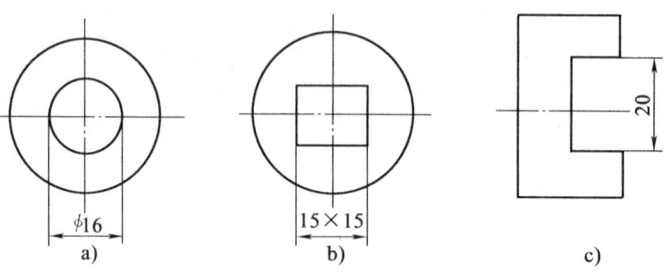

图3—20 孔的定义示意图
a）圆孔 b）方孔 c）槽

（2）轴

主要指圆柱形的外表面，也包括其他外表面中由单一尺寸确定的部分，如图3—21所示。

从装配关系来看，孔是包容面，轴是被包容面。

2. 尺寸的概念

（1）尺寸

用特定单位表示长度值的数字称为尺寸。尺寸表示长度的大小，如直径、半径、长、宽、高、中心距等。

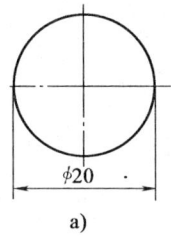 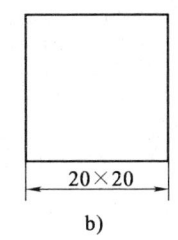 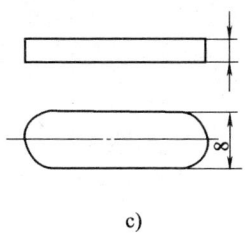

图 3—21 轴的定义示意图
a) 圆轴　b) 方轴　c) 键

例如,轴直径为 30 mm,则 30 为该轴的具体尺寸,mm(毫米)为特定长度单位,一般可省略不写。

(2) 基本尺寸（$D$,$d$）

设计给定的尺寸称为基本尺寸。如图 3—22 所示,圆柱销直径 $\phi$15 mm 和长度 40 mm,即为圆柱销的直径和长度的基本尺寸。

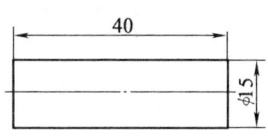

图 3—22 圆柱销

(3) 实际尺寸（$D_a$,$d_a$）

通过测量所得到的尺寸称为实际尺寸。由于存在测量误差,所以实际尺寸并非尺寸的真实值。

(4) 极限尺寸

允许零件尺寸变化的两个界限值称为极限尺寸,它以基本尺寸为基数来确定。两个界限值中较大的一个称为最大极限尺寸（$D_{max}$,$d_{max}$）,较小的一个称为最小极限尺寸（$D_{min}$,$d_{min}$）。

**3. 公差与偏差的概念**

(1) 尺寸偏差

指某一尺寸减去其基本尺寸所得到的代数差。

(2) 实际偏差

指实际尺寸减去其基本尺寸所得到的代数差。

(3) 极限偏差

指极限尺寸减去其基本尺寸所得到的代数差。极限偏差包括上偏差和下偏差。

上偏差指最大极限尺寸减去其基本尺寸所得到的代数差。其代号孔为 ES,轴为 es。

下偏差指最小极限尺寸减去其基本尺寸所得到的代数差。其代号孔为 EI,轴为 ei。

上、下偏差统称为极限偏差。根据定义,上、下偏差用公式表示为:

$$ES = D_{max} - D$$

$$EI = D_{min} - D$$
$$es = d_{max} - d$$
$$ei = d_{min} - d$$

偏差可以为正、负或零值，分别表示大于、小于或等于基本尺寸。所以偏差前面要标明"＋"或"－"号，"0"偏差也要写上。

(4) 尺寸公差

允许尺寸的变动量称为尺寸公差，用 $T$ 表示。其值等于最大极限尺寸与最小极限尺寸之代数差的绝对值，也等于上偏差与下偏差之代数差的绝对值。用公式表示为

$$T_D = |D_{max} - D_{min}| = |ES - EI|$$
$$T_d = |d_{max} - d_{min}| = |es - ei|$$

可见，公差是指允许尺寸的变动范围，偏差是指相对于基本尺寸的偏离量。从数值上看，公差是一个没有正、负号的数值，而且不能为零；偏差是一个有正、负号或零的代数差，如图 3—23 所示。

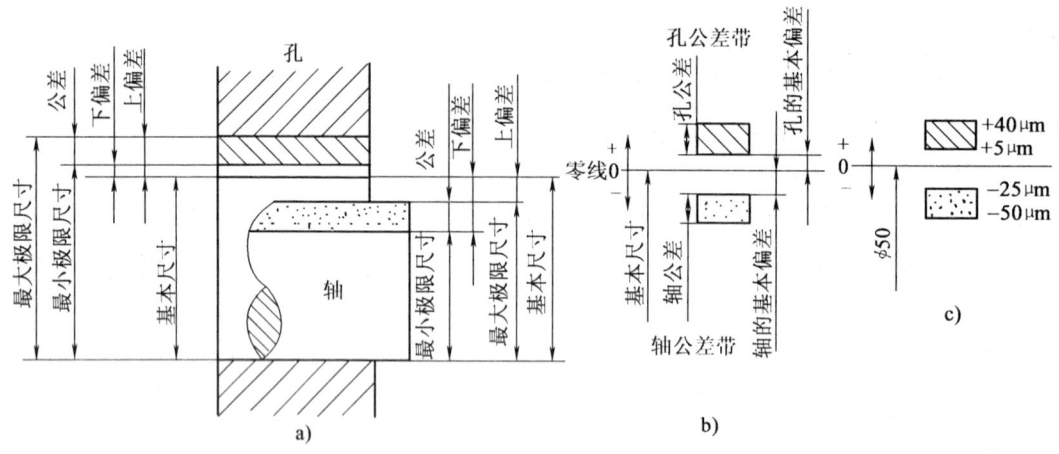

图 3—23 公差与配合示意图及公差带图
a) 公差与配合示意图 b) 公差带 c) 公差带实例

4. 尺寸公差带

(1) 零线

在公差带图中，确定偏差的一条基准直线称为零线，即零偏差线。通常零线表示基本尺寸。正偏差位于零线上方，负偏差位于零线下方，如图 3—23b 所示。

(2) 尺寸公差带（简称公差带）

在公差带图中，由代表上、下偏差的两条直线所限定的一个区域称为尺寸公差带，如图

3—23c 所示。

（3）标准公差

指国家标准规定的、用以确定公差带大小的任一公差值。它由基本尺寸的分段和公差等级的高低两个因素决定。

国家标准规定，在每一个基本尺寸段内，有 IT01，IT0，IT1，…，IT18 共 20 个公差等级的标准公差。IT 表示标准公差，后面的数字表示批准公差的等级。例如，IT01 是最高级，即尺寸精度最高，公差值最小；IT18 是最低级，公差值最大。

（4）基本偏差

确定公差带相对于零线位置的上偏差或下偏差，一般指靠近零线的那个偏差。当公差带位于零线上方时，其基本偏差为下偏差；当公差带位于零线下方时，其基本偏差为上偏差。如图 3—24 所示为基本偏差系列示意图，其中轴、孔各有 28 个基本偏差。大写英文字母代表孔，小写英文字母代表轴。

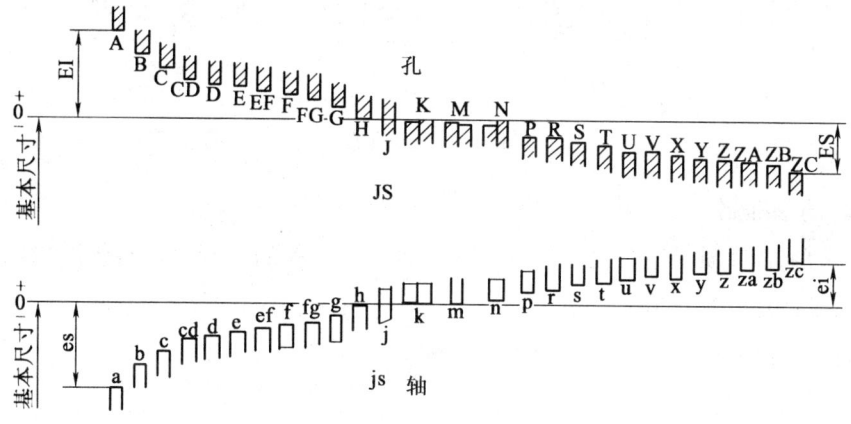

图 3—24 基本偏差系列

5. 配合

基本尺寸相同的相互结合的孔和轴的公差带之间的关系称为配合。根据配合松紧程度，配合可分为以下三类：

（1）间隙配合

具有间隙（包括最小间隙等于零）的配合称为间隙配合。间隙配合时，孔的公差带在轴的公差带之上，如图 3—25 所示。

（2）过盈配合

具有过盈（包括最小过盈等于零）的配合称为过盈配合。过盈配合时，孔的公差带在轴的公差带之下，如图 3—26 所示。

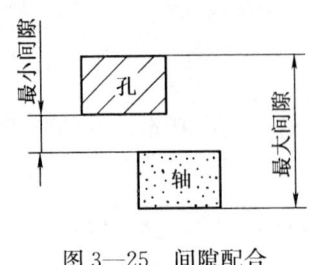
图 3—25 间隙配合

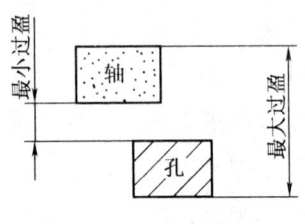
图 3—26 过盈配合

（3）过渡配合

可能具有间隙或过盈的配合称为过渡配合。过渡配合时，孔的公差带与轴的公差带相互交叠，如图 3—27 所示。

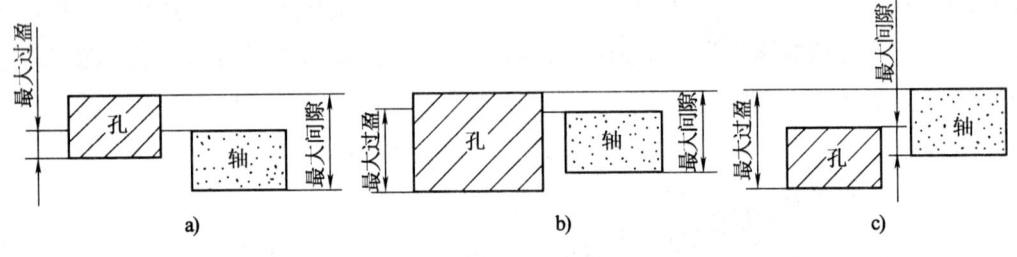

图 3—27 过渡配合

6. 配合的基准制

孔与轴的配合性质是通过改变与它们相配合的轴或孔的基本偏差而获得的，如果使其中一个件（孔或轴）的基本偏差一定，而改变另一个件（轴或孔）的基本偏差，就可得到不同的配合性质。在国家标准中规定了以下两种配合制度：

（1）基孔制

基本偏差为一定的孔公差带，与不同基本偏差的轴公差带形成各种配合的一种制度。基孔制的孔称为基准孔，其基本偏差代号为 H，下偏差一律规定为零，上偏差均为正值。如图 3—28 所示为基孔制示意图。

（2）基轴制

基本偏差为一定的轴的公差带，与不同基本偏差的孔的公差带形成各种配合的一种制度。基轴制的轴为基准轴，其基本偏差代号为 h，上偏差规定为零，下偏差均为负值。如图 3—29 所示为基轴制示意图。

7. 公差与配合的标注

（1）装配图标注

在基本尺寸后面注上一个分式，分子标注孔的公差带，分母标注轴的公差带，如图 3—30 所示。

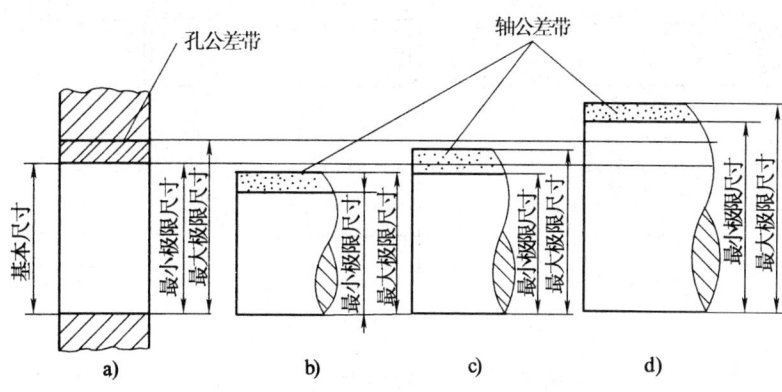

图 3—28 基孔制示意图

a) 基准孔  b) 间隙配合  c) 过渡配合  d) 过盈配合

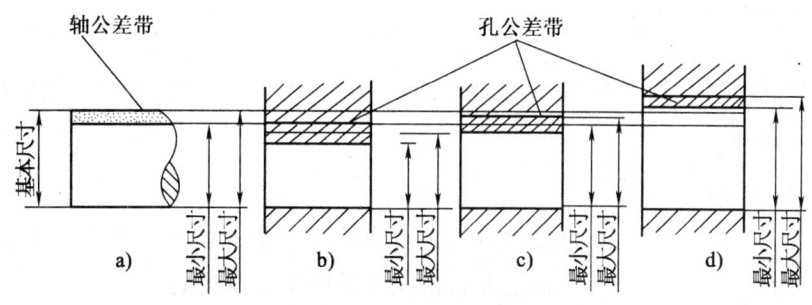

图 3—29 基轴制示意图

a) 基准轴  b) 过盈配合  c) 过渡配合  d) 间隙配合

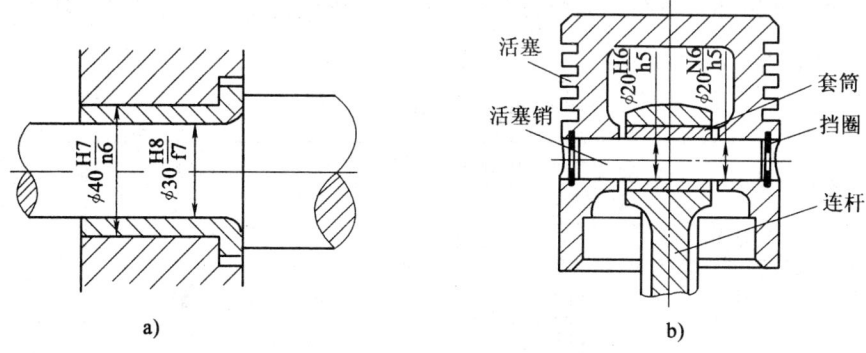

图 3—30 装配图公差与配合的标注

a) 基孔制的标注形式  b) 基轴制的标注形式

(2) 零件图标注

在零件图上标注公差是把装配图上所注的分式中的分子部分注在孔的基本尺寸后面，而把分母部分注在轴的基本尺寸后面。

在零件图中，公差的标注有三种形式，如图 3—31 所示。

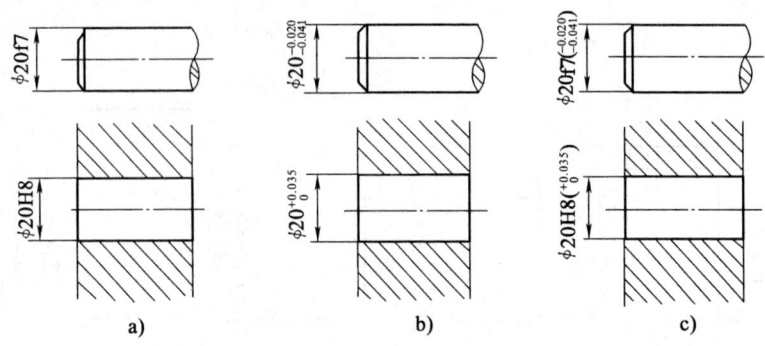

图 3—31 公差在零件图中的标注
a) 代号标注　b) 上下偏差值标注　c) 代号和偏差值同时标注

## 二、形状和位置公差的概念

表面的形状公差和位置公差简称形位公差。它是指零件的实际形状和实际位置相对于零件的理想形状和理想位置的允许变动量。

1. 形位公差的名称及符号

形位公差分为两大类：一类是形状公差，有六个项目；另一类是位置公差，有八个项目，其名称和符号见表 3—5，形位公差带形状及其应用范围见表 3—6。

2. 形位公差的标注方法

（1）形位公差代号

由形位公差框格和指引线、形位公差项目符号、形位公差和有关符号、基准代号字母和有关符号组成，如图 3—32 所示。

表 3—5　　　　　　　　形位公差项目符号

| 分类 | 项目 | 符号 | 分类 | | 项目 | 符号 |
|---|---|---|---|---|---|---|
| 形状公差 | 直线度 | — | 位置公差 | 定向 | 平行度 | // |
| | 平面度 | ▱ | | | 垂直度 | ⊥ |
| | 圆度 | ○ | | | 倾斜度 | ∠ |
| | 圆柱度 | ⌀ | | 定位 | 同轴度 | ◎ |
| | 线轮廓度 | ⌒ | | | 对称度 | = |
| | 面轮廓度 | ⌓ | | | 位置度 | ⊕ |
| | | | | 跳动 | 圆跳动 | ↗ |
| | | | | | 全跳动 | ↗↗ |

表 3—6　　　　　　　　　　　　形位公差带形状及其应用范围

| 公差带 | | 适用被测要素 | | | | | | | 用于公差特征项目 | | | | | | | | |
|---|---|---|---|---|---|---|---|---|---|---|---|---|---|---|---|---|---|
| 两平行直线 | | | | | | ● | | ▲ | | | ▲ | ▲ | ▲ | | ▲ | ▲ | |
| 两等距曲线 | | | | | | ● | | | ▲ | | | | | | | | |
| 两同心圆 | | ● | | ● | ● | ● | | | ▲ | | | | | | | ▲ | |
| 一个圆 | | | | | | ● | | | | | | | ▲ | | ▲ | | |
| 一个球 | | | | | | ● | | | | | | | ▲ | | | | |
| 一个圆柱 | | | | | | ● | | ▲ | | | ▲ | ▲ | ▲ | | | ▲ | |
| 两同轴圆柱 | | | | ● | | | | | ▲ | | | | | | | ▲ | |
| 两平行平面 | | | | ● | | ● | | ▲ | ▲ | | ▲ | ▲ | ▲ | | ▲ | ▲ | ▲ |
| 两等距曲面 | | | ● | | | | | | | ▲ | | | | | | | |

框格用细实线画出，在图中应水平或垂直放置。第1格填写形位公差项目的符号，第2格填写公差值和有关符号，第3格及以后各格填写基准代号的字母和有关符号。

指引线的一端与框格的一端相连，指引线另一端用箭头指向被测要素公差带的宽度方向或直径。当被测要素为表面或直线段时，应明显地与尺寸线错开，如图3—33a所示。当被测要素是轴线或中心平面时，箭头应与被测要素的尺寸线对齐，如图3—33b所示。

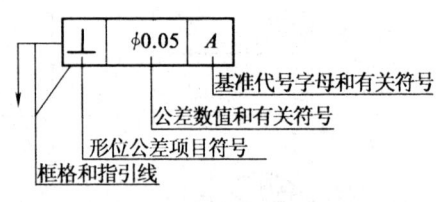

图3—32 形位公差代号

(2) 基准符号和基准代号

基准符号和基准代号如图3—34所示。基准符号采用粗短划线表示，基准代号由粗短横线（基准符号）、连线和带大写字母的圆圈组成。无论基准代号的方向如何，其字母必须水平填写。

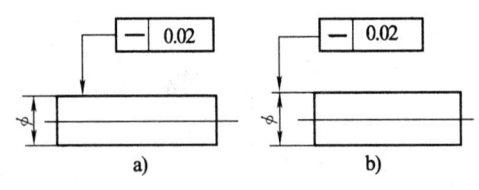

图3—33 被测要素

a) 圆柱的母线　b) 圆柱的轴线

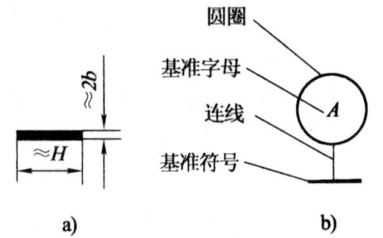

图3—34 基准符号和基准代号

a) 基准符号　b) 基准代号　b—粗实线宽度

H—公差框格高度

(3) 形位公差标注举例

发动机气门挺杆的形位公差标注如图3—35所示。

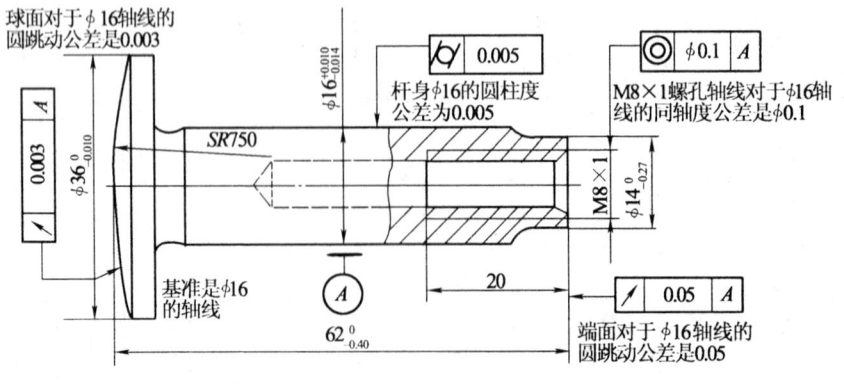

图3—35 发动机气门挺杆的形位公差标注示例

### 三、表面粗糙度的概念

1. 表面粗糙度的概念

机械加工后的工件表面，总会留下刀刃或砂轮等的加工痕迹。这些痕迹都是由许多较小高低不平的峰谷组成。国家标准规定，表面粗糙度就是指加工表面上具有的较小间距和峰谷所组成的微观几何形状特性，即表面微观的不平度。一般由所采用的加工方法或其他因素而形成。它与表面宏观形状误差以及表面波纹误差有所区别。它们从量上可以按相邻两波的峰间（或谷间）距离大小加以区别。波距一般在 1 mm 以下者属于表面粗糙度（微观形状误差）；波距在 1~10 mm 之间者属于表面波度（或称中间形状误差）；波距在 10 mm 以上者属于形状误差（宏观形状误差）。

2. 表面粗糙度符号、代号及标注

国标 GB/T 131—1993 规定了零件表面粗糙度符号、代号及其在图样上的标注方法。现仅就国标中与表面粗糙度标注有关的基本规定作简要介绍。

（1）表面粗糙度符号

表面粗糙度的符号及说明见表 3—7。

（2）表面粗糙度代号、标注

在表面粗糙度符号的基础上，标注出表面粗糙度数值及其有关的规定项目后就形成了表面粗糙度代号。表面粗糙度代号在加工图样中实际使用时，要根据零件的实际需要选择其中一项或几项进行标注，常见的标注及意义见表 3—8。

表 3—7　　　　　　　　　表面粗糙度符号及说明

| 符号 | 说　　明 |
|---|---|
| ∨ | 基本符号，表示表面可用任何方法获得。当不加注粗糙度参数或有关说明（例如表面处理、局部热处理况状等）时，仅适用于简化代号标注 |
| ∨ (加短线) | 基本符号加一短线，表示表面是用去除材料的方法获得。例如车、铣、钻、磨、剪切、抛光、腐蚀、电火花加工、气割等 |
| ∨ (加小圆) | 基本符号加一小圆，表示表面是用不去除材料的方法获得。例如铸、锻、冲压变形、热轧、冷轧、粉末冶金等<br>或者是用于保持原供应状况的表面（包括保持上道工序的状况） |
| ∨ ∨ ∨ (加横线) | 在上述三个符号的长边上均可加一横线，用于标注有关参数和说明 |

### 3. 表面粗糙度的选用

表面粗糙度参数值的选择既要满足零件表面的功能要求，也要考虑零件制造的经济性。一般选择原则如下：

（1）在满足零件表面功能要求的情况下，尽量选用较大的表面粗糙度数值。

（2）同一零件上，工作面表面粗糙度参数值小于非工作面表面粗糙度数值。

（3）摩擦表面比非摩擦表面和滑动表面粗糙度的参数值要小；滚动摩擦表面比滑动摩擦表面粗糙度的参数值要小；运动速度高、单位压力大的摩擦表面应比运动速度低，单位压力小的摩擦表面的粗糙度参数值要小。

表 3—8　　表面粗糙度的标注

| 代号 | 意　义 | 代号 | 意　义 |
|---|---|---|---|
| 3.2∇ | 用任何方法获得的表面 $R_a$ 的最大允许值为 3.2 μm | 3.2/1.6 ∇ | 用去除材料的方法获得的表面 $R_a$ 的最大允许值为 3.2 μm，最小允许值为 1.6 μm |
| 3.2 ▽ | 用去除材料的方法获得的表面 $R_a$ 的最大允许值为 3.2 μm | $R_z$3.2 ▽ | 用去除材料的方法获得的表面 $R_z$ 的最大允许值为 3.2 μm |
| 3.2 ○ | 用不去除材料的方法获得的表面 $R_a$ 的最大允许值为 3.2 μm | $R_y$3.2 ▽ | 用去除材料的方法获得的表面 $R_y$ 的最大允许值为 3.2 μm |
| $R_y$ 3.2/12.5 ▽ | 用去除材料的方法获得的表面 $R_a$ 的最大允许值为 3.2 μm，$R_y$ 的最大允许值为 12.5 μm | 铣 5 12.5 ▽ ⊥ | 用（去除材料）铣削加工方法获得的表面 $R_a$ 的最大允许值为 12.5 μm，加工纹理方向垂直于标注代号，视图的投影面，加工余量 5 mm |

注：$R_a$——轮廓算术平均偏差；$R_z$——微观不平度十点高度；

　　$R_y$——轮廓最大高度。

（4）受循环载荷的表面和容易引起应力集中的部分（如尖角、沟槽等）应取较小的表面粗糙度参数值。

（5）配合性质要求高的结合表面、配合间隙小的配合表面以及要求连接可靠和受重载荷的过盈配合表面等，都应取较小的表面粗糙度数值。

（6）对有防腐或密封要求的零件的表面粗糙度数值要小。

通常在尺寸公差，表面形状公差小时，表面粗糙度数值也小。但表面粗糙度数值与尺寸公差、表面形状公差之间并不存在固定的关系，如手柄、手轮等的尺寸公差较大，而表面粗糙度数值却较小。

# 第三节 识读简单的零件图

## 一、零件图的组成

一般零件图包括四项内容：标题栏、一组视图、完整的尺寸和技术要求。

1. 标题栏

标题栏内容包括：零件的名称、材料、数量、图样的责任者签名和日期等。

2. 一组视图

用必要的基本视图、局部视图、剖视、剖面和其他规定画法，准确、清晰、完整地表达出零件的内外形状和各部分的结构。

3. 完整的尺寸

根据尺寸标注规则，标注出正确、完整、合理和清晰的尺寸，包括反映形体大小及形状的尺寸、确定位置的尺寸，以及零件长、宽、高的总体尺寸。

4. 必要的技术要求

用规定的符号、代号或文字说明，表达零件在制造、检验和调试过程中应达到的质量标准。技术内容包括：表面粗糙度、公差与配合、形状公差与位置公差、热处理或表面处理后的各种技术要求等。

## 二、看零件图的方法和步骤

下面以汽车零件的典型零件图为例，介绍一般的读图步骤。图 3—36 为汽车用的左轮胎螺栓零件图，其读图步骤如下：

1. 看标题栏

从标题中，看出零件名称为螺栓，材料 35 号钢，比例 1∶1，说明实物与图形大小一致。数量共有 12 件。

2. 分析视图

螺栓用了一个主视图、一个左视图和移出剖面图来表达。

3. 分析形体

主视图表达了螺栓的基本形状和结构；左视图主要表达了尺寸 $50_{-0.48}^{\ 0}$ mm 的形状是圆弧状，而 C—C 移出剖面则主要表达了环形槽的结构。

4. 分析尺寸

螺栓中心线是主要基准线，右端面是长度尺寸的主要基准线。尺寸 M20 是重要尺寸，$\phi 20$ mm 也是较重要尺寸，在主视图上都有公差。

为了便于安装，在螺栓的左右两端均有倒角，尺寸为 $3\times 30°$。

5. 技术要求

图上主要表面（螺纹）粗糙度为 $R_a 6.3\ \mu m$，端面为 $R_a 12.5\ \mu m$，而且用文字说明了螺纹表面不允许有裂纹及其他缺陷，无毛刺，进行二级镀锌。

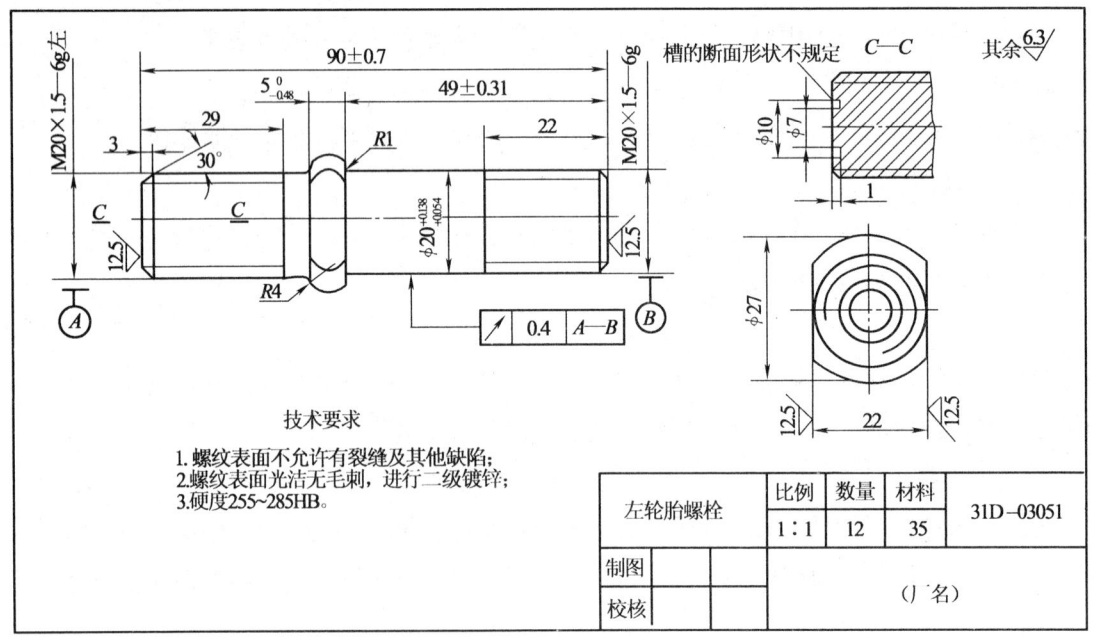

图 3—36 螺栓

# 第四章
# 电工与电子基础常识

电能是一种优越的能量，以其生产方便、使用和控制简单、传输效率高和清洁环保等特点，在工业、农业、科学技术、交通、国防以及社会生活等各个领域，都获得了越来越广泛的应用，因此，电工与电子技术知识对于生产实际和日常生活越来越重要。

在交通运输中，各种运输工具都离不开电能。汽车从它诞生的第一天起，就与电结下了不解之缘，从起初汽车的起动、照明和信号指示等，到现在的自动控制、通信、声像、空调等，可以毫不夸张地说，没有电就没有现代汽车。

## 第一节 电的基本概念

### 一、电的概念

众所周知，自然界中的任何物质都是由分子组成的，分子是由原子组成，而原子又是由带正电的原子核和带负电的核外电子所组成。在通常情况下，原子核所带的正电荷数等于核外电子所带的负电荷数，因此，原子是中性的，对外并不显电性，物质也不显带电的性能。

在初中所学知识可知，用毛皮摩擦过的硬橡胶棒或者用丝绸摩擦过的玻璃棒都能吸引轻小的物体，这是因为它们带上了电荷。玻璃棒上带的电荷是正电荷，橡胶棒上带的电荷是负电荷。自然界中只存在正、负这两种电荷，物体带电的原因就是得到或失去了电子，得到电子的物体带负电，失去电子的物体带正电。物体所带电荷有多有少，物体所带电荷的多少叫电荷量（或电量），用 $Q$ 来表示，单位是库仑（C）。

大量的事实说明，电荷间存在着相互作用的力，同种电荷互相排斥，异种电荷互相吸引。

在自然界中，电荷既不能创造，也不能被消灭，它们只能从一个物体转移到另一个物体，或者从物体的一部分转移到另一部分，这个结论叫电荷守恒定律。

## 二、电流

1. 电流的形成

有的物质，如金属中的金、银、铜、铁、铝等以及非金属中的石墨、硅等，它们的原子核对外层电子的吸引力小，外层电子很容易脱离原子核的束缚成为能够自由移动的自由电子，当这类物质给予一定的外加条件时（如接上电源），就能迫使自由电子发生定向移动，这些电荷有规则的定向移动称为电流。把这类具有良好导电本领的物体叫做导体。

另一些物质，如塑料、陶瓷、石蜡、玻璃、纯净水等，它们的原子核对外层电子的吸引力大，电子不容易脱离原子核的束缚而移动，因此，在物体内不能形成电荷的有规则的移动，这类物质没有导电本领或导电本领很弱，叫做绝缘体。

2. 电流的强度

电流的大小取决于在一定的时间内通过导体横截面的电荷量的多少。在相同的时间内通过导体横截面的电荷量越大，在导体内形成的电流就越强；反之，电流就越弱。

电流的强弱用电流来表示。通常规定：单位时间内通过导体横截面的电荷量称为电流，用大写的字母 $I$ 表示。若在 $t$ 秒内通过导体横截面的电荷量为 $Q$，则

$$I = \frac{Q}{t} \qquad (4-1)$$

电流的单位是安培（A），简称安。若在 1 s 内通过导体横截面的电荷量为 1 C，则流过导体的电流就为 1 A，即

$$1\ \text{A} = \frac{1\ \text{C}}{1\ \text{s}}$$

电流的单位除安培（A）外，还有千安（kA）、毫安（mA）、微安（μA），它们之间的换算关系是

$$1\ \text{kA} = 10^3\ \text{A}$$
$$1\ \text{mA} = 10^{-3}\ \text{A}$$
$$1\ \mu\text{A} = 10^{-6}\ \text{A}$$

电流的方向规定为：正电荷的运动方向为电流的方向，同负电荷运动的方向相反。

## 三、电压

导体中的电流是由大量的自由电荷定向移动形成的，而只有在导体两端接上电源，在导体内部形成电场，大量电荷在电场力的作用下定向移动才能形成电流。因此，导体中形成电流的条件是：导体两端接有电源，也就是说在导体两端保持有电压。

电压用 $U$ 表示。

电压的单位是伏特（V），简称伏。常用的电压单位还有千伏（kV）和毫伏（mV），它们之间的换算关系是

$$1 \text{ kV} = 10^3 \text{ V}$$
$$1 \text{ mV} = 10^{-3} \text{ V}$$

## 四、电阻和电阻器

1. 电阻

当电流通过金属导体时，做定向移动的自由电荷会与金属中的带电粒子发生碰撞，而这种碰撞阻碍了自由电子的定向移动，因而也就阻碍了电流的形成，这种导体对电流的阻碍作用叫做电阻。

导体电阻的大小反映了导电能力的强弱，电阻用 $R$ 表示。电阻的单位是欧姆，简称欧，用 $\Omega$ 表示。电阻常用的单位还有千欧（k$\Omega$）和兆欧（M$\Omega$），它们之间的换算关系为

$$1 \text{ k}\Omega = 10^3 \text{ }\Omega$$
$$1 \text{ M}\Omega = 10^6 \text{ }\Omega$$

导体的电阻是客观存在的，它的大小只取决于导体的长度、横截面积和材料，而与导体两端的电压和流过的电流无关。即

$$R = \rho \frac{L}{S} \qquad (4-2)$$

式中 $R$——导体的电阻，$\Omega$；

$\rho$——与导体的材料性质有关的物理量，称为电阻率或电阻系数，通常是指温度在 20℃ 时，长度为 1 m、横截面积是 1 m² 的某种材料的导体的电阻值，$\Omega \cdot m$；

$L$——导体的长度，m；

$S$——导体的横截面积，m²。

几种材料的电阻率见表 4—1。

表 4—1　　　　　　　　　　几种材料的电阻率　　　　　　　　　Ω·m

| 材料名称 | 电阻率 $\rho$ | 电阻温度系数 $\alpha$ | 材料名称 | 电阻率 $\rho$ | 电阻温度系数 $\alpha$ |
| --- | --- | --- | --- | --- | --- |
| 银 | $1.6\times10^{-8}$ | 0.003 6 | 铁 | $10\times10^{-8}$ | 0.006 |
| 铜 | $1.7\times10^{-8}$ | 0.004 | 碳 | $35\times10^{-6}$ | −0.000 5 |
| 铝 | $2.9\times10^{-8}$ | 0.004 | 锰铜 | $44\times10^{-8}$ | 0.000 005 |
| 钨 | $5.3\times10^{-8}$ | 0.002 8 | 康铜 | $50\times10^{-8}$ | 0.000 005 |

2. 电阻器

(1) 电阻器及其符号

电阻器是电路中应用最广泛的元件，其质量的好坏对电路的工作稳定性有极大的影响，电阻器的主要作用是稳定和调节电路中的电流和电压。电阻器分可变电阻器和固定电阻器两大类，可变电阻器绝大多数用来调节电压的大小，因此，又叫电位器，常见电阻器和电位器的外形及符号如图 4—1 所示。

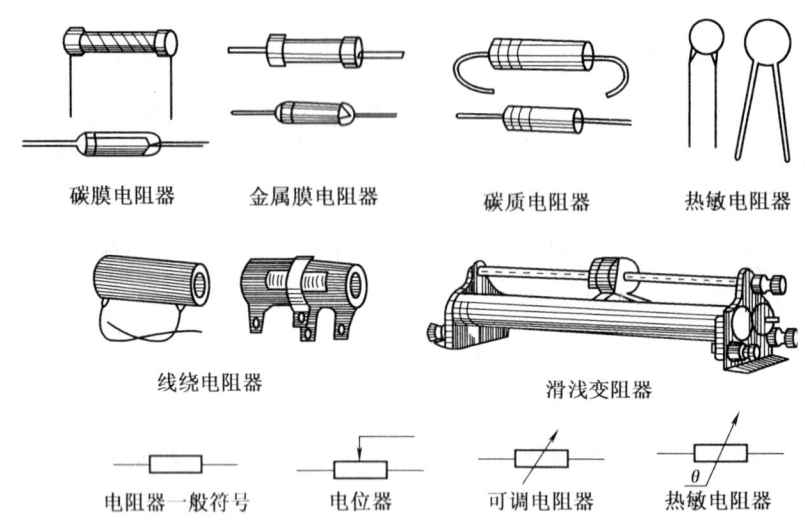

图 4—1　常见电阻器和电位器的外形及符号

(2) 电阻器的主要参数

电阻器的主要参数有标称值、允许误差和额定功率。

1) 标称值　是指电阻器产品标志的"名义"阻值，基本单位为欧姆，为了便于工业大量生产和使用者在一定范围内选用，国家规定出一系列的标称值。

2) 允许误差

表示电阻器的实际阻值对于标称值的最大允许偏差范围。它表示的是电阻器的精度。

3) 额定功率 是指电阻器在规定的环境条件下,长期连续负荷所允许消耗的最大功率。电路中电阻器的实际功率必须小于其额定功率,否则,可能改变其性能,甚至烧毁。

(3) 电阻器的检测

电阻器的主要故障是:过电流烧毁、变值、断裂和引脚脱焊。

1) 外观检查 对于电阻器可通过目测判断引线是否松动、折断或电阻器烧坏等外观故障。

2) 阻值测量 通常通过万用表对电阻器的阻值进行测量,即将万用表置于欧姆挡,用两表笔分别接电阻器的两端,观察万用表的读数,即是电阻器的阻值,但测量时要注意选用合适的量程,也不要用双手同时捏住电阻器的两端或红黑两个测试笔。需要精确测量阻值时,应通过电桥进行。

## 第二节 电 路

### 一、电路

电流经过的路径称为电路。最简单的电路由电源、负载(用电器)、控制和保护装置、连接导线组成,如图4—2a所示。

电路可以用电路图来表示。电路图中常用的部分电气图形符号见表4—2。用电气图形符号可以把图4—2a所示的电路实物连接图画成图4—2b所示的电路图,俗称电路原理图。

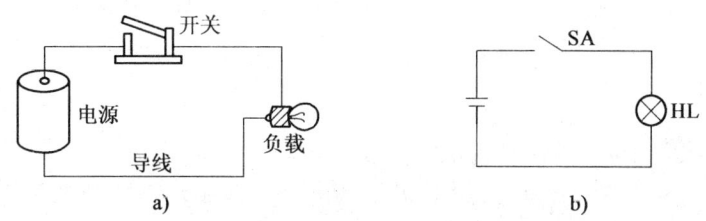

图4—2 电路实物连接图和电路图

a) 实物图  b) 电路图

表 4—2　　　　　　　　　常用部分电气图形符号

| 图形符号 | 文字符号 | 名称 | 图形符号 | 文字符号 | 名称 | 图形符号 | 文字符号 | 名称 |
|---|---|---|---|---|---|---|---|---|
| ─/─ | S 或 SA | 开关 | ∿∿∿ | L | 电感器或线圈 | ▭ | R | 电阻器 |
| ─┤▶ | GB | 电池 | ∿∿∿ | L | 带铁心线圈 | ▭ | RP | 电位器 |
| Ⓖ 或 Ⓖ | G | 交流或直流发电机 | ∿∿ | L | 抽头线圈 | ─┤├─ | C | 电容器 |
| Ⓐ | PA | 电流表 | ⊥ | MM | 接机壳 | ┼ 或 ┼ | | 连接导线或不连接导线 |
| Ⓥ | PV | 电压表 | ⏚ | E | 接地 | ▭ | FU | 熔断器 |
| ─▷├─ | VD | 二极管 | ─○ | X | 端子 | ⊗ | EL HL | 照明灯 指示灯 |

电源是把其他形式的能转化为电能的装置,如汽车上的蓄电池、发电机等。

负载是把电能转化成其他形式的能的元件或设备,如汽车上的照明灯、电动机、电喇叭等。

控制和保护装置是一些仅对电能起传递、控制、变换、监测、保护及报警的装置,如汽车上的开关、继电器等。

电路通常有三种状态:通路、断路(开路)和短路。通路是由电源、负载、导线等组成的闭合回路,电路中有电流流过。断路(开路)电路中某一处断开,电路中没有电流流过。短路分负载短路和电源短路两种。负载短路就是把负载两端直接用导线接通;电源短路就是把电源两端直接用导线接通。短路电流比通路电流大很多倍,因而一般不允许发生短路。

## 二、串联电路

把电气元件(如电阻器)用导体一个接一个地首尾依次连接起来,中间无分支的连接方式,就叫串联电路。如图 4—3 所示为由三个电阻器 R1,R2,R3 组成的串联电路。

串联电路具有如下特点:

1. 串联电路中流经每个电阻器的电流都相等,即

$$I = I_1 = I_2 = I_3 = \cdots = I_n \tag{4—3}$$

2. 电阻串联后的等效电阻(总电阻)等于分电阻的总和,即

$$R = R_1 + R_2 + R_3 + \cdots + R_n \tag{4—4}$$

3. 总电阻两端的总电压等于各个电阻器两端的电压之和,即

$$U = U_1 + U_2 + U_3 + \cdots + U_n \tag{4—5}$$

串联电阻的这些特点，在实际中有很多应用。如电压表可利用串联不同的电阻器来扩大其量程；利用电阻器的串联可以做成分压器，从电源中得到不同的电压。

### 三、并联电路

将几个电阻器的一端连在一起，另一端也连在一起的连接方式，叫做电阻的并联。如图4—4所示为由三个电阻器R1，R2，R3组成的并联电路。

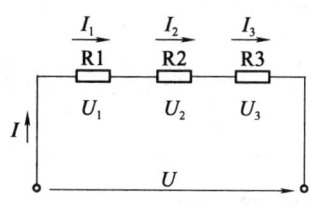

图4—3 串联电路

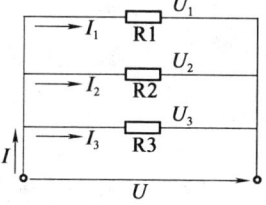

图4—4 并联电路

并联电路具有如下特点：

1. 电路中各支路两端的电压相等，即

$$U = U_1 = U_2 = U_3 = \cdots = U_n \quad (4—6)$$

2. 电路中总电阻的倒数等于各支路电阻倒数之和，即

$$1/R = 1/R_1 + 1/R_2 + 1/R_3 + \cdots + 1/R_n \quad (4—7)$$

3. 电路中的总电流等于各支路的电流之和，即

$$I = I_1 + I_2 + I_3 + \cdots + I_n \quad (4—8)$$

并联电路的这些特点，在实际中也获得了广泛的应用。如电流表利用并联不同的电阻器扩大其量程；汽车上的起动机、刮水器、照明灯等工作电压相同的用电器并联使用，可它们的工作互不影响。

## 第三节 欧姆定律

如图4—5所示为不含电源的部分电路。

当电阻器R两端加上电压U时，电阻器中就有电流I流过。当加在电阻器两端的电压发生变化时，流过电阻器的电流也随I发生变化，而且这两种变化之间成

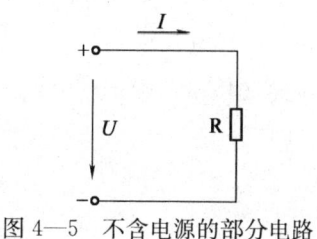

图4—5 不含电源的部分电路

正比，即电压与电流的比值是一个常数，而这个常数就是导体本身的电阻。即

$$R = \frac{U}{I} \tag{4—9}$$

由式（4—9）可得

$$I = \frac{U}{R} \quad 或 \quad U = IR$$

式（4—9）说明：流过导体的电流与加在这段导体两端的电压成正比，与自身的电阻成反比，这一规律称为欧姆定律。

欧姆定律揭示了电流、电压、电阻三者之间的关系，是电路的最基本规律，应用非常广泛。

## 第四节　电功及电功率

### 一、电功

电流流过导体时，电流要做功，简称电功。电流做功把电能转化成其他形式的能。电功用 $W$ 表示，则电功的数学表达式为

$$W = UIt \tag{4—10}$$

由式（4—10）可得

$$W = I^2Rt \quad 或 \quad W = \frac{U^2 t}{R}$$

在式（4—8）中，若电压的单位为 V、电流的单位为 A、电阻的单位为 Ω、时间的单位为 s，则电功的单位为焦耳（J），简称焦。

### 二、电功率

单位时间内电流所做的功叫做电功率。电功率表示的是电流做功的快慢。

电功率是用 $P$ 表示，则

$$P = \frac{W}{t} \tag{4—11}$$

在式（4—11)中，若电功的单位为 J，时间的单位为 s，则电功的单位为 J/s，又称瓦特（W），则

$$1\,\text{W} = \frac{1\,\text{J}}{1\,\text{s}}$$

在实际工作中，电功率的常用单位还有千瓦（kW）、毫瓦（mW）以及马力（hp）等。它们之间的换算关系为

$$1 \text{ kW} = 10^3 \text{ W}$$

$$1 \text{ mW} = 10^{-3} \text{ W}$$

$$1 \text{ hp} = 0.735 \text{ kW} = 735 \text{ W}$$

将式（4—10）代入式（4—11）可得：

$$P = UI \quad 或 \quad P = I^2 R = \frac{U^2}{R} \tag{4—12}$$

式（4—12）表明：当加在用电器两端上的电压一定时，电功率与电阻值成反比。比如家用的电灯，电压都是 220 V，接上 40 W 的灯泡要比 25 W 的亮，原因就是 40 W 的灯泡比 25 W 的灯泡电阻小，但 40 W 的灯泡要比 25 W 的灯泡消耗的功率大。

### 三、电流的热效应

电流流过导体时要产生热量，使导体的内能增加，温度升高，这就叫电流的热效应。英国物理学家焦耳用实验研究了这个问题，指出：电流流过导体产生的热量，跟电流强度的平方、导体的电阻和通电时间成正比，这个规律叫焦耳定律。

如果热量 $Q$ 的单位用 J，电流 $I$ 的单位用 A，电阻 $R$ 的单位用 Ω，时间 $t$ 的单位用 s，则焦耳定律可表示为

$$Q = I^2 Rt \tag{4—13}$$

电流的热效应在生产和生活中有很多应用，如电灯、电炉、电烙铁、电烘箱等都是利用电流的热效应制作的。但是，电流的热效应在有些地方是有害的，例如电流通过输电导线、电动机绕组、电视机中的零件时都要产生热，这不仅白白消耗电能，而且如果产生的热量使物体的升温过高，还会使它们损坏，甚至燃烧，因此，实际中注意通风散热。

# 第五节 电容器和电容

电容器是电路中的基本元件之一。

### 一、电容器

电容器是被绝缘的物质隔开而又相互靠近的两个平板导体组合而成的电气元件，用以存

储或容纳电荷。任何两个彼此绝缘而又相互靠近的导体，都可以看成是电容器。两个导体叫电容器的极板，用导线引出，彼此间的绝缘物质叫电介质，常用的电介质有空气、蜡纸和云母等。

电容器在汽车上的应用是很多的，在汽车上的传统点火系中，把一个合适电容器与分电器的两个触点并联，当触点打开时，电容器可以减少分电器中触点的火花，保护触点；同时使分电器中的一次电流迅速切断，提高高压线圈的二次电压。

电容器的结构与符号如图4—6所示。

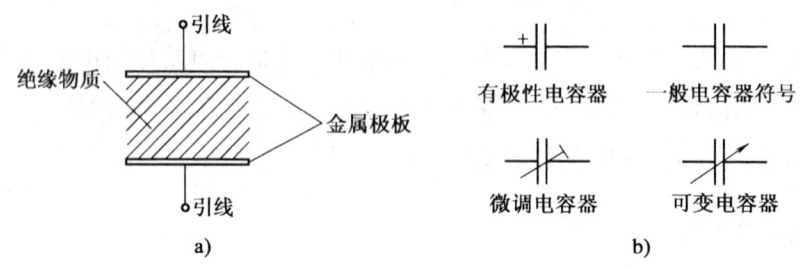

图4—6 电容器的结构与符号
a) 电容器的结构  b) 电容器的符号

## 二、电容器的电容

电容器的作用是存储和释放电荷，即电容器的充电和放电。电容器存储电荷的能力叫做电容器的电容量$C$，简称电容，电容的单位为法拉（F）。

电容器最基本的特性就是能够存储电荷，当电容器极板上的电荷积聚时，两极间就建立了电场，产生了电压。不同的电容器存储电荷的多少是不一样的，对给定的电容器，它存储电荷的电荷量$Q$与其建立的电场所产生的电压$U$的比值是一个常数，而这个常数的大小正好反映出存储电荷的本领，因此，把这个常数定义为电容器的电容，即

$$C = \frac{Q}{U} \tag{4—14}$$

式中　$C$——电容器的电容，F；
　　　$Q$——极板上的电量，C；
　　　$U$——极板间的电压，V。

由式（4—14）可知，$1\,\mathrm{F} = \dfrac{1\,\mathrm{C}}{1\,\mathrm{V}}$，即1 F的电容在数值上等于电容器在1 V电压作用下，极板上存储1 C的电荷量。在实际中，法拉这个单位太大，常用的单位是微法（μF）和皮法（pF）。它们之间的换算关系为：

$$1\text{ F}=10^6\text{ μF}$$
$$1\text{ F}=10^{12}\text{ pF}$$

### 三、电容器的充电与放电

使电容器带电的过程叫做充电。充电时总是一个极板带正电，另一个极板带等量的负电。使电容器失去电荷的过程叫做放电。也就是说，电容器充电的过程就是极板上的电荷不断积累的过程，放电时使原来积累的电荷向外释放。

电容器充电或放电的快慢，取决于充放电电路中的电阻与电容的乘积 $RC$，而充放电的时间长短与电压的大小无关。

### 四、电容器的种类与选用

电容器的种类很多，按介质的材料不同可分为纸质电容器、金属电容器、云母电容器、电解电容器和有机薄膜电容器等。按电容量是否可调又可分为固定电容器和可变电容器，其外形如图 4—7 所示。

选用电容器的主要依据是电路的工作环境、电容量和耐压值，一般电容器的电容量和耐

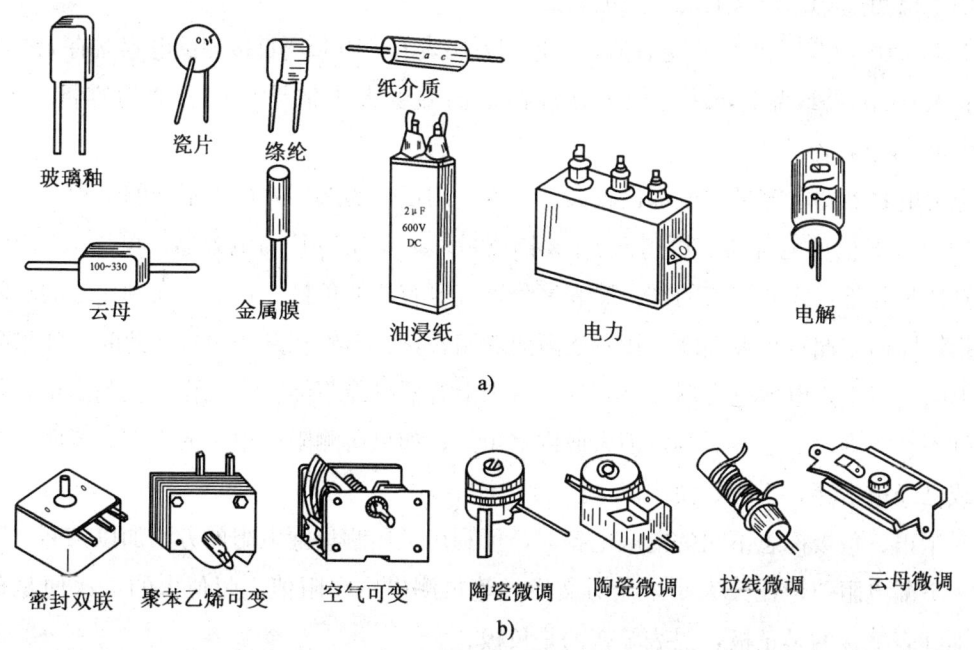

图 4—7 固定电容器和可变电容器外形图
a) 固定电容器 b) 可变电容器

压值都标在电容器的外壳上。选用时，除容量满足电路的要求外，实际所加的电压不能超过耐压值，否则电容器会被击穿。

### 五、电容器的检测

1. 固定电容器的检测

（1）检测 10 pF 以下的小电容器

因 10 pF 以下的固定电容器的容量太小，用万用表进行测量，只能定性地检查其是否有漏电、内部短路或击穿现象。测量时，可选用万用表 $R\times10$ k 挡，用两表笔分别任意接电容器的两个引脚，阻值应为无穷大。若测出阻值为零，则说明电容器漏电损坏或内部击穿。

（2）检测 10 pF～0.01 μF 的固定电容器

检测 10 pF～0.01 μF 的固定电容器是否有充电现象，进而判断其好坏，可将被检测电容器接在硅三极管的集电极上，与其组成一个复合管。选用万用表 $R\times1$ k 挡，红、黑两表笔分别与复合管的发射极和集电极相连接，如果万用表的指针摆动幅度大，说明电容器好，否则说明电容器损坏。

（3）检测 0.01 μF 以上的固定电容器

对于 0.01 μF 以上的固定电容器，可选用万用表 $R\times10$ k 挡直接测试电容器有无充电过程以及有无内部短路或漏电，并可根据指针摆动的幅度大小估计出电容器的容量。

2. 电解电容器的检测

电解电容器的电容量一般都比较大，所以，测量时要选用万用表不同的量程。一般情况下，1～47 μF 间的电容器，可用 $R\times1$ k 挡测量；大于 47 μF 的电容器，可用 $R\times100$ 挡测量。具体步骤是：将万用表的红、黑表笔分别接电容器的负极、正极，在刚接触的瞬间，万用表指针即向右偏转较大幅度，接着逐渐向左回转，直至停在某一位置。此时，如果阻值在几十万欧姆以上，电解电容器即是好的，否则电容器可能不能正常工作。在测试中，若万用表指针不动，则说明电容器容量消失或内部短路；如果所测阻值很小或为零，说明电容器漏电大或已经被击穿，不能再使用。

对于正、负极标志不明的电解电容器，可利用上述测量漏电阻的方法加以判断，即先任意测一下漏电阻，记住其大小，然后交换表笔再测出一个阻值，阻值大的一次便是正向接法，即红表笔接的是正极，黑表笔接的是负极。

# 第六节　磁与电磁

## 一、磁场的概念

1. 磁性、磁体、磁极

人们把具有吸引铁、钴、镍等物质的物体性质称为磁性。具有磁性的物体叫做磁体（磁铁）。磁体两端磁性强的区域叫磁体的磁极，磁极总是成对出现的，一个称为北极（N极），另一个称为南极（S极）。目前人类还没有发现单磁极。

磁铁有天然存在的，叫做天然磁铁；也有人工制造的，叫做人造磁体，人造磁体常见的有条形、蹄形和针形等几种，如图4—8所示。

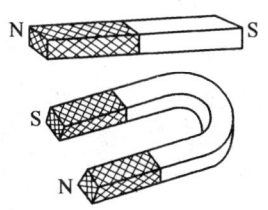 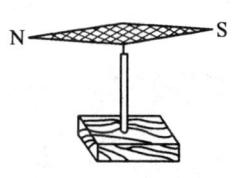

图4—8　磁铁

磁极间存在着相互作用的磁力，同名磁极相互推斥，异名磁极相互吸引。

2. 磁场与磁感应线

磁体周围存在的传递磁极间相互作用的磁力的物质叫磁场。互不接触的磁体之间具有相互作用力就是通过磁场这一特殊物质进行传递的。

为了形象地描述磁场，可引进磁感应线的概念，这与电力线形象地描绘电场相类似。通常规定：在磁体的外部，从磁体的N极出发进入S极为磁感应线的方向，在磁体的内部，磁力线从S极到N极，这样形成一系列闭合曲线，叫做磁感应线。

磁感应线是人们假想的线，实际磁场中并不存在，但可以用实验的方法显示出来，在条形磁铁上放一玻璃板或纸板，在板上撒上一些铁屑并轻敲击，铁屑会有规律地排列，并发现磁极附近磁感应线密，表示磁场强；在磁体中间，磁感应线较稀，则磁场较弱。因此，可以用磁力线的疏密程度表示磁场的弱强，磁感应线的切线方向表示磁场的方向。

## 3. 电流的磁场

丹麦物理学家奥斯特于 1820 年发现，电流的周围存在着磁场。科学研究证明，无论是磁极周围的磁场，还是电流周围的磁场，从本质上讲都是由运动的电荷产生的。

电流产生的磁场的方向可用安培定则（右手螺旋法则）来判断，一般分为两种情况：一是直线电流，如图 4—9 所示，用右手握住直导线，拇指的方向指向电流的方向，弯曲的拇指的指向即为磁场方向；另一是环形电流，如图 4—10 所示，用右手握住螺线管，弯曲的四指指向电流的方向，则拇指所指的方向便是螺线管内部的磁场方向，或说是螺线管的 N 极。

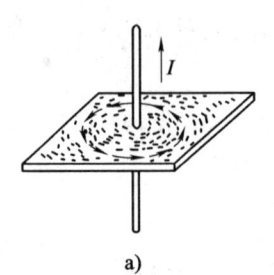
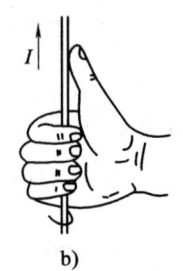

图 4—9　直线电流的磁场
a）示意图　b）安培定则

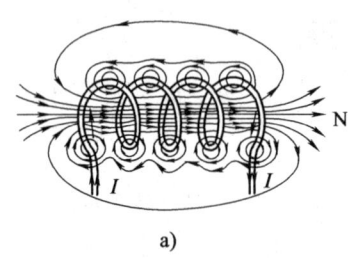
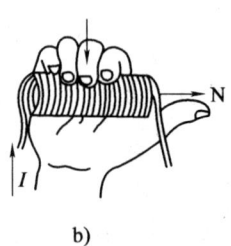

图 4—10　环形电流的磁场
a）示意图　b）安培定则

## 4. 磁化与磁性材料

使原来没有磁性的物质具有磁性的过程叫做磁化。当把一个铁钉与条形磁铁接触后，就会发现铁钉也能吸引铁屑，即被磁化而具有了磁性。像铁、钴、镍等物质很容易被磁化，把这类物质叫做铁磁物质（也叫强磁物质）；还有如空气、锡、铝等物质，很难被磁化，叫做顺磁物质；另一类如铜、银等物质，不能被磁化，叫做反磁物质。

由于反磁物质和顺磁物质的磁性表现太弱，不能作为磁性材料使用，只有强磁物质在工程上才有实用价值,因此,磁性材料一般均是指铁磁物质。

磁性材料按其特性和应用,可分为软磁材料、硬磁材料和矩磁材料。

软磁材料容易被磁化,也容易去磁,如电工纯铁、硅钢片、铁镍合金等,常用来制作电动机、变压器、电磁铁等电器的铁心。

硬磁材料不容易被磁化,也不容易失磁,如合金碳钢、铝镍钛合金等,常用来制作永久磁铁、扬声器的磁钢等。

矩磁材料在很小外磁作用下即能被磁化,一经磁化便达到饱和值,如镁锰铁氧体、锂锰铁氧体等,常用来制作电子计算机中存储器的磁心等记忆元件。

## 二、磁场的基本物理量

1. 磁感应强度

为了研究磁场的强弱,引入磁感应强度($B$)这个物理量。把一段长为$L$、电流为$I$的直导线垂直磁场方向放入磁场,磁场对电流的作用力为$F$,则导线所在处的磁场感应强度$B$为

$$B = \frac{F}{IL} \qquad (4\text{—}15)$$

磁感应强度的单位是特斯拉(T),简称特。

磁感应强度的方向就是该点的磁场方向,因此,磁感应强度是个矢量。

对磁场中的同一点来说,磁感应强度是个常量,而对磁场中位置不同点,磁感应强度可能不同。若磁场中各点的磁感应强度的大小和方向完全相同,这种磁场称为匀强磁场,在匀强磁场中,磁感应线是一组等距离的平行的直线,如图4—11所示。

为了在平面上表示出立体状态的磁感应线或电流的方向,常用符号"×"或"·"来表示垂直进入纸面或垂直从纸面出来的磁场或电流的方向。

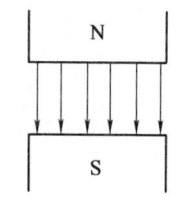

图4—11 匀强磁场

2. 磁通量

磁感应强度只表示了磁场某一点的磁场的强弱,为了描述一个"面"所在处的磁场的强弱,再引进磁通量(简称磁通)这一物理量。

通过与磁场方向垂直的某一面积上的磁感应线总数,叫做通过该面积的磁通($\Phi$)。磁通的单位是韦伯(Wb),简称韦。

磁通$\Phi$与磁感应强度$B$的关系为:

$$\Phi = BS \qquad (4\text{—}16)$$

式中 $S$——垂直磁场的面积，$m^2$。

### 三、磁路和磁路定律

1. 磁路

磁通（磁感应线）通过的闭合路径称为磁路。

在电气设备中，为了获得较强的磁场，常常需要把磁通集中在某一形状的路径中。形成磁路的最好方法就是利用铁磁材料，按照电路的结构、形状要求，而制成各种形状的铁心，从而使磁路形成各自所需的闭合路径，如图 4—12 所示。

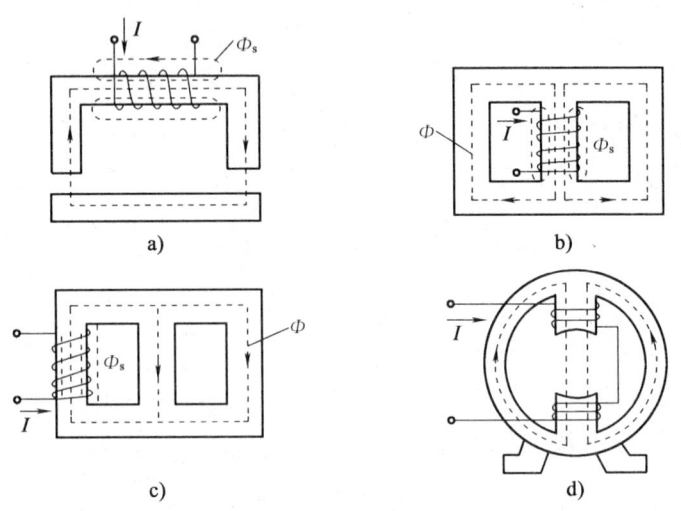

图 4—12 磁路
a) 无分支磁路　b)、d) 对称分支磁路　c) 不对称分支磁路

2. 磁导率

当用一个插入软铁棒的线圈去吸引铁屑，然后将通电线圈中的软铁棒改换成铜棒再去吸引铁屑，便会发现两种情况下吸引力大小不同，前者是后者的很多倍。这表明不同的媒介物质对磁场的影响不同，影响的程度与介质的导磁性能有关。

为了表征物质的导磁性能，引入磁导率这个物理量，磁导率的单位是亨利/米（H/m），由实验测得真空的磁导率 $\mu_0 = 4\pi \times 10^{-7}$ H/m，且为常数。

世界上大多数物质（反磁物质、顺磁物质）对磁场的影响甚微，只有少数物质（铁磁物质）对磁场有着明显的影响。

为了比较物质的导磁性能，可把任一物质的磁导率 $\mu$ 与真空的磁导率 $\mu_0$ 的比值叫做相对磁导率（$\mu_r$），则

$$\mu_r = \mu/\mu_0 \qquad (4—17)$$

相对磁导率只是一个比值，是无单位的物理量，它表示的是在条件相同的情况下，介质中的磁感应强度是真空中的 $\mu_r$ 倍。对于反磁物质，$\mu_r<1$；对于顺磁物质，$\mu_r>1$。铁磁物质的 $\mu_r \gg 1$。

由于铁磁物质的相对磁导率 $\mu_r$ 远大于1，往往比真空中产生的磁场要强几千甚至几万倍以上。例如硅钢片的 $\mu_r=7\,500$，C型坡莫合金的 $\mu_r=115\,000$，所以铁磁物质被广泛地应用于电工技术中，如制作变压器、电磁铁、电动机的铁心等。

几种铁磁物质的相对磁导率见表4—3。

表4—3　　　　　　　　几种铁磁物质的相对磁导率　　　　　　　　　　H/m

| 铁磁物质 | 相对磁导率 | 铁磁物质 | 相对磁导率 |
| --- | --- | --- | --- |
| 钴 | 174 | 已经退火的铁 | 7 000 |
| 未经退火的铸铁 | 240 | 硅钢片 | 7 500 |
| 已经退火的铸铁 | 620 | 真空中熔化的电解铁 | 12 950 |
| 镍 | 1 120 | 镍铁合金 | 60 000 |
| 软钢 | 2 180 | C型坡莫合金 | 115 000 |

3. 磁阻

磁路对磁通的通过具有阻碍作用，叫做磁阻（$R_m$）。磁阻的大小与磁感应线的平均长度 $L$ 成正比，与铁心材料的磁导率 $\mu$ 与铁心截面积 $S$ 的乘积成反比。也就是说，如果铁心的几何尺寸一定，当磁导率越大时，磁阻则越小。磁阻的单位是"1/亨利（1/H）"，表达式为

$$R_m = \frac{L}{\mu S} \qquad (4—18)$$

4. 磁路定律

设励磁线圈匝数为 $N$，线圈中的电流为 $I$，磁路的磁阻为 $R_m$，磁路中的磁通为 $\Phi$，则

$$\Phi = \frac{NI}{R_m} \qquad (4—19)$$

如果把式（4—19）中的 $NI$ 看做相当于电路中的电动势，叫做磁通势，则式（4—19）可以看做是磁路中的欧姆定律。也就是说，磁路中的磁通与磁路的磁通势成正比，与磁路中的磁阻成反比，这个规律叫做磁路欧姆定律。

**四、磁场对电流的作用**

1. 磁场对通电直导线的作用

把一段通电直导线垂直于磁场的方向放入磁场中，磁场对电流有作用力，这个力叫做安

培力（电磁力）。实验证明：在匀强磁场中，通电导体所受到的安培力 $F$ 的大小与磁感应强度 $B$、导体中的电流 $I$、磁场中导体的长度 $L$ 及导体与磁感应强度之间的夹角 $\alpha$ 的正弦值成正比，即安培力的大小为

$$F = BIL\sin\alpha \tag{4—20}$$

式中　$F$——通电导线在磁场中所受的安培力，N；

　　　$B$——磁场的磁感应强度，T；

　　　$I$——导体中的电流强度，A；

　　　$L$——导体在磁场中的长度，m；

　　　$\alpha$——导体与磁感应强度方向间的夹角（°）。

安培力的方向可以用左手定则去判断，即伸开左手，让拇指与其余四指垂直，并在一个平面内，让磁感应线穿过手心，四指指向电流方向，则拇指的指向就是安培力的方向，如图4—13所示。

如果导线方向与磁场方向平行，磁场对导线没有作用力。

2. 磁场对通电线圈的作用

利用磁场对通电线圈的作用，可广泛地应用在电动机、仪表及各种车用继电器中。如图4—14所示为磁场对通电线圈作用的示意图。

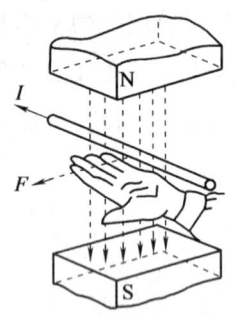

图4—13　左手定则

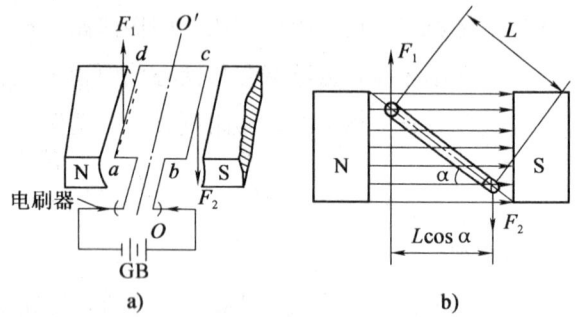

图4—14　磁场对通电线圈的作用

设线圈为 $N$ 匝，则线圈受到的电磁转矩为：

$$M = NBIS\cos\alpha \tag{4—21}$$

式中　$M$——线圈受到的电磁转矩，N·m；

　　　$N$——线圈的匝数；

　　　$B$——磁感应强度，T；

　　　$I$——通过导体的电流，A；

　　　$S$——线圈的面积，$m^2$；

α——线圈平面与磁感应强度间的夹角（°）。

**五、电磁感应的基本概念**

1. 电磁感应现象

自从奥斯特发现了电流的磁效应（即电流能产生磁场）之后，随后许多科学家都在寻求它的逆效应，即磁场能否产生电流。英国科学家法拉第终于在 1831 年发现了磁能够转化为电，即磁场能产生电流的重要事实及其规律——电磁感应定律。

在如图 4—15 所示的匀强磁场中，放置一根导体 AB，导体两端用软导线接上电流计 PG。当导体垂直于磁场的方向做切割磁感应线运动时，可以看到检流计指针有偏转，这说明其回路中有电流存在；当导线平行与磁感应线方向运动时，导体所在回路中检流计指针不偏转，说明回路中没有电流存在。

如图 4—16 所示，在线圈两端接上灵敏检流计 PG，当条形磁铁插入线圈时，将会看到检流计指针发生偏转；如果磁铁在线圈中静止不动，检流计指针不发生偏转，再将磁铁迅速由线圈中拔出时，将看到指针又向另一个方向偏转。如果将条形磁铁换一个极性，会发现检流计指针仍偏转，但方向相反。

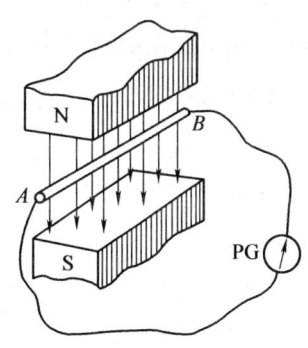

图 4—15　直导体的电磁感应现象

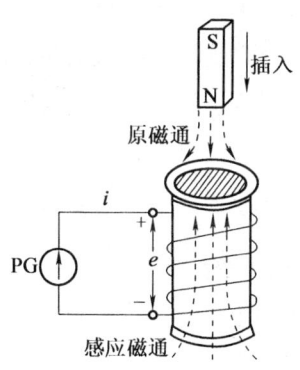

图 4—16　条形磁铁在线圈中的运动

对上述现象进行分析可以看出，无论闭合电路的一部分在磁场中做切割磁力线运动，还是磁铁插入或拔出闭合回路的线圈，都是由于通过闭合回路的磁通量发生变化，在闭合回路上产生感应电流，把这种现象称为电磁感应现象，产生的电动势叫感应电动势，产生的电流叫感应电流。由以上分析可知，电磁感应的条件是穿越线圈的磁通量发生变化。

2. 法拉第电磁感应定律

在图 4—16 所示的实验中，如果磁铁插入或拔出越快，即磁通随时间变化得越快，回路中感应电动势也越大。即回路中感应电动势的大小与穿过回路的磁通变化率（即变化的快慢）成正比，这个规律就叫法拉第电磁感应定律。

设通过线圈的磁通在 $\Delta t$ 时间内变化了 $\Delta \Phi$，则在 $N$ 匝线圈中产生的感应电动势大小为

$$e = N \frac{\Delta \Phi}{\Delta t} \tag{4—22}$$

式中　$e$——在 $\Delta t$ 时间内感应电动势的平均值，V；

　　　$N$——线圈的匝数；

　　　$\Delta \Phi / \Delta t$——磁通的变化率，W/s。

对一段导线切割磁感应线运动来说，可以用上式推出其感应电动势的大小为

$$e = BLv\sin\alpha \tag{4—23}$$

式中　$e$——感应电动热，V；

　　　$B$——磁场的磁感应强度，T；

　　　$L$——导体磁场中的有效长度，m；

　　　$v$——导体在磁场中的运动速度，m/s；

　　　$\alpha$——导体的运动方向与磁感应线方向的夹角（°）。

**3. 楞次定律**

法国物理学家楞次经过大量实验，于1843年发现：感应电流的磁通总是阻碍原磁场磁通的变化，这个规律叫楞次定律。线圈中的原磁通要增加时，感应电流就要产生与它方向相反的磁通去阻碍它的增加；当线圈中的原磁通要减少时，感应电流就要产生与它方向相同的磁通去阻碍它的减少。应用楞次定律判断感应电动势的方向的方法是：

（1）确定原磁场的方向。

（2）判断原磁场磁通的变化趋势（增加或减少）。

（3）用楞次定律判断感应磁场的方向，如果原磁通增加，感应磁场的方向与原磁场的方向相反；如果原磁通减少，感应磁场的方向与原磁场的方向相同。

（4）根据感应磁场的方向，应用安培定则（右手螺旋法则）判断出感应电动势的方向。

如图4—17所示为应用楞次定律判断感应电流的方向。

直导线切割磁感应线产生感应电动势的方向，也可以用楞次定律来判断，但用右手定则判断更方便。具体方法是：伸开右手、拇指与其余四指垂直且在一个平面内，让磁感应线穿过手心，拇指指向导体的运动方向，四指的指向便是感应电动势的方向，如图4—18所示。

**4. 自感**

在图4—19所示的电路中，HL1 和 HL2 是两只完全相同的小灯泡，线圈 L 的直流电阻与电阻器 R 的阻值相等。当开关 SA 闭合时，HL2 灯立即发亮，而 HL1 灯逐渐变亮。其原因是开关 SA 闭合的瞬间，通过线圈 L 的电流发生了从无到有的变化，线圈内

部的磁通也随之发生了变化。根据楞次定律可知，线圈上产生了感应电流，且与原电流的方向相反，因此，HL1 灯泡逐渐亮起来，而 HL2 支路没有这一过程，因而 HL2 立即发亮。

在图 4—20 所示电路中，线圈 L 的直流电阻比灯泡 HL 的电阻小得多，当开关 SA 接通后，线圈 L 支路有电流通过，而灯泡 HL 支路几乎没有电流通过，灯泡 HL 不亮。当开关突然断开时，却发现灯泡 HL 突然亮了一下又熄灭。这是因为电源被切断的瞬间，通过线圈 L 支路的电流立即要减小到零，线圈内的磁通也随之发生变化。根据楞次定律，线圈 L 上产生感应电动势且加在灯泡 HL 两端，使灯泡 HL 有电流通过而发光。

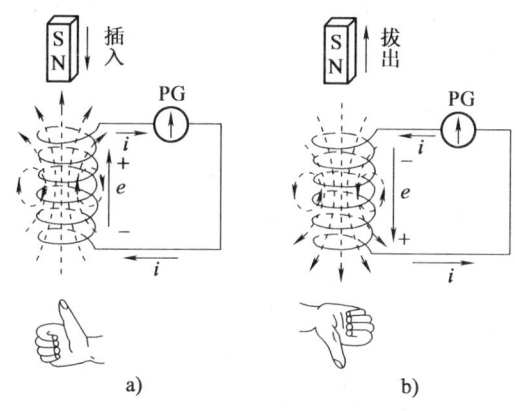

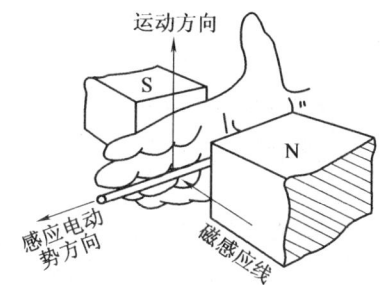

图 4—17 应用楞次定律判断感应电流的方向
a) N 极插入线圈　b) N 极拔出线圈

图 4—18 右手定则

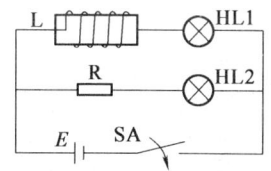

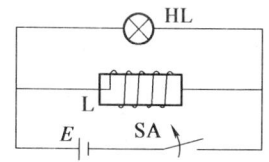

图 4—19 电感器接通电源

图 4—20 电感器断开电源

以上两个现象都是由于线圈自身的电流发生变化而引起的，把这种由于流过线圈本身的电流发生变化而引起的电磁感应现象叫做自感现象，简称自感。

5. 互感

在图 4—21 所示的电路中，线圈 L1 和线圈 L2 靠得很近，线圈 L1 两端通过开关接电源，线圈 L2 两端接灵敏检流计 PG。当开关 SA 闭合的瞬间，发现检流计 PG 指针会偏转一下后又恢复到零位。这种现象是由于开关闭合的瞬间，线圈中发生了电流由无到有的变化，因而在线圈 L1 中产生了变化的磁通 $\Phi_{11}$，其中一部分磁通 $\Phi_{12}$ 穿过线圈 L2，线圈 L2 中产生

了感应电动势 $e_{m2}$，则在检流计中有电流通过，指针发生了偏转。后因线圈 L1 上的电流 $i$ 恒定不变，不再发生这一过程，检流计指针回到零位。断开电源的瞬间，也可发生类似的现象。

分析以上现象可知，由于一个线圈的电流发生变化，使另一个线圈产生感应电动势的现象叫做互感现象，简称互感。变压器就是利用互感现象做成的。

### 六、电磁力在汽车上的应用

1. 磁电式仪表

如图 4—22 所示为汽车上装用的电流表的结构图，黄铜导电板固定在绝缘底板上，两端接线柱与导线相连接，中间装有磁轭与导电板固装在一起的转轴，该轴上又装有指针与永久磁铁转子。

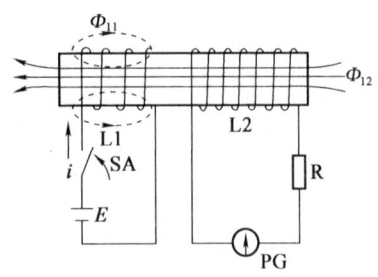

图 4—21 两线圈的互感

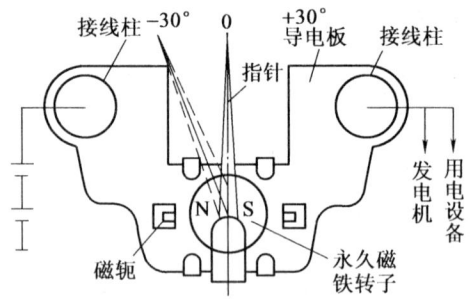

图 4—22 磁电式仪表示意图

没有电流流过电流表时，永久磁铁转子通过磁轭构成磁回路，使指针保持在中间"0"的位置。当汽车蓄电池对外供电时，放电电流通过导电板产生磁场，使永久磁铁转子带动指针向"—"侧偏转。放电电流越大，指针偏转角度越大，表示放电电流的数值越大。当发电机向蓄电池充电时，充电电流导电板产生磁场使指针向"＋"侧偏转，表示充电电流的大小。

2. 电磁继电器

（1）电磁铁

电磁铁由磁化线圈、铁心和衔铁三个主要部分组成。常用马蹄式、拍合式和螺旋管式三种结构，如图 4—23 所示。马蹄式一般应用于起重机电磁铁，拍合式常用于继电器，螺旋管式则用于液压电磁阀。

当电磁铁的磁化线圈通入电流后，电流所产生的磁通经过铁心和衔铁形成闭合磁回路，使铁心和衔铁磁化。磁化后的铁心和衔铁相互吸引，可动衔铁就受到电磁吸力的作用而被吸向铁心。

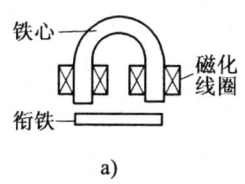 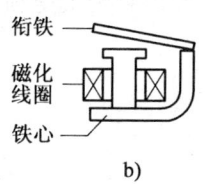 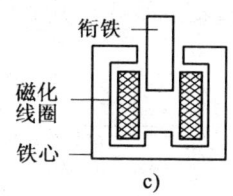

图 4—23  电磁铁的基本结构
a）马蹄式　b）拍合式　c）螺旋管式

（2）电磁式继电器

电磁式继电器是一种具有跳跃输出特性、传递信号的电磁元件。它由电磁机构和触点系统组成，如图 4—24 所示。它由铁心、衔铁、线圈、回位弹簧和触点组成。

在继电器系统中，装上不同的线圈和阻尼元件而分别成为电流继电器、电压继电器、中间继电器或时间继电器等，线圈接入控制信号电路。触点系统由一对或数对动或静触点组成，动触点焊在触点弹簧片上，当线圈通过一定的电流或具有一定的电压时，电磁铁产生磁力，使衔铁带动活动触点与固定常开触点接通，而与固定常闭触点断开。

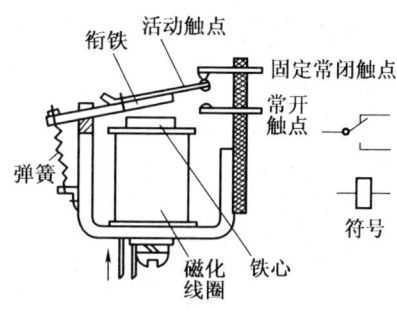

图 4—24  电磁式继电器的结构和符号

当线圈电流切断时，由于电磁力消失，衔铁就在弹簧的作用下迅速回位，从而使活动触点与固定常开触点断开，而使活动触点与固定常闭触点闭合。利用触点的开与闭，就可以实现对电路的控制。

3. 干簧继电器

在干簧管外面套上磁化线圈就构成干簧继电器，如图 4—25 所示。

当线圈通过电流时，在线圈的轴向产生磁场，该磁场使密封管内的两个干簧片磁化，于是在两个干簧片触点产生极性相反的两种磁极，它们就相互吸引而闭合。当线圈切断电流时，磁场消失，两个干簧片也失去磁性，依靠其自身的弹性而恢复原位，使触点断开。

4. 霍尔效应

如图 4—26 所示，把一块厚为 $d$ 的半导体薄片放在磁场中，如果在薄片的纵向上通过一定的控制电流 $I$，那么薄片的横向两端就会出现一定的电势差 $U_H$，这一现象叫做霍尔效应，这个电压叫霍尔电压。霍尔电压 $U_H$ 与控制电流 $I$ 及磁感应强度 $B$ 成正比，即

$$U_H = \frac{R_H I B}{d} \qquad (4-24)$$

式中 $R_H$——霍尔系数,其数值与半导体材料的电荷密度成反比。

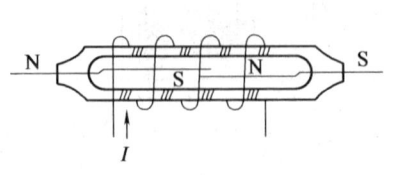

图4—25 干簧继电器

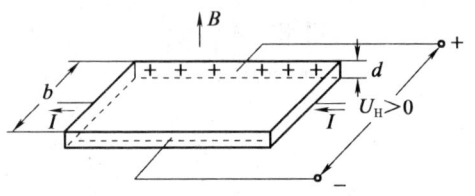

图4—26 霍尔效应示意图

如果撤去磁场或控制电流,霍尔电压也就随之消失。

霍尔电压的极性可以用带电粒子在磁场中运动时受到电磁力的作用来判断,即将左手伸开,让磁感应线穿过手心,四指朝向控制电流的方向,大拇指所指的方向就是霍尔电压的正端。

霍尔效应广泛应用于汽车电路中,如桑塔纳、奥迪轿车及488型汽油机中的霍尔效应式电子点火系上。

七、电感器

电感器是用漆包线在绝缘骨架上绕制的线圈,它是一种能够存储磁场能的电子元件,在电路中有阻流、传递信号等作用。

1. 电感器的外形和符号

常见电感器的外形和符号如图4—27所示和如图4—28所示。

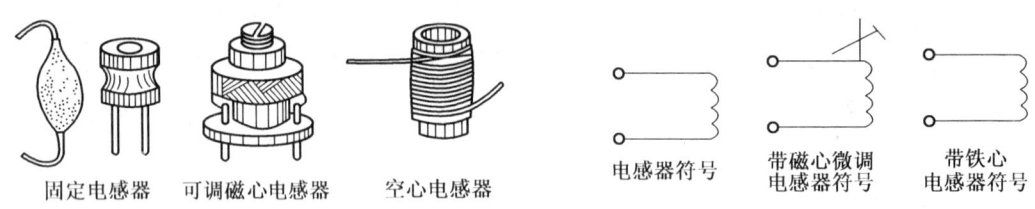

图4—27 常见电感器的外形　　　　　图4—28 常见电感器的符号

2. 主要参数

(1) 电感量

电感量反映的是其储存磁场能的本领,它的大小与电感线圈的匝数、几何尺寸、磁心的磁导率有关,单位为亨(H)、毫亨(mH)和微亨(μH),它们之间的关系是

$$1\text{ H} = 10^3 \text{ mH} = 10^6 \text{ μH}$$

(2) 额定电流

电感器长期工作不损坏所允许通过的最大电流。电感器的实际工作电流应该小于它的额定电流,否则可能被烧坏。

3. 电感器的检测

（1）外观检查

检查电感器表面有无发霉现象，线圈有无松动现象，引脚有无折断或生锈现象。如果电感器带有磁心，还要检查磁心有无松脱现象，如果均无表示为好的，可以使用。

（2）测量

用万用表的欧姆挡测线圈的直流电阻，若直流电阻为无穷大，则表明线圈间或线圈引出线间已经断路；若直流电阻与正常值相比小得多，则说明线圈间有局部短路。

# 第七节　正弦交流电的基本概念

## 一、正弦交流电

正弦交流电是指大小和方向都随时间作周期性变化的电动势（或电压、电流）。按交流电的变化规律可分为正弦交流电和非正弦交流电，如图 4—29 所示。以后介绍的都是指正弦交流电。

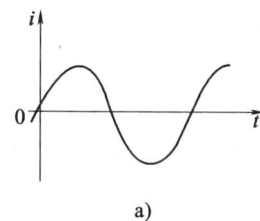
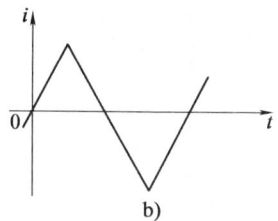

a)　　　　　　　　　　　　　　b)

图 4—29　交流电的波形图

a）正弦交流电　b）非正弦交流电

正弦交流电的电流、电压和电动势的瞬时值表达式为

$$i = I_m \sin(\omega t + \varphi_i) \tag{4—25}$$

$$u = U_m \sin(\omega t + \varphi_u) \tag{4—26}$$

$$e = E_m \sin(\omega t + \varphi_e) \tag{4—27}$$

交流电之所以应用广泛，是因为它在生产、输送和使用等方面具有许多优越性。首先，交流电可以利用变压器很容易地改变电压，提高电压可以实现远距离输送，减少线路损失；也可以低压用电，保障用电安全和降低绝缘要求。其次，电力拖动普遍应用的交流电动机与直流电动机相比，具有结构简单、价格便宜、运行可靠、维护方便等特点。

## 二、正弦交流电的三要素

从正弦交流电的瞬时值表达式可以看出，交流电的大小和方向取决于交流电的最大值（$I_m$，$U_m$，$E_m$）、角频率 $\omega$ 和初相位（$\varphi_i$，$\varphi_u$，$\varphi_e$）这三个物理量，因此，把这三个量称为交流电的三要素。

### 1. 最大值

最大值（$I_m$，$U_m$，$E_m$）是用来表示交流电瞬时值变化范围的物理量。正弦交流电在其变化过程中，对给定任意时刻 $t$ 应有与其对应的电动势、电压和电流的数值，叫做瞬时值。最大值就是瞬时值中最大的数值，又叫做振幅或峰值。

### 2. 角频率

（1）周期

交流电变化一周所用的时间叫做周期（$T$），单位是秒（s）。

（2）频率

交流电每秒钟变化的次数，用 $f$ 来表示，单位是赫兹（Hz）。在实际应用中还有千赫（kHz）、兆赫（MHz）。它们之间的换算关系是

$$1 \text{ kHz} = 10^3 \text{ Hz}$$
$$1 \text{ MHz} = 10^3 \text{ kHz} = 10^6 \text{ Hz}$$

根据周期与频率的定义可知，其关系为

$$f = \frac{1}{T} \tag{4—28}$$

（3）角频率

交流电每秒钟变化的电角度，用字母 $\omega$ 来表示，单位是弧度/秒（rad/s）。由于交流电每变化一周所经历的电角度为 $2\pi$ rad，所以角频率与周期和频率之间的关系为

$$\omega = 2\pi f = \frac{2\pi}{T} \tag{4—29}$$

### 3. 初相位

在交流电的瞬时值表达式中，角度（$\omega t + \varphi_i$）、（$\omega t + \varphi_u$）、（$\omega t + \varphi_e$）分别叫交流电电流、电压和电动势的相位角，简称相位，是决定正弦交流电在某一时刻所处状态的物理量。

而初相位就是指正弦交流电在计时起点 $t = 0$ 时的相位角度值，也即：交流电电流、电压和电动势的初相位分别是 $\varphi_i$，$\varphi_u$，$\varphi_e$。

## 三、交流电的有效值

交流电的有效值是根据其热效应来确定的。理论和实验都证明：交流电的有效值是最大

值的 $1/\sqrt{2}$，即

$$I = \frac{I_m}{\sqrt{2}} \qquad (4-30)$$

$$U = \frac{U_m}{\sqrt{2}} \qquad (4-31)$$

$$E = \frac{E_m}{\sqrt{2}} \qquad (4-32)$$

由此可见，交流电的有效值是最大值的 0.707 倍。日常所说的照明电压是 220 V，就是指交流电的电压有效值是 220 V。在交流电电路中使用的一些电气元件的耐压水平和计算绝缘要求时，应当考虑交流电的最大值，以避免造成元件的击穿和绝缘损坏。

### 四、交流电路

由负载和交流电电源所组成的电路叫交流电路。交流电路按交变电动势的个数分单相交流电路和三相交流电路，我们只研究由一个交变电动势组成的单相交流电路。单相交流电路负载元件有电阻、电感和电容。如果只有单纯的电阻（或电感、电容），则电路叫纯电阻（或纯电感、纯电容）电路。

直流电路分析计算的基本定律、定理和公式适用于交流电路，但要注意交流电的值是随时间发生变化的。

## 第八节 基尔霍夫定律

### 一、电路和有关术语

**1. 节点**

三个或三个以上元件（短路线也应视为元件）的连接点叫做节点。图 4—27 中的 a，b，c，d 均为节点。

**2. 支路**

两个节点之间的连接电路叫做支路。图 4—30 中的 ab，bc，ad 都是支路。

**3. 回路**

由支路所组成的任何一个闭合路径。图 4—30 中的 abda，abca 和 bcdb 都是回路。

### 4. 网孔

在确定的电路中,不能再分的最简单的回路。图4—30中 abda,abca,bcdb 都是网孔。

### 二、基尔霍夫第一定律

对电路中的任意节点,流入节点的电流之和恒等于流出节点的电流之和,称其为基尔霍夫第一定律,也叫做基尔霍夫节点电流定律,即

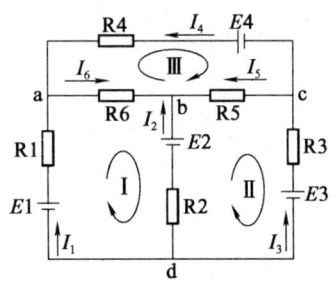

图4—30 复杂电路

$$\sum I_i = \sum I_o \quad (4—32)$$

如果设想流入节点的电流为正,流出节点的电流为负,则基尔霍夫第一定律也可表述为:

$$\sum I = 0 \quad (4—33)$$

即对任何节点,流入的净电流为零。

### 三、基尔霍夫第二定律

对电路中的任意一个闭合回路,按一定的绕行方向,恒有电阻上的电压降的代数和等于电动势的代数和,称其为基尔霍夫第二定律,也叫做基尔霍夫回路电压定律,即

$$\sum IR = \sum E \quad (4—34)$$

式(4—34)中电阻的电流方向与回路和绕行方向相同,电阻上的电压降取正,反之取负;电动势方向与绕行方向相同取正,反之取负。

如果电动势也用电压降来表示,则基尔霍夫第二定律也可表述为

$$\sum U = 0 \quad (4—35)$$

## 第九节 晶体管

### 一、半导体

前面已经介绍过,把具有良好导电性能的物体称为导体,把没有导电性能或导电性能很弱的物体叫绝缘体。此外还有一类物质,它的导电性能介于导体和绝缘体之间,这类物质叫做半导体,如硅、锗及许多金属的氧化物。半导体绝大多数是晶体,因而把用半导体材料做

成的二极管和三极管统称为晶体管。

半导体应用影响因素广泛，原因并不是导电性能介于导体和绝缘体之间，而是它具有独特的导电特性，其主要影响因素介绍如下。

1. 受温度的影响大

外界环境温度的变化对半导体材料的电阻有很大的影响。温度升高，半导体材料中的电子获得更多的能量，更容易摆脱原子核的束缚，从而改善了半导体材料的导电性能；温度降低则与之相反。

2. 受杂质的影响很大

纯净的半导体导电性能很差，但是如果在半导体材料中有选择地加入其他元素（称为杂质），就可使它的导电性能大大增加。

3. 受光照、电压、磁场的影响很大。

## 二、PN结的单向导电性

1. PN结

在半导体材料中掺入杂质，它的导电性能将大大改变，由于掺入的杂质不同，就形成不同类型的半导体材料。如果在半导体材料中掺入锑、磷、砷等五价元素，将制作成N型半导体。如果在半导体材料中掺入铟、铝、硼等三价元素，将制作成P型半导体。控制杂质的种类和数量，就控制了P型或N型半导体的导电性能。

将P型半导体和N型半导体结合在一起，它们的交界处就形成一个PN结。

2. PN结具有单向导电性

P区接电源的正极，N区接电源的负极，如图4—31a所示，叫做正向偏置，此时二极管电流很大，即PN结正向导通，正向电阻很小。P区接电源的负极，N区接电源的正极，如图4—31b所示，叫做反向偏置，此时二极管电流很小，即PN结反向截止，反向电阻很大。

## 三、晶体二极管

1. 二极管

PN结的P区和N区各接出一条引线，再封装在管壳里，就构成一个二极管，P区引出端叫正极，N区引出端叫负极，如图4—32a所示。

2. 二极管的符号

如图4—32b所示，它表示二极管具有单向导电性，箭头表示正向电流的方向。二极管外壳上一般都标有符号，表示极性。

不同用途的二极管一般都有不同的结构、形状和符号，如图4—33所示。

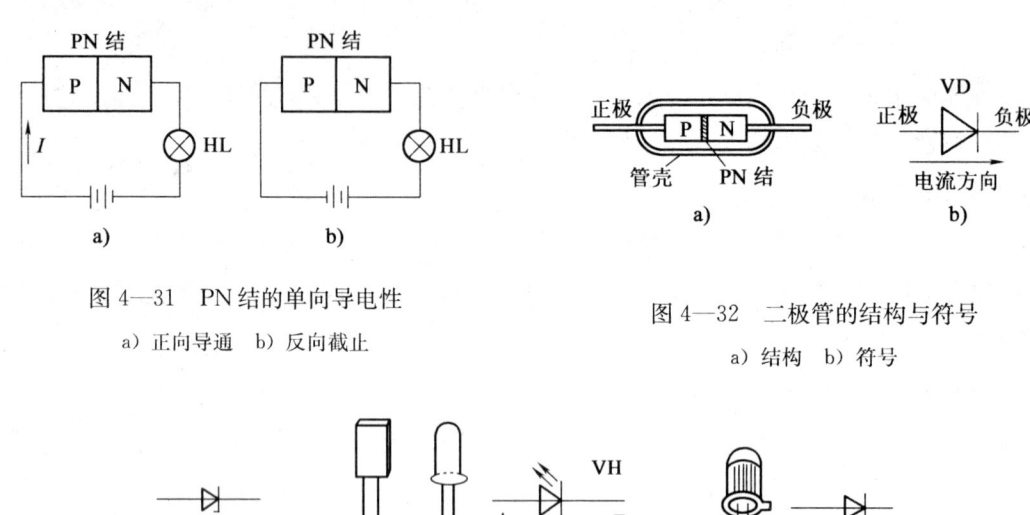

图4—31 PN结的单向导电性
a)正向导通 b)反向截止

图4—32 二极管的结构与符号
a)结构 b)符号

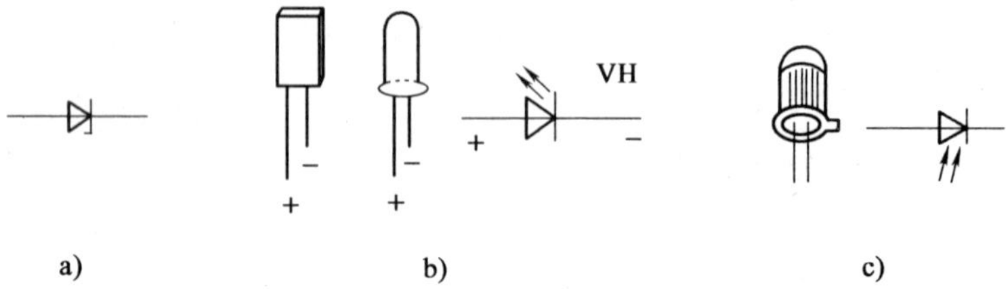

图4—33 二极管的常见形式和符号
a)稳压二极管 b)发光二极管 c)光电二极管

二极管主要参数有最大整流电流和最高反向工作电压。

二极管长时间正常工作所允许通过的最大平均正向电流叫最大整流电流,使用时如果超过该值,将会烧坏二极管;保证二极管正常工作、不被反向击穿所能承受的反向电压值叫最高反向工作电压,一般取反向击穿电压的一半左右作为最高反向工作电压。

按半导体器件型号命名方法的规定,国产二极管的型号由五个部分组成,见表4—4。

表4—4 二极管的型号

| 第一部分<br>(数字) | 第二部分<br>(字母) | 第三部分<br>(字母) | 第四部分<br>(数字) | 第五部分<br>(字母) |
|---|---|---|---|---|
| 电极数目 | 材料与极性 | 二极管类型 | 管的序号 | 规格号 |
| 2—二极管 | A—N锗材料<br>B—P锗材料<br>C—N硅材料<br>D—P硅材料<br>E—化合物材料 | P—普通管<br>W—稳压管<br>Z—整流管<br>L—整流堆<br>K—开关管 | 表示某些性能与参数上的差别 | 表示同型号中的挡别 |

3. 二极管的简易判别

（1）使用指针式万用表检测

1）好坏判别　通常用万用表的欧姆挡来测试二极管的正、反向电阻进行判断。用万用表 $R\times100$ 挡或 $R\times1\text{k}$ 挡，将两表笔分别正接或反接在被测二极管的两端，测其正、反向电阻，如图 4—34a，b 所示。如果正向电阻几十到几百欧，反向电阻 $200\text{k}\Omega$ 以上，可以认为二极管是好的；如果正反向电阻都是无穷大，则说明二极管断路；如果反向电阻很小，则是二极管内部短路；如果反向电阻比正向电阻大得不多，则是二极管质量不佳。

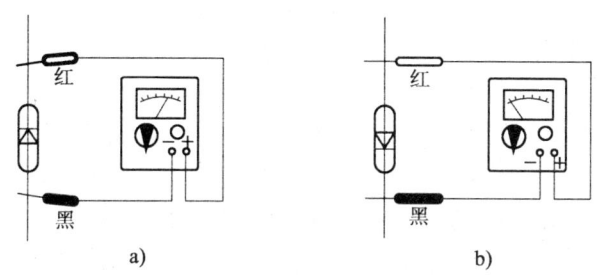

图 4—34　二极管的简易判别
a) 正向电阻小　b) 反向电阻大

2）极性判别　将万用表的量程拨到 $R\times100$ 挡或 $R\times1\text{k}$ 挡，用两表笔分别接在被测二极管的两端，如果电阻较小，则黑表笔所接的一端是二极管的正极，红表笔所接的一端是二极管的负极；如果电阻较大，则黑表笔所接的一端是二极管的负极，红表笔所接的一端是二极管的正极。

（2）使用数字式万用表检测

1）好坏判别　用万用表的"二极管测试"挡，将两表笔分别正接或反接在被测二极管两极，即可测得大、小两个阻值。如果小的测量值为 0.5 或 0.3 左右（硅材料二极管为 0.5，锗材料二极管为 0.3），大的测量值为无穷大，说明二极管是好的；如果两次测量值均为无穷大，说明二极管断路；如果两次测量值均很小或为零，说明二极管内部短路。

2）极性判别　当测量值为 0.5 或 0.3 左右时，则红表笔所接的一端是二极管的正极，黑表笔所接的一端是二极管的负极。

四、晶体三极管

1. 三极管的结构

在一块半导体材料上，制作出三个区，构成两个 PN 结，并分别从三个区中引出三条引线，再封装在管壳里，如图 4—35 所示，就构成了一个三极管。

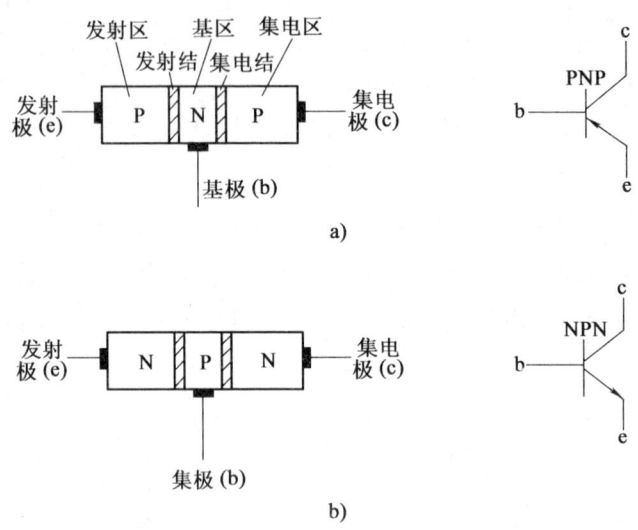

图4—35 三极管的结构与符号
a) NPN型三极管的结构与符号　b) PNP型三极管的结构与符号

一般把中间的区叫基区，两个PN结分别按其作用称为集电结和发射结，集电结连接的区域称为集电区，与发射结相连的区域叫做发射区。从发射区、基区、集电区引出的电极，分别称为发射极（e）、基极（b）和集电极（c）。

三极管有NPN型和PNP型两种，且分别用符号表示，如图4—35所示。

2. 三极管的外形及其型号

三极管根据体积、封装形式、用途等不同，可分很多种式样，如图4—36所示。

按照半导体器件型号命名方法的规定，国产三极管的型号由五个部分组成，见表4—5。

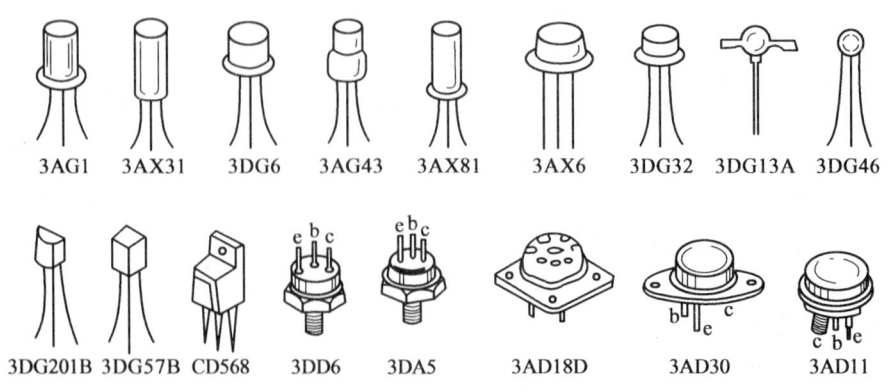

图4—36 三极管的外形及其型号

表 4—5　　　　　　　　　　　三极管的型号

| 第一部分<br>（数字） | 第二部分<br>（字母） | 第三部分<br>（字母） | 第四部分<br>（数字） | 第五部分<br>（字母） |
| --- | --- | --- | --- | --- |
| 电极数目 | 材料与极性 | 三极管类型 | 管的序号 | 规格号 |
| 3—三极管 | A—PNP 锗材料<br>B—NPN 锗材料<br>C—PNP 硅材料<br>D—NPN 硅材料<br>E—化合物材料 | X—低频小功率管<br>G—高频小功率管<br>D—低频大功率管<br>A—高频大功率管<br>K—开关管 | 表示某些性能与参数上的差别 | 表示同型号中的挡别 |

**3. 三极管的主要参数**

三极管的参数很多，主要有：

(1) 电流放大系数

1) 交流放大系数　当集电极与发射极电压为规定值时，集电极电流的变化量 $\Delta I_c$ 与基极电流的相应变化量 $\Delta I_b$ 的比值，叫做三极管的交流电流放大系数，用 $\beta$ 来表示，即

$$\beta = \Delta I_c / \Delta I_b$$

$\beta$ 值的大小与三极管有关，一般在 20~200 之间。

2) 直流放大系数　当集电极与发射极电压为规定值时，集电极电流 $I_c$ 与基极电流 $I_b$ 的比值，叫做三极管的直流电流放大系数，用 $\bar{\beta}$ 来表示，即

$$\bar{\beta} = I_c / I_b$$

由于 $\bar{\beta}$ 值与 $\beta$ 比较接近，所以认为 $\bar{\beta} = \beta$。

(2) 极限参数

1) 集电极最大允许电流　指三极管参数变化不超过规定值时，集电极允许通过的最大电流。如果超过，管子的性能将显著变差。

2) 集电极—发射极反向击穿电压　指基极开路时，集电极与发射极间的反向击穿电压。

3) 集电极允许最大耗散功率　三极管正常工作时，集电极能够承受的功耗最大值。

**4. 三极管的简易判别**

(1) 管脚和类型的判别

三极管管脚极性的识别一般可以采用下面两种方法：

1) 根据三极管管脚排列及色点识别　多数三极管管脚的排列是等腰三角形排列，其顶点是基极、左边是发射极、右边是集电极，如图 4—37a 所示；有的三极管，由管帽边缘凸出处顺时针排列为发射极、基极、集电极，如图 4—37b 所示；有的三极管用管帽上色点或管脚塑料护套颜色来表明极性，红色为集电极、绿色为发射极、白色为基极，如图 4—37c

所示；有的管脚是一字排开，是用集电极管脚较短或集电极与其他极距离最远来区别电极，中间是基极，另一个脚是发射极，如图4—37d所示。大功率三极管一般直接用外壳作集电极，如图4—37e所示。有的较高频率的三极管，为了屏蔽电磁场干扰，管壳用一只脚引入，用以准备接地或接零，符号为d，从管底看，由管壳边突出处顺时针依次是发射极、基极、集电极、管壳引线，如图4—37f所示。

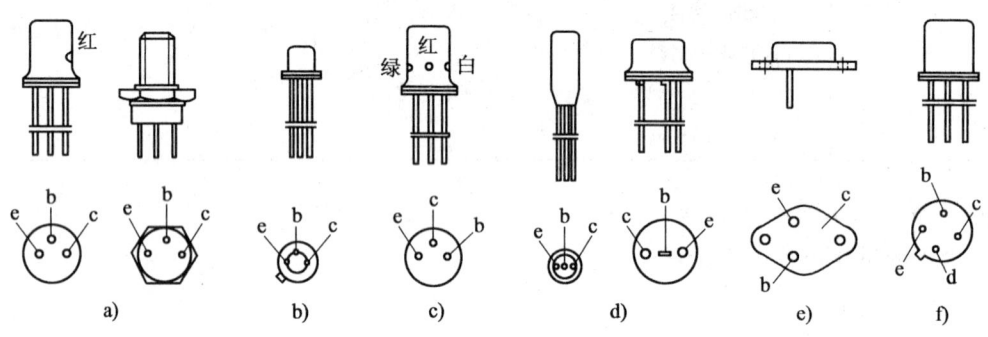

图4—37 部分三极管管脚极性

2) 用万用表判别

①确定基极和类型。用万用表$R \times 100$挡或$R \times 1k$挡分别测量各管脚间的电阻，必有一只管脚与其他两只管脚间的电阻值相近，那么这只管脚即是基极。如果红表笔接基极，测得其他两脚电阻都小，则这只管子是PNP型；如果测得电阻都很大，则这只管子是NPN型。如果黑表笔接基极，情况正好相反，如图4—38a所示。

②集电极和发射极的判别。找到基极并确定出PNP型或NPN型后，分别测基极对其余两极的正向电阻，其中阻值较小的那个极是集电极，另一个就是发射极，如图4—38b所示。

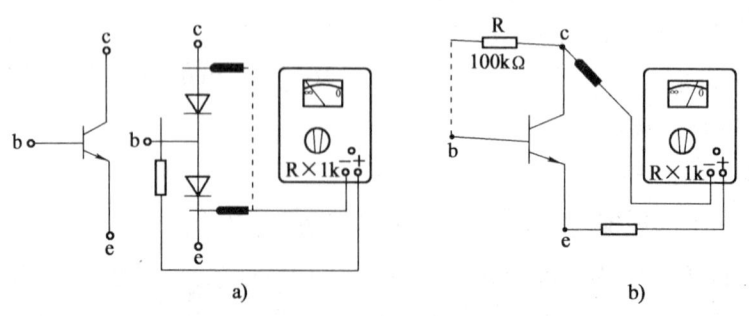

图4—38 三极管的简易判别
a) 确定三极管的基极和类型  b) 判别NPN型的集电极和发射极

### (2) 好坏的粗略判别

根据三极管内 PN 结的单向导电性,可以检查各极间 PN 结的正反向电阻,如果相差较大,说明三极管基本上是好的;如果正反向电阻都很大,说明三极管内部有断路或 PN 结性能不好;如果正反向电阻都很小,说明三极管极间短路或击穿。

无论二极管还是三极管,用万用表测量时不宜用 $R \times 1$ 挡,此时表内电阻很小,流过管子电流较大;也不宜用 $R \times 10$ k 挡,此时表笔间电压较高,会将三极管击穿。

## 第十节 电子电路基础

### 一、晶体管的基本放大电路

#### 1. 放大电路的组成

如图 4—39 所示为放大电路的示意图,由图可以看出,放大器有四个端子,一对用来输入信号,叫做输入端;另一对用来输出信号,叫做输出端。凡向放大器提供输入信号的电路或设备称为信号源,例如图中的 G。凡接收放大器输出的信号的零件或电路称为负载,例如图中的 $R_L$。

如图 4—40 所示为基本共发射极电压放大电路,它由三极管、电阻、电容和直流电源组成。

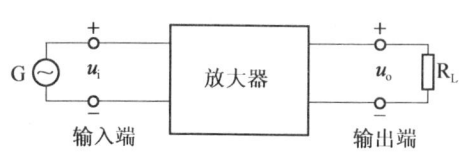

图 4—39 放大电路示意图

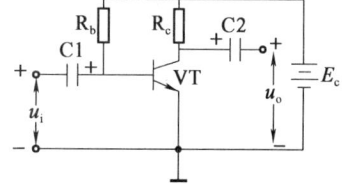

图 4—40 基本共发射极电压放大电路

#### 2. 工作原理

交流输入信号 $u_i$ 通过输入耦合电容 C1 引起三极管 VT 基极—发射极电压 $U_{be}$ 变化,使基极电流 $i_b$ 作相应的变化。由于三极管 VT 的电流放大作用,使集电极电流 $i_c$ ($i_c = \beta i_b$) 相应作更大的变化,较大的 $i_c$ 在 $R_c$ 上产生交流输出电压,通过输出耦合电容 C2 送到负载 $R_L$ 上。只要电路元件选择合适,放大电路就能使输出电压 $u_o$ 比输入电压 $u_i$ 大很多倍,从而实现了电压放大作用。

## 二、晶体管开关电路

1. 晶体管的开关特性

三极管具有饱和、放大、截止三个工作状态。如果能有目的地控制加在三极管基极上的电压或电流，就可以使三极管交替工作在饱和或截止两个区域，此时三极管就是处于开或关的状态，即开关状态。

2. 晶体管开关电路

如图 4—41 所示为一个反相器，它是最基本的晶体管开关电路之一。从图 4—38 中可以看出，当三极管基极输入信号为低电平（"0"）时，由于电源$-U_{bb}$的作用，三极管发射结反向偏置，此时三极管截止，输出 $u_o$ 为高电平（"1"）。当三极管基极输入信号突变为高电平（"1"）时，三极管进入饱和状态，输出 $u_o$ 为低电平（"0"）。利用晶体管的这个开关特性，做成了反相器。

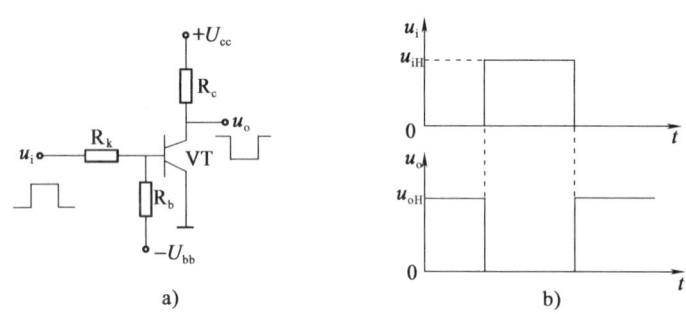

图 4—41　晶体管开关电路的电路图及波形图
a）电路图　b）波形图

## 三、稳压管与稳压电路

1. 稳压管

稳压管是一种具有稳压作用的特殊二极管。它也是由一个 PN 结构成，外形与普通二极管基本相同。由于它的制造工艺和工作区域不同，可利用它的反向电流变化很大而反向击穿电压基本不变的特性，达到稳压的目的。

2. 稳压电路

如图 4—42 所示为硅稳压二极管 VS 和限流电阻 R 组成的稳压电路。无论是负载电流不变、输入电压变化，还是输入电压不变、负载电流变化，这种电路均能起到稳压的作用。

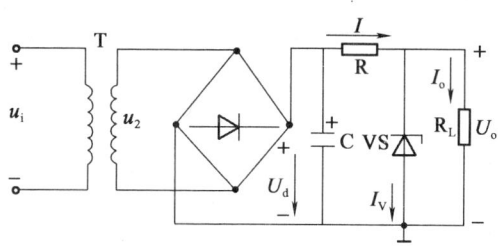

图4—42　硅稳压管稳压电路

### 四、晶闸管及整流电路

1. 晶闸管

晶闸管是硅晶体闸流管的简称，因其能像闸门一样控制电流的流通而得名。

晶闸管的特点是能通过小功率信号控制大功率系统，从而使半导体技术的应用由弱电领域进入到强电领域。晶闸管分单向晶闸管和多向晶闸管两大类，这里只介绍单向晶闸管。

2. 单向晶闸管的结构与符号

目前较为常用的单向晶闸管从外形结构上看，主要有螺栓型和平板型等几种，如图4—43所示。

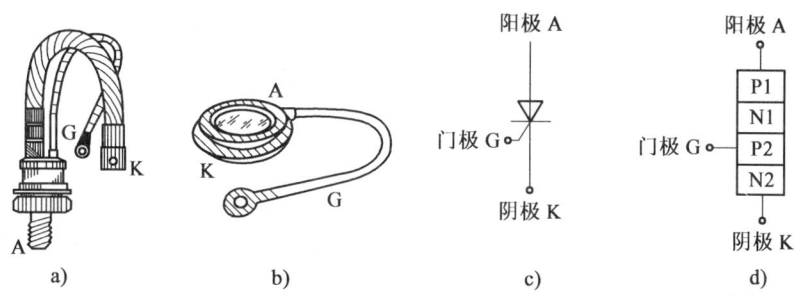

图4—43　晶闸管的外形及图形符号

a) 螺栓型　b) 平板型　c) 图形符号　d) 内部结构

螺栓型晶闸管的外形与硅整流二极管相似，其带有螺栓的一端是阳极A，利用它可以和散热器固定，另一端中粗引线为阴极K，细引线为门极G。平板型晶闸管的两个平面分别是A和K极，而引线是G极。

无论哪种结构形式，普通晶闸管的内部都有一个硅半导体材料做成的管芯，管芯由四层（P1—N2—P3—N4）、三端（A，K，G）构成，它具有三个PN结，由最外层的P层和N层分别引出阳极A和阴极K，由中间的P层引出门极G。

3. 整流电路

如图4—44所示为常用的桥式全波半控整流电路。

**五、逻辑电路的基本原理**

对数字信号进行传输、处理的电子线路称为逻辑电路（也称数字电路）。逻辑电路是利用晶体二极管和晶体三极管的开关特性来工作的，此时，

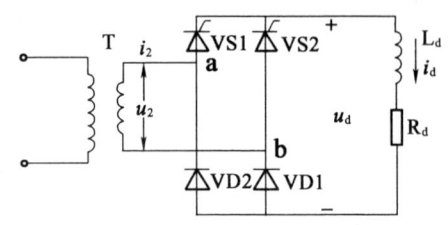

图4—44 桥式全波半控整流电路

三极管时而由饱和状态突变到截止状态，时而由截止状态突变到饱和状态。而三极管饱和与截止这两个不同的工作状态正好用数字"1"和"0"来表示，这就是数字电路的由来。

逻辑电路中的信号是靠电信号的有或无、高或低来表示的，它研究电路间信号的逻辑关系，反映的是一些离散的、不连续的二进制数字量，使用的数学工具是逻辑代数。

门电路是最基本的逻辑电路，最基本的逻辑关系是："与""或""非"三种。相应的门电路是"与门""或门""非门"，与门的图形符号为 —[&]—，或门的图形符号为 —[≥]—，非门的图形符号为 —[1]—。

**六、IC电路的知识**

1. IC电路

随着电子技术的发展，在各种数字电路中，已经很少使用分立的元器件来构成电路，而是把一个电子单元电路中某一功能电路集中制作在一个晶片上，然后封装在一个便于安装焊接的外壳里，这是集成电路（IC），也称集成块。集成块的优点是体积小、质量轻、可靠性高、使用寿命长且方便和成本低廉等。

2. IC电路分类

（1）按集成度分类

按集成的程度来分，集成电路可分为小规模集成电路、中规模集成电路、大规模集成电路、超大规模集成电路。小规模集成电路是指每片上集成少于100个元器件的集成电路，又称普通集成电路，用字母SSI表示；中规模集成电路一般是指每片上集成100~1 000个元器件的集成电路，用字母MSI表示；大规模集成电路是指每片上集成1 000~数万个元器件的集成电路，用字母LSI表示；超大规模集成电路是近几年发展起来的集成电路，指每片上集成100 000个元器件以上的集成电路，目前已达到集成几亿个元器件的水平，用字母UL-SI表示。

(2) 按功能分类

按处理信号的不同，集成电路可分为数字集成电路和模拟集成电路两大类。数字集成电路是以"开"和"关"的两种状态，或以高、低电平来对应"1"和"0"两个二进制数字，并进行运算、存储、传输及转换的集成电路。模拟集成电路是处理模拟信号的集成电路。在汽车音响装置中采用了大量的模拟集成电路。

3. IC 电路引脚好坏判断方法

一般可从下面几个方面去诊断集成电路是否有故障。一是用万用表欧姆挡测集成电路各脚对地之间的电阻，然后与标准值进行比较。二是用万用表的电压挡测各脚在电路中的对地电压，在集成电路供电电压符合规定的情况下，如有不符合标准电压值的引线脚，再查其外围元件，若外围元件无损坏，则可认为是集成电路的问题。三是用示波器在测试点查看波形与标准波形，并进行比较。四是用型号完全相同的集成块进行替换。

七、A/D 与 D/A 转换器

汽车在工作的过程中，经常将一些物理量，如速度、温度、压力等转化为电信号，这些信号通常都是一些模拟信号（Analog Signal）。而汽车上的计算机系统是不能直接处理这些模拟信号的，必须将这些信号转换为数字信号（Digital Signal），计算机都能进行处理和识别，这个转换过程即为模/数转换（A/D）。而计算机要实现对相关设备的控制，通常也要将系统输出的数字信号转换为模拟信号，这个转换过程即为数/模转换（D/A）。

# 第十一节　电工与电子测量

一、电工与电子的测量与误差

1. 测量的概念

电工与电子测量就是通过试验的方法去确定被测电参量的大小。为此，常常把被测量及作为测量的单位与同类标准量进行比较，从而得到包括数值和单位的一个被测值。

测量单位的确定和统一是十分重要的。为了对同一个量在不同的时间和地点进行测量都能得到相同的结果，就必须采用一种公认而又固定不变的单位，只有这样的测量才有实际意义。

2. 测量方法

在测量过程中，实际使用的是测量单位的复制体，把它称为度量器，如标准电池、标准电阻等。度量器应有足够的精度和稳定性，以保证测量的正确性。按度量器是否直接参与测量过程，测量结果如何取得，而形成了不同的测量方法。常用的测量方法有下面几种。

（1）直接测量法

在测量过程中，采用直接指示的仪器仪表可以读取被测量的数值，而无需度量器直接参与的方法，叫做直接测量法，如欧姆表测电阻、电流表测电流、电压表测电压等。由于仪器接入电路后，会使电路的工作状态发生变化，因此，直接测量法的准确度比较低。

（2）比较测量法

在测量过程中，需要度量器的直接参与，并通过比较仪器来确定被测数值的测量方法，叫做比较测量法，如用电桥测电阻等。比较法的准确度和灵敏度都比较高，适用于精确测量，但设备复杂，操作麻烦。

（3）间接测量法

根据被测量与其他量之间的关系，先测得其他量，然后按函数把被测量计算出来的方法，叫做间接测量法，如伏安法测电阻等。间接测量法误差较大，在准确度要求不高或直接测量有困难时使用。

3. 测量误差

（1）测量误差

它是指测量结果与被测量的实际值之间的差异。

（2）产生原因

除仪器仪表的基本误差外，还因测量方法的不同，测量人员的技能和经验的不足，以及人的感官差异等因素造成。

（3）误差分类

测量误差按性质分可分为系统误差、偶然误差和疏失误差。系统误差是由于仪器设备精度和测量方法产生的；偶然误差主要是由于外界环境（如温度、湿度、电场、磁场等）的偶发性变化引起的；疏失误差是由于测量人员的粗心和疏忽造成的。

4. 测量误差的消除

对于系统误差，应采用配备适当的仪器、校正仪器、选择合理的测量方法、增加测量次数等方法解决；对于偶然误差，应采用增加重复测量的次数，取其算术平均值的方法解决；对于疏失误差，只能采取舍弃、重新进行测量的方法。

## 二、直流电压、电流的测量

介绍直流电压、电流的测量时，普通万用表以 U-101 型为例，数字万用表以 DT-830 型为例。

1. 直流电压的测量

直流电压的测量方法很多，一般常用直流电压表或万用表的直流电压挡进行测量。

用万用表的直流电压挡测量直流电压，首先将量程开关拨到"V"范围内适当的量程挡，红、黑两个短表笔分别插入"＋""－"端插口，然后再将红、黑两个长表笔接于被测电压的正、负端，待指针稳定后在相应的"V"刻度线上读数。

数字万用表测量直流电压的方法与其类似，将量程开关拨到"DCV"范围内适当的量程挡，黑表笔插入"COM"插口，红表笔插入"V·Ω"插口，将电源开关拨到"ON"，然后用表笔分别接触测量点后，显示屏上即出现测量值。读数时要注意单位。

2. 直流电流的测量

直流电流的测量方法很多，一般常用直流电流表或万用表的直流电流挡进行测量。

用万用表的直流电流挡测量直流电流，首先将量程开关拨到"mA"范围内适当的量程挡，红、黑两个短表笔分别插入"＋""－"端插口；然后再将红、黑两个长表笔串接于被测电路中，使电流从红表笔流入，黑表笔流出，待指针稳定后在相应的"mA"刻度线上读数。

数字万用表测量直流电流的方法与其类似，将量程开关拨到"DCA"范围内适当的量程挡，黑表笔插入"COM"插口，当被测电流小于 200 mA 时，红表笔就插入"mA"插口（当被测电流大于 200 mA 时，红表笔就插入"10 A"插口），然后将两个表笔串接于被测电路中，再将电源开关拨到"ON"，显示屏上即出现测量值。读数时要注意单位。

## 三、交流电压、电流的测量

介绍交流电压、电流的测量时，普通万用表以 U-101 型为例，数字万用表以 DT-830 型为例。

1. 交流电压的测量

交流电压的测量方法很多，一般常用交流电压表或万用表的交流电压挡进行测量。

用万用表的交流电压挡测量交流电压时，首先将量程开关拨到"V"范围内适当的量程挡，红、黑两个短表笔分别插入"＋""－"输入插口，然后再将红、黑两个长表笔接于被测电压的正、负端，待指针稳定后在相应的"V"刻度线上读数。

数字万用表测量直流电压的方法与其类似，将量程开关拨到"ACV"范围内适当的量程挡，黑表笔插入"COM"插口，红表笔插入"V·Ω"插口，将电源开关拨到"ON"，然后用表笔分别接触测量点，显示屏上即出现测量值。读数时要注意单位。

2. 交流电流的测量

交流电流的测量方法很多，一般常用交流电流表或万用表的交流电流挡进行测量。

用数字万用表测量交流电流时，将量程开关拨到"ACA"范围内适当的量程挡，黑表笔插入"COM"插口，当被测电流小于 200 mA 时，红表笔就插入"mA"插口（当被测电流大于 200 mA 时，红表笔就插入"10 A"插口），然后将两个表笔串接于被测电路中，再将电源开关拨到"ON"，显示屏上即出现测量值。读数时要注意单位。

### 四、电阻的测量

电阻的测量方法很多，可用直流单臂电桥或直流双臂电桥比较测量法，也可用普通万用表、数字毫欧表等直接测量法，还可用伏安法间接测量。这里只介绍用普通万用表测量的方法。

用万用表测电阻时，首先将量程开关拨至电阻范围的适当量程挡，将红、黑两个表笔短接，指针即向满刻度方向偏转。调节调零旋钮，使指针对准欧姆零，然后将红、黑两个表笔接被测电阻两端，待指针偏转后，读取指针在"Ω"刻度盘上的读数，再乘上该挡的倍率，就是被测电阻的阻值。

例如，用 $R\times100$ 挡测一电阻，指针读数是 10.5，则所测电阻阻值就为

$$10.5\times100=1\ 050\ (\Omega)$$

数字万用表测量电阻的方法与其类似，将量程开关拨到"Ω"范围内适当的量程上，红表笔插入"V·Ω"插口，黑表笔插入"COM"插口，然后将红、黑两个表笔接被测电阻两端，待读数稳定后，读取电阻数值。读数时要注意单位。

# 第五章 液压传动

## 第一节 液压传动基础知识

### 一、液压传动的基本原理

液压传动是以液压油作为工作介质,利用液体压力来传递运动和进行控制的一种传动方式。液压传动的基本原理可以用油压千斤顶的工作过程来说明。

图5—1所示为油压千斤顶的工作原理图。油压千斤顶的小油缸1、大油缸2、油箱5以及它们之间的连接通道构成一个密封的容器,里面充满液压油。在阀门6关闭的情况下提起杠杆时,小油缸1的柱塞上移,其密封容积增大,形成部分真空,于是油箱5里的液压油在大气压的作用下经过吸油管由单向阀4进入小油缸,即吸油;压下杠杆,小油缸的柱塞下移,使小油缸的密封容积减小,液压油压力升高,单向阀4自动关闭,压力油通过单向阀3流入大油缸2内,即输油,该液压油推动大柱塞将重物顶起。再次提起杠杆时,此时单向阀3自动关闭,使液压油不能倒流,保证重物不致自动落下。这样,当杠杆被反复提起和压下时,小油缸不断交替进行着吸油和输油过程,液压油不断进入大油缸,将重物逐渐顶起,从而达到起重的目的。将阀门6旋转90°,在重物的重力作用下,大油缸的

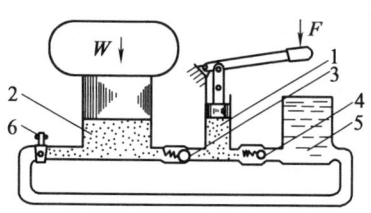

图5—1 油压千斤顶的工作原理图

1—小油缸 2—大油缸
3,4—单向阀 5—油箱 6—阀门

液压油排回油箱。

通过对油压千斤顶工作过程的分析可以看出,液压传动的工作原理是:以液压油作为工作介质,依靠密封容积的变化来传递运动,依靠液压油内部的压力来传递动力。

## 二、液压系统图形符号

液压元件种类很多,每一类元件又可以有不同的结构。液压系统结构原理图图形复杂,绘制困难。为了简化液压系统图的绘制,以规定的各种符号表示各种职能元件,将各元件的符号用通路连接起来构成液压系统原理图。

## 三、液压传动系统的组成

通常由以下四部分组成:动力元件、执行元件、控制元件和辅助元件。

1. 液压泵

液压泵是动力元件,它把输入的机械能转变为液压油的压力能,作为液压系统的能源。液压泵都是容积式的,按其流量是否可以改变分为定量泵(输出流量不能改变)和变量泵(输出流量的大小可以调节);按其结构形式不同可分为齿轮泵、叶片泵和柱塞泵等;按其压力的大小可分为超高压泵(额定压力超过 32 MPa)、高压泵(额定压力为 16~32 MPa)、中高压泵(额定压力为 8~16 MPa)、中压泵(额定压力为 2.5~8 MPa)和低压泵(额定压力为 0~2.5 MPa)等。

2. 液压缸

液压缸是液压传动系统的执行元件之一,用来执行直线往复运动或小于 360°的回转运动。它将液压油的压力能转换为机械能,带动负载运动。

液压缸可分为三种类型:活塞式、柱塞式和摆动式。活塞式液压缸应用较为广泛,它又分为双活塞杆式和单活塞杆式。

3. 液压控制阀

能够控制液压系统液压油的压力、流量和流动方向的元件总称为液压控制阀。它位于系统的动力元件和执行元件之间。

控制阀的种类较多,但都是由阀体、阀芯(杆)和控制机构组成。其工作原理都是通过改变通流面积或通流方向来工作的。控制阀在系统中只对执行元件起控制作用。

根据液压控制阀在系统中的用途,可分为压力控制阀、流量控制阀和方向控制阀三大类。

(1) 压力控制阀

简称为压力阀,是用来控制和调节液压系统中液压油压力或利用压力作为信号来控制其他元件动作的阀。它包括溢流阀、减压阀、顺序阀、平衡阀等,用得最多的是溢流阀和减压阀。

(2) 流量控制阀

流量控制阀是用来控制和调节液压系统中液压油流量的阀。常用的有节流阀、调速阀和分流阀等。

(3) 方向控制阀

简称方向阀,是用来控制和改变液压系统中液压油流动方向的阀类。分为单向阀和换向阀两种。

单向阀只允许液压油向一个方向通过,对另一个方向则截止。

换向阀的主要作用是控制液压油的流动方向。它靠阀芯在阀体内的移动,来接通不同的油路,从而使液压缸做往复运动或使液压马达正反旋转。

如图5—2所示为几种换向阀的结构原理和相应的职能符号。换向阀主要由阀体、阀芯及控制机构组成。阀体内有几条环形槽与油道连通,阀芯上的台肩与阀相配合起间隙密封作用。当阀芯在阀体内左右移动时,可改变油道的连通情况。

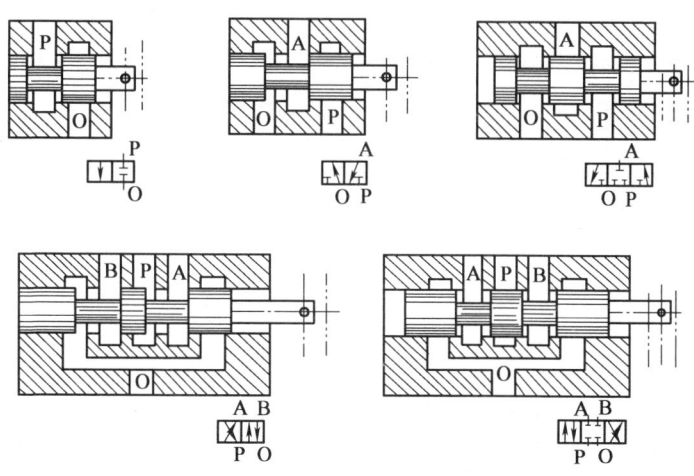

图5—2 换向阀的结构原理与符号

在职能符号中,方框的个数表示位数,一个方框中与外界连通的油口数表示"通"数。阀与进油路连通的油口用"P"表示,与回油路连通的油口用"O"表示,与执行元件连通的油口用"A","B"等字母表示。

4. 液压辅件

液压辅件由油箱、滤油器、空气滤清器、油管、密封件、热交换器和蓄能器等组成。它用于储存、输送、净化和密封工作液体,并有散热、冷却作用。

5. 液压传动的特点

(1) 主要优点

1) 易获得很大的输出力或力矩；易于实现大幅度减速，并能实现大范围的无级变速。

2) 易于实现直线往复运动以直接驱动工作装置；各液压元件间用管连接，便于机械的总体布置，也便于用一台原动机驱动多个工作机构。

3) 易于实现小型大功率传递，即较小质量和尺寸的液压元件可传递较大的功率。

4) 与机械传动相比，液压传动操纵力小，操作简单，便于实现自动化操作。

5) 液压元件已经实现系列化、标准化、通用化，设计、制造和维修方便。

6) 液压元件在液压油中工作，润滑条件好，使用寿命长。

7) 液压传动易于过载保护。

(2) 主要缺点

1) 由于液压油泄漏及压力损失，造成效率降低，运动平稳性变坏。外部泄漏还造成液压油损耗，并污染环境。

2) 液压元件配合精度要求高，加工工艺较难，制造成本高，维修也较困难。

3) 由于温度变化，液压油的黏度会发生变化，工作状态也会随之变化。高温或低温时，液压系统不能稳定工作。

4) 液压油在管道中输送时压力损失较大，压力信号反应也比电信号慢，不能远距离输送，由于油有压缩性以及油管可能产生弹性变形或泄漏等原因，液压传动的传动比不很精确。

### 四、液压传动的基本回路

1. 压力控制回路

压力控制回路是控制整个系统或某条支路中液压油压力的单元回路。按照使用目的的不同，压力控制回路又可分为调压、减压、增压等回路。

(1) 调压回路

调压回路的作用是控制液压系统的最高工作压力，使系统压力不超过压力控制阀的调定值。

常见的两种调压回路如图5—3所示。图5—3a是利用溢流阀调定系统的最大工作压力，在液压系统中应用十分广泛。系统压力在液压泵出口处最高，故溢流阀通常设在液压泵出口附近的旁通油路上，对系统起到安全保护作用。

图5—3b为双级调压回路，用于执行机构进程和回程所需工作压力相差很大的工作情况。主溢流阀1的调节压力高于溢流阀2的调节压力。当需要高压油进入液压缸时，系统压

力由高压溢流阀1控制；当需要低压油进入液压缸时，可操纵二位电磁阀使主溢流阀的远控口接通溢流阀2（起先导溢流作用），于是系统压力改由低压溢流阀2控制。

（2）减压回路

减压回路的作用是使液压系统的某一支路获得低于系统主油路工作压力的压力油，例如，液压系统中的控制油路、润滑油路、夹紧油路等。如图5—4所示为一种常用的减压回路，它是在与主油路并联的支油路上串联一个减压阀，这样，主油路的压力由溢流阀调定，而支油路的压力由减压阀调定。减压阀前面的单向阀是为了保压。

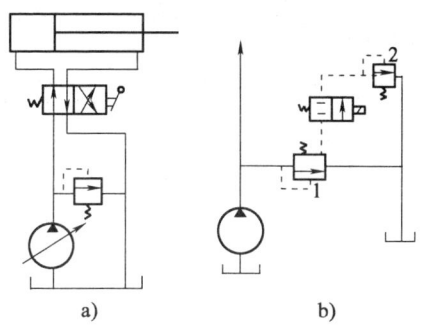

图5—3 调压回路

a) 溢流阀调压　b) 双级调压

1—高压溢流阀　2—低压溢流阀

（3）增压回路

增压回路是实现液压放大的回路。它使系统的局部油路或某个执行机构获得的压力比液压泵工作压力高若干倍（可达2～7倍）的高压油，或用于气—液传动，利用压缩空气（压力一般为0.6～0.8 MPa）来获得较高的压力油。凡具有负载大、行程小和作业时间短等工作特点的执行机构，如液压铆枪、制动器、离合器等均可采用增压回路。增压回路中实现增压的主要元件是增压缸（增压器）。

如图5—5所示为一种常用的利用增压缸使液压铆枪获得高压油的增压回路。

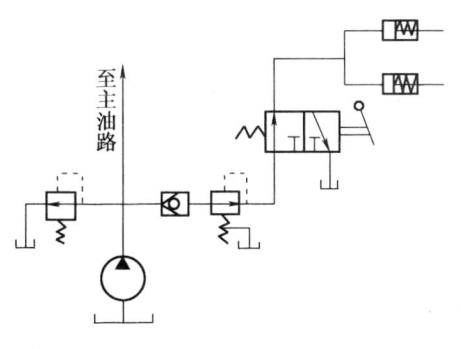

图5—4 减压回路

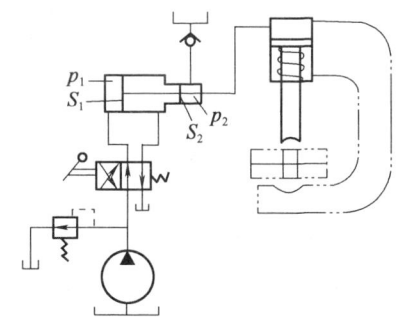

图5—5 增压回路

增压缸是由制成一体的大小两个液压缸组成，大小活塞用一根活塞杆连接起来，当向大缸输入低压油时，在小缸即能获得高压油。

2. 速度控制回路

速度控制回路是控制和调节液压执行元件运动速度的单元回路。根据被控制执行元件的运动方式、状态以及调节方法，速度控制回路可分为调速、制动、限速和同步回路等。

调速就是调节执行元件的运动速度。调节运动速度的方法有两种：一是改变输入执行元件工作腔的流量；二是改变液压马达的有效工作容积，即改变液压马达的排量。第一种称节流调速，第二种称容积调速。

(1) 节流调速回路

根据节流阀在回路中装设位置的不同，节流调速有三种基本形式，如图5—6所示。

1) 进油节流调速回路　如图5—6a所示为进油节流调速回路。节流阀安装在液压缸的进油路上，液压泵输出的压力油经节流阀进入液压缸。调节节流阀开度的大小即可调节进入液压缸的流量，从而调节液压缸的工作速度。液压泵的多余流量经溢流阀流回油箱。

2) 回油节流调速回路　如图5—6b所示为回油节流调速回路。节流阀安装在回油路上，限制液压缸的回油量，从而限制了进入液压缸的流量。调节节流阀开度的大小即可达到调节液压缸的运动速度。液压泵多余流量经溢流阀流回油箱。

3) 旁路节流调速回路　如图5—6c所示为旁路节流调速回路。节流阀安装在分支油路中，和液压缸并联。液压泵输出的压力油分成两路，一路进入液压缸，另一路经节流阀流回油箱。调节支油路上节流阀的流量即可改变经主油路进入液压缸的流量，从而达到调速目的。

在正常工作时溢流阀不开启，只有当系统过载时溢流阀才打开溢流，起安全保护作用。

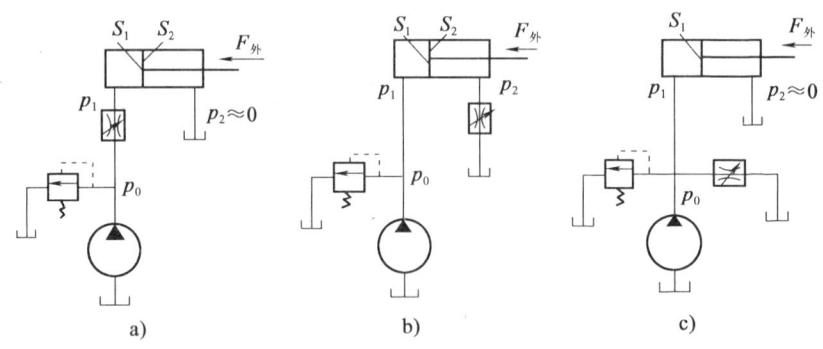

图5—6　节流调速回路

a) 进油节流调速回路　b) 回油节流调速回路　c) 旁路节流调速回路

(2) 容积调速回路

根据调速特性不同，容积调速可分为有级调速回路和无级调速回路。

1) 有级调速回路　在多泵和多执行元件的定量系统中，可采用分流与合流交替，或并联与串联交替等方法来实现有级调速。

如图5—7所示为靠换向阀3来改变泵组连接的有级调速回路。换向阀3处于左位时，液压泵1和液压泵2单独向各自分管的执行元件供油，此时为低速状态；若换向阀4控制的执行元件不工作，则可将换向阀 3 置于右位工作，使液压泵 1 和液压泵 2 共同向换向阀 5 控制的执行元件供油，此时为高速状态。

2) 无级调速回路　无级调速回路是直接改变液压泵或液压电动机的排量来实现无级调速的。它不需要节流阀和溢流阀，能量利用比较合理，效率高而发热少，广泛应用在大功率交通工程机械的液压系统中。

3. 方向控制回路

方向控制回路用来控制液压系统各条油路中液压油流动方向的接通、切断或改变流向，从而使各执行元件按需要相应做出启动、停止或换向等一系列动作。

(1) 换向回路

交通工程机械液压系统中执行元件换向主要借助换向阀来实现，且大多为手动操纵的多路换向阀。多路换向阀回路结构紧凑，操作方便，还可兼作启动、制动和调速等。如图 5—8 所示为利用双向变量泵的换向回路。该回路利用双向变量泵来控制执行元件换向。这种回路换向精度较差，惯性大，但换向平稳，换向能量损耗少，换向制动阶段因惯性而产生液压冲击的能量可通过双向泵回收。它适用于惯性大而换向精度要求不高的液压系统。

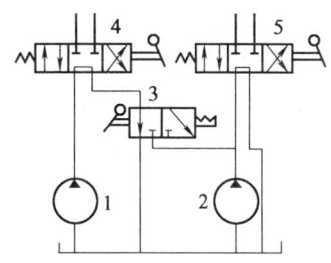

图 5—7　定量泵组调速回路

1，2—液压泵　3，4，5—换向阀

图 5—8　双向变量泵的换向回路

(2) 顺序回路

顺序回路用以控制多缸液压系统的动作顺序，使各缸严格按顺序依次动作。

轮式液压挖掘机采用顺序阀控制支腿液压缸的顺序动作回路，如图 5—9 所示。根据工作需要，支腿的动作顺序应是：支腿时，先伸后腿再伸前腿；收腿时，先收前腿再收后腿。也就是说，后支腿缸 A 和前支腿缸 B 必须按图示的①、②、③、④顺序动作。其过程为：当换向阀左位接入油路时，缸 B 的进油路被单向顺序阀 C 阻挡，压力油只能先流向缸 A 的左腔，驱动后支腿外伸。行程终了时，油压上升到超过顺序阀的调定压力，于是打开顺序阀 C，液压油流向缸 B，驱动前支腿外伸。当换向阀右位接入油路时，情况刚好相反，前支腿先缩回而后支腿后缩回。这种回路顺序阀的调定压力必须大于前一行程液压缸的最高工作压力，否则会产生误动作。

（3）锁紧回路

锁紧回路可使工作部件在运动过程小的某一位置上停留一段时间保持不动。如起重机将重物吊在半空等待就位时，必须将执行元件的进、回油路关闭并锁紧，以防止其漂移或沉降。

1）换向阀锁紧回路　利用O形或M形换向阀滑阀机能将执行元件锁紧在任意位置上。当换向阀阀芯处于中间位置时，液压缸的进、出油口均被关闭，活塞即被锁紧。但这种锁紧回路由于换向阀的环状缝隙泄漏较大，密封性差，难以保证长时间闭锁，只用于锁紧要求不高或短时停留的场合。

2）平衡阀锁紧回路　如图5—10所示为自控式平衡阀锁紧回路。它在重物下降的回油路上装接一个自控平衡阀。提升重物时换向阀右位接入油路，压力油通过平衡阀门的单向阀进入液压缸下腔。重物下降时换向阀左位接入油路，压力油即进入液压缸上腔并建立一定的压力，促使下腔背压超过平衡阀的调定压力，然后打开平衡阀使重物按控制速度下降。当换向阀处于中位时，缸下腔油路被平衡阀锁紧，重物可停留在任意中间位置。

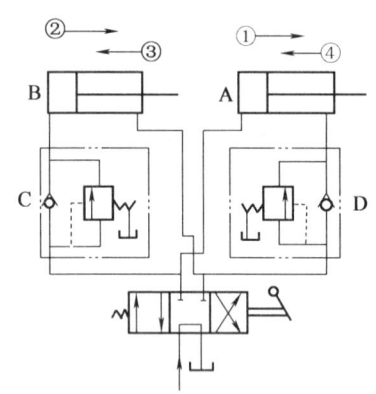

图5—9　用顺序阀控制的顺序动作回路
A，B—液压缸　C，D—顺序阀

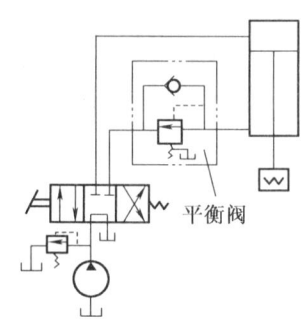

图5—10　自控式平衡阀锁紧回路

# 第二节　液压传动在汽车上的应用

液压传动装置是依靠液体的压力、能量来传递动力的，汽车上采用的液压传动装置按工作原理分为动力式和容积式两类,常称为液力传动和液压传动。

动力式液压传动是借助于液压油的运动来传递能量和动力的,即依靠运动液体的"冲力"来工作的。它的动力和速度取决于运动液体的能量。汽车上采用的液力耦合器和液力变矩器就属于这一类。

容积式液压传动属于静力式液压传动。它是在密封的工作条件下,借助液体容积、体积变化而产生的液体压力来传递能量或动力的。它的工作能力取决于液体的单位压力和作用面积。汽车上的液压制动系统、动力转向系统、自卸车的举升系统等就属于这一类。

## 一、液压式动力转向

动力转向装置以发动机输出的部分动力为能源,由机械转向器、转向控制阀、转向动力缸以及将发动机输出的部分机械能转换为压力能的转向油泵、转向油罐等组成。

动力转向装置按传能介质不同,分为液压式和气压式两种。液压式动力转向装置的部件结构紧凑,尺寸小,工作滞后时间短,灵敏度高(因液压油不可压缩),工作无噪声,而且能吸收路面的冲击能量(液压油有阻尼作用),故目前液压式动力转向广泛应用于各类汽车。

液压式动力转向装置按液压油的工作状态可分为常流式和常压式两种。

1. 常流式液压动力转向

如图5—11所示为常流式液压动力转向装置示意图。在汽车直线行驶、转向盘保持中间位置时,转向控制阀6处于开启位置。转向油泵2输出的液压油流经转向控制阀后又流回转向油罐1,油泵实际上在空转。液压系统工作管路中的液压油处于经常流动的状态。转动转向盘时,转向控制阀6关闭部分油路,油泵输出的液压油进入转向动力缸8的一腔,推动动力缸活塞起转向加力作用。

2. 常压式液压动力转向

如图5—12所示为常压式液压动力转向装置示意图。不转向时,转向控制阀5处于关闭位置。转向油泵2输出的压力油充入储能器3,并保持一定高度。转动转向盘时,转向控制阀5转入开启位置,使储能器中的高压油进入转向动力缸的一腔,推动活塞起转向加力作用。为了提高储能器中的油压,油泵经常处于工作状态,只有当储能器内油压增长到规定值后,油泵才自动卸荷空转。可见,无论转向盘处于中间位置还是转向位置,液压系统工作管路中总是保持高压。

常流式液压动力转向装置结构较简单,因油泵不经常处于工作状态,所以油泵使用寿命较长,泄漏较少,消耗功率也较少。目前,除少数重型汽车采用常压式外,其余多采用常流式动力转向装置。

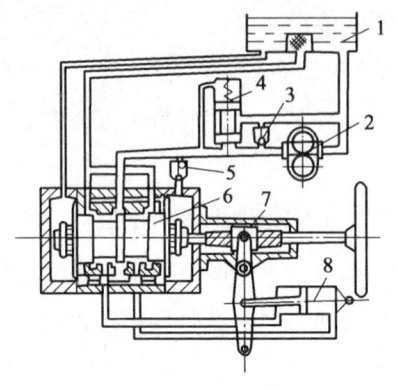

图5—11 常流式液压动力转向装置示意图
1—转向油罐 2—转向油泵 3—安全阀
4—流量控制阀 5—单向阀 6—转向控制阀
7—机械转向器 8—转向动力缸

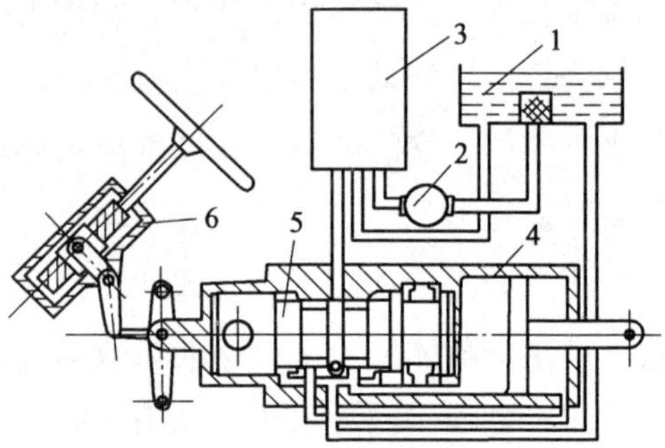

图5—12 常压式液压动力转向装置示意图
1—转向油罐 2—转向油泵 3—储能器
4—转向动力缸 5—转向控制阀 6—机械转向器

## 二、液压制动系统

如图5—13所示为汽车上的液压制动系统，由制动踏板、推杆、制动总泵（主缸）、管路、制动分泵（轮缸）等部分组成。

踏下制动踏板时，总泵内的液压油在活塞推动下被压出总泵，沿管路进入前、后分泵，推动分泵活塞向两侧撑开，将制动蹄压向制动鼓，产生制动力。在车轮制动器的间隙消除之前，管路中的油压升高较慢，但足以克服制动蹄回位弹簧的张力和管道阻力。在车轮制动器的间隙消除之后，管路中的油压升高较快，且随着踏板

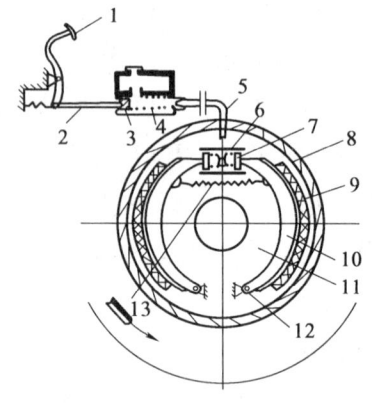

图5—13 液压制动系统
1—制动踏板 2—推杆 3—主缸活塞 4—制动主缸 5—油管
6—制动轮缸 7—轮缸活塞 8—制动鼓 9—摩擦片 10—制动蹄
11—制动底板 12—支撑销 13—制动蹄回位弹簧

力的增加而继续增长，制动力随之增长，直到完全制动（制动鼓抱死）。放松制动踏板时，总泵内的活塞在弹簧作用下回位，油压降低。与此同时，车轮制动器的制动蹄也在弹簧作用下回位，分泵活塞将液压油压回总泵，于是解除制动作用。制动力不足时，可连续踏下踏板，使总泵的液压油更多地流入分泵，增加系统内液压油的压强，从而提高制动力。

# 第六章 汽车维修机具的性能和使用

## 第一节 举升器的种类、性能和使用方法

### 一、作用

将汽车局部或整车举升到需要高度,以便于维修人员对汽车各部分进行检查、拆卸、维护和修理作业。

### 二、类型

举升器按控制方式不同可分为电动式举升器、气动式举升器、液压式举升器、电动液压式举升器和移动式举升器。

### 三、性能及使用方法

1. 电动式举升器

电动式举升器常见的有蜗轮蜗杆式举升器和菱架式举升器两种。

(1) 蜗轮蜗杆式举升器

蜗轮蜗杆式举升器上、下运动平稳,操作简单,移动方便。使用时按动升、降电钮即可实现升降作业。按停止电钮,举升臂便可停在任意位置,使汽车举到要求的高度。在无电源时,也可在蜗杆一侧加装摇手柄进行手动操纵,如图6—1所示。

(2) 菱架式举升器

用于举升小型车辆，平时机架可降至地槽内与地面平行，不占空间，自动电控，保险可靠。两种常见菱架式汽车举升器外形如图6—2和图6—3所示。

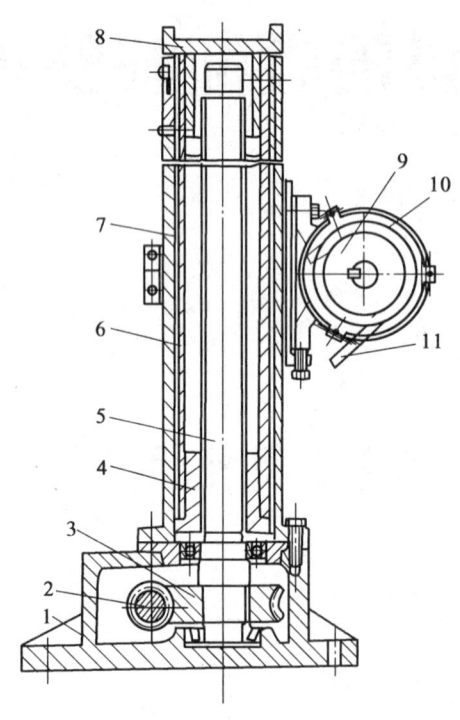

图6—1 蜗轮蜗杆式举升器

1—蜗轮箱 2—蜗杆 3—蜗轮 4—螺母
5—丝杠 6—活动伸缩套筒 7—固定套筒
8—顶头 9—带轮 10—电动机 11—传送带

图6—2 QYG-2-2.5型菱架式举升器

图6—3 BYJ3000型菱架式举升器

2. 气动式举升器

主要用于汽车局部举升，如图6—4所示。

使用时通过手把控制气动举升臂高度。使用前须检查自动锁止机构工作是否正常。对于一些需要时间较长、内容较复杂的维修作业，小车举升到需要高度后，应用专用支架将车架支起，然后进行维修作业。

3. 液压式举升器

液压式举升器用于自重在2.5t以下的各种小轿车、面包车及轻型货车的举升。整体支架采用折叠式结构，上有托板，以液压系统控制托板升降高度。此类举升器升降平稳，安全可靠，噪声低。其外形如图6—5所示。

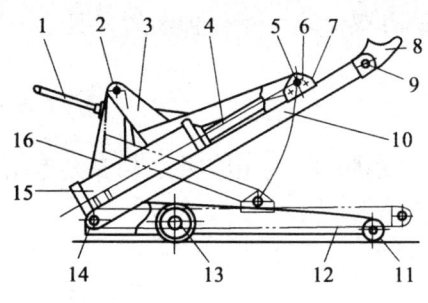

图6—4 气动式举升器

图6—5 液压式举升器

1—手把 2,5,7,9,14—销轴 3—拉臂
4—活塞杆 6—滑动座 8—托板 10—举升臂
11、13—车轮 12—车架 15—汽缸 16—立架

### 4. 电动液压式举升器

电动液压式举升器又可分为单柱式、双柱式、四柱式、六柱式等。较为常用的为双柱式和四柱式（这两种举升器有时也可利用机械或电动控制其举升高度）。

(1) 双柱式举升器

双柱式举升器用于自重在3 t以下的各类进口或国产轿车及小客货车在修理中的举升，如图6—6所示。

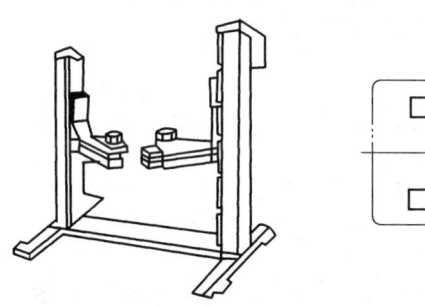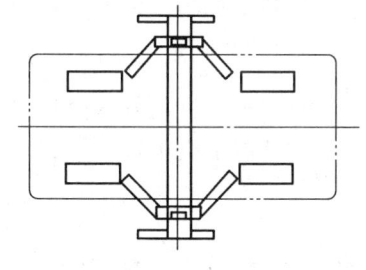

图6—6 双柱式举升器

使用时，车前方须无人、物等障碍；汽车的停放位置应尽量与举升器的中心接近，严防偏重；选择合适重心位置后转动托盘，使之紧密贴合，锁紧举升限位装置；操作时应先举升到250～300 mm，检查支撑情况，如无异常，可继续上升到所需高度，再复检一次无误后，方可进行修理作业；举升器工作时，严禁超载，倾覆力矩不得接近规定值；工作完毕后，清理地面，将举升器的举升臂归位，做好机械传动部位的润滑工作，切断该机电源开关。

(2) 四柱式举升器

用于自重在20 t以下的各种客车、货车、吊车的举升维修和保养作业。

该种举升器一般采用电动液压操纵系统驱动并设有双保险自锁保护装置，具有升降平稳、安全可靠、使用方便等特点。

5. 移动式举升器

用于各种货车、客车、城市交通车、大型旅游车、消防车、矿山用车、拖车及专用特种车辆的举升。

移动式举升器具有如下特点：

(1) 微机控制，可严格区分单柱调整和多柱联动，有位置传感器和同步控制系统，保证各柱举升架同步升降。

(2) 采用滚动导轨副，使起重工作轻快灵活、效率高、使用寿命长。

(3) 设置有过载保护、断相及相序保护、电磁制动、齿爪式保险等保险机构，安全可靠。

(4) 移动式底座支撑点布置合理，保证整机的稳定性。

(5) 移动式底座装有滚轮，移动轻巧，转向灵活。

(6) 举升叉架可微转调位，保证立柱受力状态不变。

(7) 电动机、减速器设置在立柱上端，不占地面，能见度最佳。

(8) 设置有手摇升降机构，停电或发生故障时可手动升降。

(9) 采用整机分离设计，组合装配容易，不易出错。

(10) 备有移动式支架附件，可替换下主机，实现一台移动式举升器可代替多台固定式举升器，使设备总投资和占地总面积大大减少。

(11) 不需要安装地基和固定的维修场地。

(12) 使用支架附件，可方便地拆卸汽车底盘上的前后轮、弹簧、悬架、前后桥等。清洗汽车时，又可保证举升器主机不致脏污。

# 第二节 汽车拆装工具的种类、性能和使用方法

## 一、专用扳手

专用扳手是一种用途较为单一的扳手的通称，通常以其用途或结构特点来命名。每一种专用扳手又按照不同规格和尺寸进行分类。在使用专用扳手时，必须选用与零件相适应的扳手，以免扳手滑脱伤手或损坏零件。

(1) 内六角扳手  用于扭转内六角头部的螺栓，如图6—7所示。
(2) 圆螺母扳手  用于扭转槽型圆螺母，如图6—8所示。

图6—7  内六角扳手　　　　　　　　图6—8  圆螺母扳手

(3) 叉型凸缘及转向螺母套筒扳手  用于扭转轮毂轴承的调整和锁紧螺母。如图6—9所示。

(4) 方扳手  用于扭转四棱柱头部的螺栓，如油底壳，变速器等的放油螺栓。如图6—10所示。

(5) 叉型扳手  用于扭转圆柱孔定位的螺母，如减振器顶盖等。如图6—11所示。

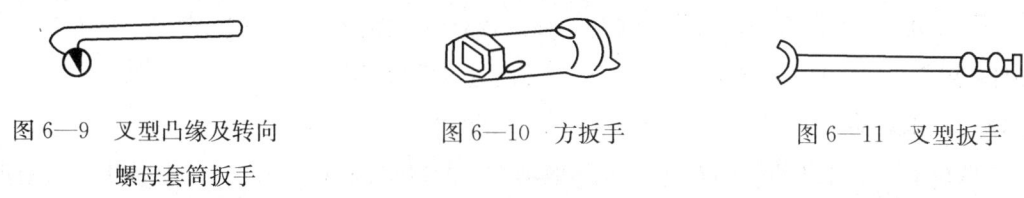

图6—9  叉型凸缘及转向　　　　图6—10  方扳手　　　　图6—11  叉型扳手
　　　　螺母套筒扳手

(6) 火花塞套筒扳手  用于拆装火花塞。如图6—12所示。
(7) 气门芯扳手  用于拆装轮胎气门芯。如图6—13所示。
(8) 钩型扳手  用于扭转槽型圆螺母等。如图6—14所示。

图6—12  火花塞套筒扳手　　　　图6—13  气门芯扳手　　　　图6—14  钩形扳手

(9) 专用套筒扳手  用于扭转特殊螺栓或螺母的扳手，如轮毂轴承螺栓、螺母、轮胎螺母，如图6—15所示。

(10) 机油滤清器扳手  用于拆装机油滤清器总成，如图6—16所示。

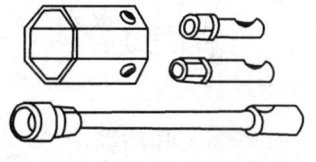 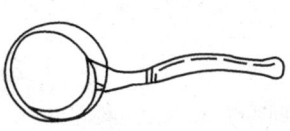

图6—15  专用套筒扳手　　　　　　　　图6—16  机油滤清器扳手

## 二、拉器

### 1. 种类

常用的有两爪拉器、三爪拉器、球轴承拉器、圆锥滚子轴承拉器、半轴套筒拉器、普通拉器和汽缸套筒拉器等。

### 2. 性能和使用方法

(1) 两爪拉器

两爪拉器主要用于拆卸发动机曲轴正时齿轮、曲轮带轮、风扇带轮、凸轮轴正时齿轮及其他位置尺寸合适的齿轮、轴承凸缘等圆盘形零件。一般有图6—17、图6—18、图6—19所示的几种形式。

使用两爪拉器时，当拉器与被拉工件安装好后，要检查拉爪是否卡紧，两边受力是否均匀对称，垫套与轴是否对中，然后扭动螺杆接触工件，再复查一次，确认无误后，才能进行拆卸工作。

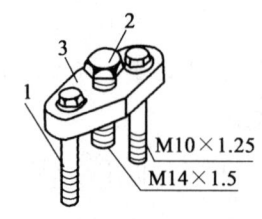

图6—17 两爪拉器（一）

1—拉爪　2—螺杆　3—拉器横臂

(2) 三爪拉器

三爪拉器主要用于拆卸各种齿轮及其他轴承、凸缘等圆盘形构件。使用时基本与两爪拉器相同。

(3) 球轴承拉器

球轴承拉器主要用于相应球轴承的拆卸，如图6—20所示，多用途球轴承拉器如图6—21所示。

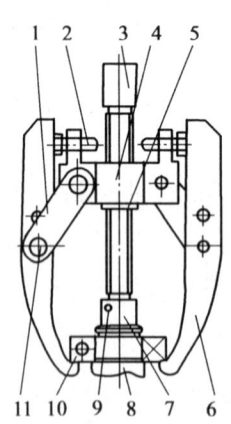

图6—18 两爪拉器（二）

1—连接板　2—螺栓　3—螺杆　4—横臂
5—螺母　6—拉爪　7—垫套　8，10—工件
9—定位销　11—销

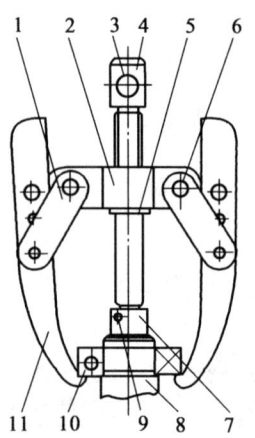

图6—19 两爪拉器（三）

1—连接板　2—螺栓　3—螺杆　4—横臂
5—螺母　6—销轴　7—垫套　8，10—工件
9—定位销　11—拉爪

使用时,将两爪扣进球轴承钢球之间的空当,装上锁紧套,转动拉器的螺杆,就可以将轴承拉下来。

多用途球轴承拉器,使用时先将拉脚插入球轴承内、外座圈之间,再插入拉脚夹紧。然后顺时针转动手柄,使螺杆下移,则顶头顶住轴端,继续转动手柄即可拉下轴承。当轴承距轴端近时可去掉接杆,只用拉脚即可。使用中换用不同规格的拉脚,可拉下多种球轴承。

(4) 圆锥滚子轴承拉器

主要用于主减速器主动锥齿轮轴承的拆卸。其结构如图 6—22 所示。

使用时先利用螺杆将垫盘提起,将拉爪从轴承侧面装入,然后转动螺杆使垫盘卡入工作中心孔,与拉爪的卡拔部位对正并限位,以防卡偏和受力时脱滑。继续转动螺杆即可将轴承内套拉下,这种拉器只能用在轴承内套里面高出轴肩较多、端面间隙较宽松的场合。

(5) 汽缸套筒拉器

主要用于拉出或压入发动机的汽缸套筒,其结构如图 6—23 所示。

使用汽缸套筒拉器拉出缸套时,将垫套放在图 6—23a 中所示位置,并在螺杆的下端插入拉块,提起螺杆使拉块的小端进入被拉汽缸套筒的下端,然后顺时针转动手把,即可拉出汽缸套筒。

压入汽缸套筒时,将待压入汽缸筒下端对准被压汽缸孔,在汽缸套筒上端垫上木板,用锤子轻击,使之嵌入少许,并与汽缸上平面垂直,把螺杆从上端穿过缸套,下端装上支撑板,再套上镶压板及螺母,然后顺时针转动手把,即可将缸套压入。

如图 6—23b 所示为湿式汽缸套筒拉器,其操作方法与干式汽缸套筒拉器相似。

(6) 半轴套筒拉器

用于拆装半轴套管。使用时先拆去半轴套管固定螺钉、轮毂固定螺母和调整螺母,但不取下轮毂,如图 6—24 所示。安装拉器,固定螺杆,转动螺母,即可拉出半轴套管。

(7) 通用拉器

可用于拆卸曲轴正时齿轮、传动带盘、转向盘、圆锥轴承、变速器齿轮和其他位置尺寸合适的零件。通用拉器配有多种规格拉板,如:常用拉板、变速器中间轴专用拉板、转向节球销拉板及各种专用圆锥轴承拉板等。配用变速器中间轴专用拉板,即可拆卸变速器中间轴齿轮,如图 6—25 所示。拆卸时,将拉脚钩住被拉齿轮轮辐的槽内,连接好拉器其他零件后,压动液压缸就可将齿轮拆卸下来。当安装齿轮时,只需反向作业即可完成。通用拉器配用常用拉板,可拆卸差速器轴承;配用转向节球销拉板,即可拆卸转向节球销,如图 6—26 所示,利用该拉板还可拆卸转向机垂臂。

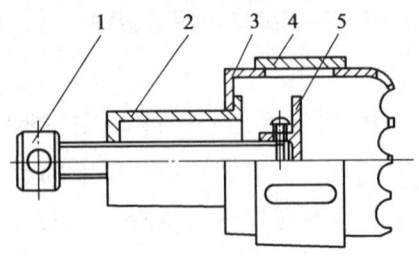

图6—20 球轴承拉器

1—螺杆 2—螺母架

3—拉爪 4—锁紧套 5—垫盘

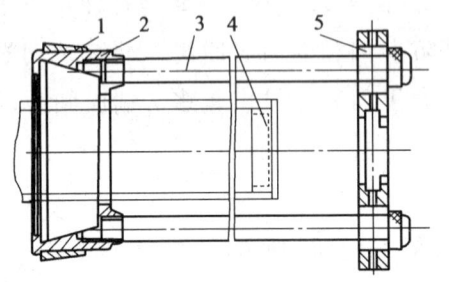

图6—22 圆锥滚子轴承拉器

1—套箍 2—对剖拉头 3—拉杆

4—半轴套管垫块 5—拉器液压缸接头

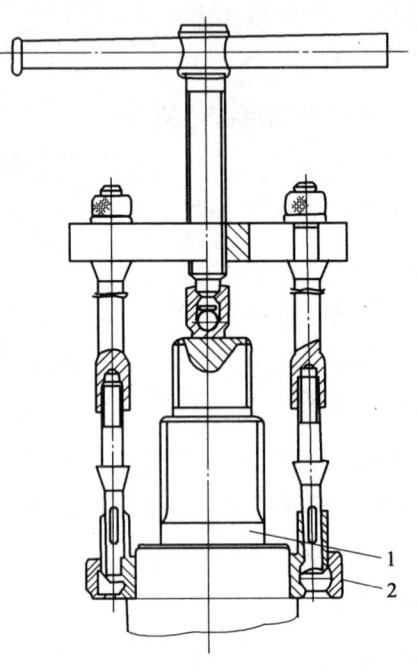

图6—21 多用途球轴承拉器

1—轴 2—轴承

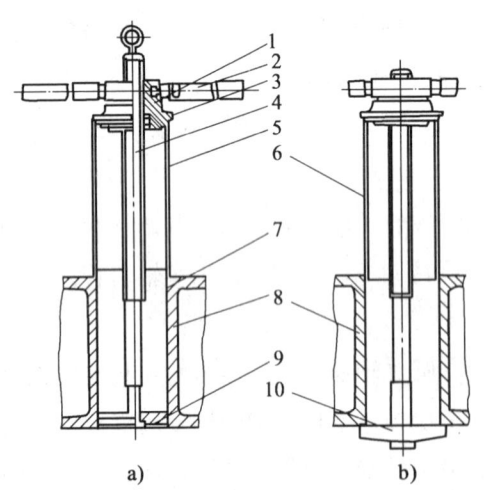

图6—23 汽缸套筒拉器

1—螺母 2—把手 3—镶压板 4—螺杆

5—垫板 6—压入的汽缸套 7—拉出的汽缸套

8—汽缸体 9—拉块 10—支撑板

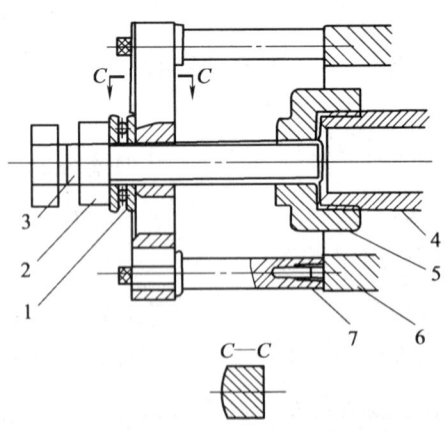

图6—24 半轴套筒拉器

1—轴承 2—螺母 3—螺杆（长、短各一根）

4—半轴套管 5—螺套 6—轮毂 7—支撑杆

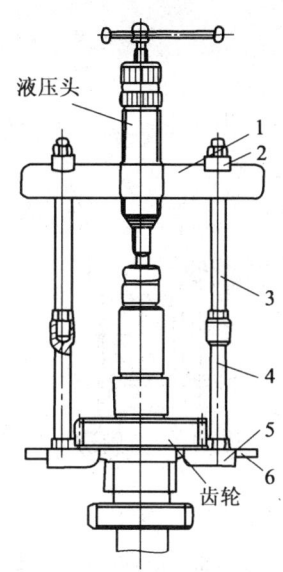

图 6—25 通用拉器拆卸变速器中间轴齿轮

1—液压缸 2—拉器架 3—拉杆 4—接杆
5—变速器中间轴专用拉板 6—连接板

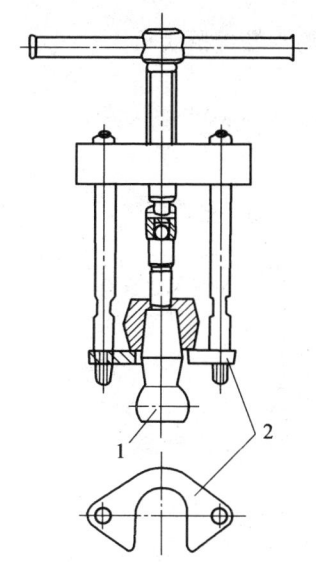

图 6—26 通用拉器拆卸转向机垂臂

1—球头销 2—拉板

## 三、活塞环拆装钳

活塞环拆装钳是一种专门用于拆装活塞环的工具,如图 6—27 所示。

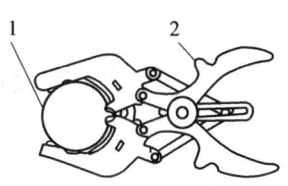

图 6—27 活塞环拆装钳

1—活塞环 2—活塞环拆装钳

使用活塞环拆装钳时,将拆装钳上的环卡卡住活塞环开口,握住手把稍稍均匀地用力,环卡将活塞环徐徐地张开,使活塞能从活塞环槽中取出或装入。使用活塞环拆装钳拆装活塞环时用力必须均匀,避免用力过猛而导致活塞环折断,但是也要避免伤手事故。

## 四、气门弹簧拆装钳

气门弹簧拆装钳是一种专门用于拆装顶置式气门弹簧的工具,如图 6—28 所示。

使用时,将拆装托架抵住气门,压环对正气门弹簧座,然后压下手柄,使气门弹簧被压缩,这时可取下气门弹簧锁或锁片,慢慢地松开手柄,即可取出气门弹簧座、气门弹簧和气门等零件。

### 五、轮胎螺母拆装机

轮胎螺母拆装机是拆装轮胎螺母的专用工具,如图 6—29 所示。

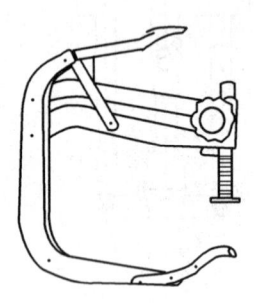

图 6—28 气门弹簧拆装钳

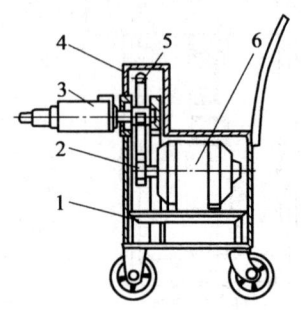

图 6—29 轮胎螺母拆装机
1—机架 2—小齿轮 3—冲击器 4—护罩
5—大齿轮 6—电动机

使用时先检查电源插座和导线绝缘是否可靠,以防发生触电事故;拆装时螺母不能偏斜,以免滑脱而损坏螺母六角;最初旋松螺母时,可利用起动惯性进行敲击。紧固螺母时,敲击力不要过大,以免损伤轮胎螺栓和螺母的螺纹;用后应妥善保管。

## 第三节 车轮平衡机的性能和使用方法

车轮平衡机有汽车车轮就车平衡机和汽车车轮平衡机之分,它们都用来检测与调准汽车车轮的动静平衡,保证车轮运转安全平稳,减少轴承磨损。

### 一、汽车车轮就车平衡机

1. 性能

(1) 不拆卸车轮,进行现场检测校准,更接近实际工况,平衡质量好,节省拆装时间,操作简便,效率高。

(2) 采用微机自动平衡程序处理数据,准确、快速。

(3) 采用数字显示和指示灯显示校准配重的大小和位置,显示直观,数据准确。

（4）采用专用的滤波技术，能从干扰中提取稳定的振动信号，并采用红外光电新技术提高检测准确度。

2. 使用方法

（1）前轮静平衡

1）用千斤顶顶起前轿，将传感器磁头吸附于悬架下臂或转向节处，调整可调支杆高度并锁紧。

2）转动车轮，检查频闪灯的工作状况。

3）取下旧平衡块，清洁轮胎。

4）于轮胎下面作一标志。

5）启动电动机，扳动转轮手柄，顶住胎面，带动车轮。

6）观察不平衡度表，达到最大不平衡量时松开转轮，停止驱动。

7）用频闪灯照射轮胎，确认标志位置。

8）制动转轮，根据标志位置，确定轻点。

9）根据不平衡度表指示值，于轻点位置安装平衡块。

10）再次驱动转轮，带动车轮复查，直到平衡为止。

（2）前轮动平衡

1）使车轮向外转动 45°，将传感器磁头吸附在制动底板边缘尽可能平的部位。

2）用转轮带动车轮。

3）根据频闪灯及不平衡度表，确定轻点位置及不平衡量，具体方法同静平衡法相同。

（3）后轮静平衡

1）传感器磁头吸附在后轴靠近后轮处。

2）将后轮顶起，用发动机带动后轮，其余做法与前轮静平衡相同。

3. 使用注意事项

（1）传感器磁头尽可能靠近车轮，并吸附于较平表面，并尽量与地面垂直（静平衡时）或与地面平行（动平衡时），磁头的安装正确与否影响测量精度。

（2）前轮一般只作动平衡，当平衡块质量超过 80 g 时，应分别加在内外两侧。

4. 汽车车轮就车平衡机主要技术参数

两种汽车车轮就车平衡机的主要技术参数见表 6—1。

表 6—1　　　　　　　两种汽车车轮就车式车轮平衡机的主要技术参数

| 生产单位 | 上海威宇科技发展公司 | 上海中航汽保设备公司 |
| --- | --- | --- |
| 产品型号 | WZ1000 A | L38 |
| 检测相位精度（°） | 2.5 | 1 |
| 配重精度（g） | 1 | 1 |
| 平衡速度（km/h） | 120～140 | — |
| 最大承载（kg） | 1 000 | 1 400 |
| 电动机功率（kW） | 3 | 3.4 |
| 电源 | AC380 V | 220 V/380 V |
| 外形尺寸（mm） | 1 050×480×590 | — |
| 质量（kg） | 90 | |

注：L38 型具有自校正、自诊断功能。

## 二、汽车车轮平衡机

### 1. 性能

几种常见平衡机的性能及特点如下：

CB-9 型车轮平衡机具有用微机全自动平衡程序，全自动校准功能，十项平衡程序选择（即正常启动、紧急停机、小于 5 g 选择、静平衡测量、铝合金钢圈测量选择、微机全自动校准、被测车轮钢圈直径选择、被测车轮钢圈宽度选择、被测车轮安装与机体位置选择、事故自动诊断），自动化程度高，平衡速度快，平衡精度高等特点。

YUS-65 型车轮平衡机属硬支撑平衡机，支撑刚度高，稳定性好，操作简便，测量迅速，显示直观，平衡效率高，维修操作简便。电测部分为微机控制和数字显示两部分。

江苏中大工业集团公司的 ZD-901 型、B903 型车轮平衡机带微处理器，能自动测定并快速准确计算出不平衡量及位置，可选择四种不同形式的铝合金轮辋，读数可公、英制转换。

JCD-2 型微机车轮平衡机，一次平衡循环（15 s）即可完成平衡校正。机架设计有升降系统，方便装卸，减轻劳动强度，转速低不需要防护罩。

两种车轮平衡机外形图如图 6—30 和图 6—31 所示。

### 2. 使用方法

（1）安装车轮时，首先将与被平衡车轮钢圈内孔相对应的定位锥体装到匹配器上，装上车轮，装好后盖，然后用螺母锁紧。

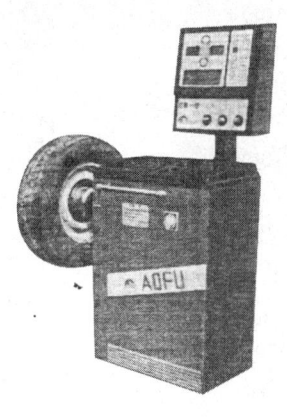 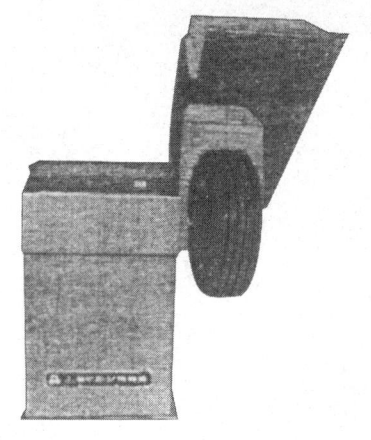

图 6—30  CB-9 型车轮平衡机　　　　图 6—31  YUS-65 型车轮平衡机

（2）用仪器上的测量尺测量钢圈至机箱的距离，用卡规测量车轮钢圈直径和宽度，并将测量值输入到仪器。

（3）打开电源开关，起动机器，此时平衡采样开始，传动部分带动车轮旋转，自动测量后，车轮左右两侧不平衡量显示在显示板上。

（4）根据不平衡显示，先在不平衡量大的一侧进行平衡，加装平衡块后需再测量，并对测量不平衡量大的一侧再次进行平衡。

（5）当不平衡量小于 5 g 时，即达到较为满意的平衡效果。

# 第四节  汽车清洗设备的种类、性能和使用方法

汽车清洗设备常见的有刷子式清洗机、转盘式清洗机、门式清洗机和喷射式清洗机。

## 一、刷子式清洗机

1. 性能

刷子式清洗机适用于小客车、公共汽车和大客车的外部清洗工作。具有操纵简单，使用方便的特点。其结构如图 6—32 所示。

2. 使用方法

使用时，驾驶员坐在车内（或由牵引机构牵引被清洗车辆），当发出允许清洗的信号时，

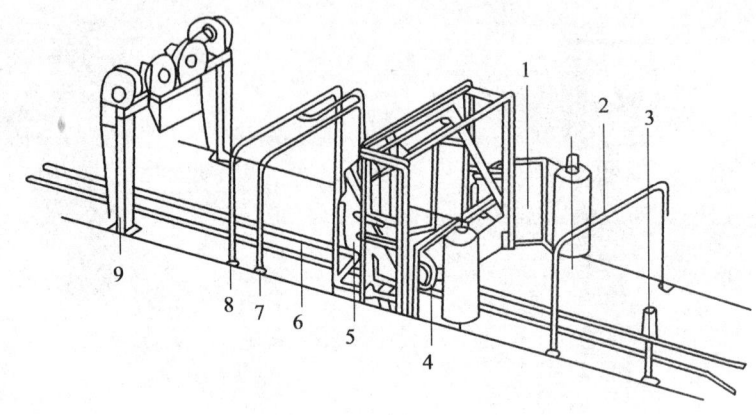

图 6—32 刷子式清洗机

1—侧后刷 2—前淋水管架 3—红绿灯 4—顶刷 5—侧前刷
6—传动地板 7—后淋水管 8—喷水拱架 9—烘干装置

汽车开进清洗间,然后汽车被牵引通过清洗机,运送速度为 3 m/min,直到汽车全部被牵引出清洗间。

### 二、转盘式清洗机

1. 性能

转盘式清洗机主要用于汽车零件的清洗。

2. 使用方法

(1) 接通清洗液加热电路,当清洗液加热到一定温度后,将被清洗的零件放到清洗室的转盘上,关闭清洗室门。

(2) 启动自动控制线路开关,开始清洗过程。

(3) 经过一定时间后,水泵停止工作,转盘停止转动,零件清洗完毕。

(4) 打开清洗室门,从中取出零件。

### 三、门式清洗机

1. 性能

能在程序自动控制下对轿车进行清洗、喷淋、打蜡、吹干、车轮清洗和底盘清洗等。清洗省时、省力、节水,既可全过程自动完成清洗,又可单程清洗。

2. 使用方法

根据清洗要求设定自动程序,观测清洗进程,清洗完毕,使控制系统返回初始状态。

### 四、喷射式清洗机

喷射式清洗机又可分为常温高压清洗机和热水清洗机两种。典型的喷射式清洗机如图6—33和图6—34所示。

1. 常温高压清洗机

（1）性能

常温高压清洗机应用了特种高压泵、自控喷枪、自动调压、混药器等新技术，根据清洗工件工艺需要可调节压力大小。该机广泛用于交通、机械等多种领域的清洗保养工作，以及用于涂漆前、粘接前、电镀后、热处理过程中和加工工房的清洗。

（2）使用方法

使用时，接好进出水管，插好电源。按下电源启动开关，打开进水开关向泵内注水，排去泵内的空气并等待约几秒钟，等喷出的水有压力后，就可进行正常洗车程序了。

2. 热水清洗机

热水清洗机具有冬季加热快、配液方法方便等特点，一般只限于高寒地区冬季使用。

图6—33　PX-4-15D型喷射式清洗机

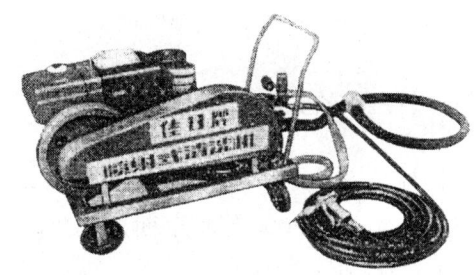

图6—34　PX-6.3-31.5D型喷射式清洗机

# 第七章 汽车构造

## 第一节 汽车的类型与型号

**一、汽车的类型**

国标 GB/T 3730.1—2001 对汽车分类术语进行了定义。从 2004 年起,新旧两种标准并轨试行一年,从 2005 年将全面按照新标准的统计分类,最终达到与国际接轨。

1. 旧标准主要分类

(1) 轿车

是指乘客 2~8 人,采用两厢或三厢结构的小型载客汽车。按发动机排量分为:微型轿车(排量1.0 L以下)、普通级轿车(排量1.0~1.6 L)、中级轿车(排量1.6~2.5 L)、中高级轿车(排量2.5~4.0 L)、高级轿车(排量4.0 L以上)。

(2) 客车

是指 9 座以上的客车,主要用于公共服务。按车身长度可分为:微型客车(车身长度在3.5 m以下)、小型客车(车身长度在3.5~7 m)、中型客车(车身长度在7~10 m)、大型客车(车身长度10~12 m)、特大型客车(车身长度 12 m 以上)。

(3) 载货汽车

主要指用于运输各种货物的汽车。按其设计允许的总质量可分为:微型载货车(最大设计总质量不超过 1 800 kg 的载货汽车)、轻型载货车(最大设计总质量为 1 800~6 000 kg 的载货汽车)、中型载货车(最大设计总质量为 6 000~14 000 kg 的载货汽车)、重型载货汽车(最大设计总质量大于 14 000 kg 的载货汽车),还有牵引汽车、自卸汽车、越野汽车、专用汽车(特种汽车)、农用汽车、改装汽车等。

2. 新标准主要分类

(1) 乘用车

在设计和技术特性上主要用于载运乘客及其随身行李和(或)临时物品的汽车,包括驾驶员座位在内最多不超过 9 个座位。它可以牵引一辆挂车。它可分为:

1) 小型乘用车　封闭式车身,通常后部空间较小。固定式硬车顶,有的顶盖一部分可以开启。有至少一排 2 个或 2 个以上的座位。有 2 个侧门,也可有 1 个后开启门。有 2 个或 2 个以上车窗。

2) 普通式乘用车　封闭式车身,侧窗中柱有或无。固定式硬车顶,有的顶盖一部分可以开启。有至少两排 4 个或 4 个以上座位。2 个或 4 个侧门,或有一个后开启门。

3) 高级乘用车　封闭式车身,前后座之间可以设有隔板。固定式硬车顶,有的顶盖一部分可以开启。有至少两排 4 个或 4 个以上座位。后排座椅前可安装折叠式座椅。有 4 个或 6 个侧门,也可有一个后开启门。有 6 个或 6 个以上的车窗。

4) 多用途乘用车　只有一个车室载运乘客及其行李或物品的乘用车。

乘用车中,还有越野乘用车、专用乘用车、旅居车、防弹车等。

(2) 商用车辆

在设计和技术特性上用于运送人员和货物的汽车,并且可以牵引挂车。乘用车不包括在内。商用车可分为:

1) 客车　在设计和技术特性上用于载运乘客及随身行李的商用车辆,包括驾驶员座位在内座位数超过 9 座。有单层的或双层的,也可牵引一辆挂车。可分为:

①小型客车。用于载运乘客,除驾驶员座位外,座位数不超过 16 座的客车。

②城市客车。一种为城市内运输而设计和装备的客车,这种车辆设有座椅及站立乘客的位置,并有足够的空间供频繁停站时乘客上下走动用。

③长途客车。一种为城市间运输而设计和装备的客车。这种车辆没有专供乘客站立的位置,但在其通道内可载运短途站立的乘客。

④旅游客车。一种为旅游而设计和装备的客车。这种车辆的布置要确保乘客的舒适性,不载运站立的乘客。

客车中,还有铰接车、无轨电车、越野客车等。

2) 货车　一种主要为载运货物而设计和装备的商用车辆。可分为:

①普通货车。一种在敞开或封闭载货空间内载运货物的货车。

②多用途货车。在其设计和结构上主要用于载运货物,但在驾驶员座椅后带有固定或折叠式座椅,可运载3个以上乘客的货车。

③专用货车。在其设计和技术特性上用于运输特殊物品的货车,例如罐式车、集装箱运输车等。

④专用作业车。在其设计技术特性上用于特殊工作的货车,例如消防车、救险车、垃圾车、街道清洗车、扫雪车、清洁车等。

3) 其他车辆　除上述车型外还有挂车、汽车列车等。

## 二、国产汽车型号

1988年颁布的国家标准 GB 9417—88《汽车产品型号编排规则》规定,自1989年1月1日以后设计的汽车与半挂车的型号一律按此标准来确定型号。汽车产品型号由生产企业名称或企业所在地区代号、车辆类别代号、主参数代号、产品序号组成,必要时还可附加企业自定代号,并按以下序列编排,如图7—1所示。专用汽车产品型号的构成,如图7—2所示。

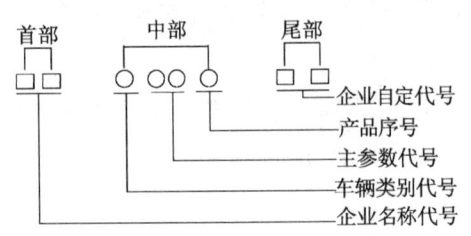

图 7—1　国产汽车型号编排规则

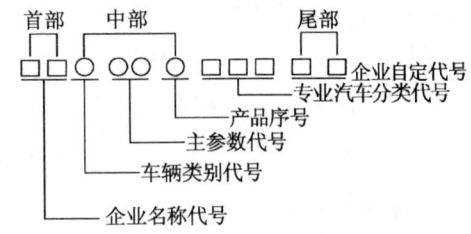

图 7—2　专用汽车产品型号的构成

1. 企业名称代号

企业名称代号位于产品型号的首位,用代表企业名称或企业所在地地名的两个(或三个)汉语拼音字母表示。如北京、南京、济南、上海等地汽车厂分别用地名汉语拼音的第一个字母的大写表示,如第二汽车制造厂用EQ表示,长春第一汽车制造厂用CA表示(20世纪50年代选定沿用至今,不符合国际规定,作为特例使用)。

2. 车辆类别代号

车辆类别代号位于产品型号第二部分,用一个阿拉伯数字表示,规定见表7—1。

3. 主参数代号

主参数代号位于产品型号的第三部分,用两个阿拉伯数字表示。

(1) 载货汽车、越野汽车、自卸汽车、专用汽车与挂车的参数代号用汽车的总质量表示。总质量在100 t以上时允许用三位数字表示。

(2) 客车的主要参数代号用车辆长度表示,当车辆长度小于10 m时,以(1/10 m)

表 7—1　　　　　　　　　　　车辆类别代号

| 类别代号 | 车辆种类 | 类别代号 | 车辆种类 | 类别代号 | 车辆种类 |
|---|---|---|---|---|---|
| 1 | 载货汽车 | 4 | 牵引汽车 | 7 | 轿车 |
| 2 | 越野汽车 | 5 | 专用汽车 | 8 | 挂车 |
| 3 | 自卸汽车 | 6 | 客车 | 9 | 半挂车及专用半挂车 |

为单位来表示。

(3) 轿车的主参数代号用发动机排量值，并以 (1/10 L) 为单位来表示。按上述规定选取的主参数不足规定位数时，在参数前以"0"占位。

4. 产品序号

产品序号位于产品型号的第四部分，可依次选取阿拉伯数字 0，1，2…来表示。

5. 专用汽车分类代号

专用汽车还应在"产品序号"之后增加专用汽车分类代号。专用汽车分类代号用反映汽车结构和用途特征的三个汉语拼音字母表示，其中，结构特征代号为：X 表示厢式汽车、G 表示罐式汽车、Z 表示专用自卸汽车、T 表示特种结构汽车、J 表示起重举升汽车、C 表示仓栅式汽车。用途特征代号按中国汽车联合协会行业管理标准规定执行。

6. 企业自定代号

企业自定代号位于产品型号的最后部分，可用汉语拼音字母或数字来表示，位数由企业自定。基本型汽车的编号一般没有尾部企业自定代号，其变型车（例如改用不同发动机、加长轴距、双排座驾驶室等）为了与基本型区别，常在尾部增加企业自定代号，表示同一种汽车但结构略有变化而需要区别时使用。

举例说明：第一汽车制造厂生产的第二代载货汽车型号为 CA1091。上海汽车制造厂生产的第二代轿车，发动机排量为 2.232 L，其型号为 SH7221。

# 第二节　汽车的组成和技术参数

## 一、汽车的组成

汽车通常由发动机、底盘、车身和电气设备四大部分组成，如图 7—3 和 7—4 所示。

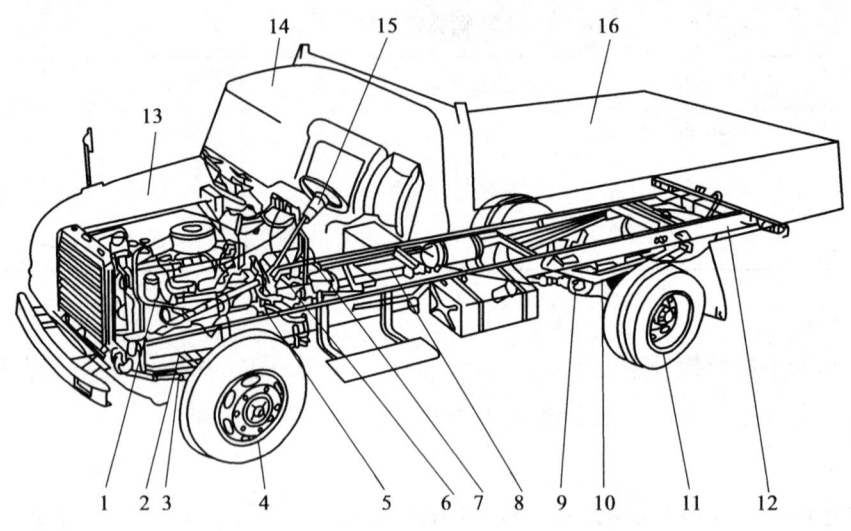

图 7—3 载货汽车的结构组成

1—发动机 2—前轴 3—前悬架 4—转向车轮 5—离合器 6—变速器
7—手制动器 8—传动轴 9—驱动桥 10—后悬挂 11—驱动车轮 12—车架
13—车前钣金制件 14—驾驶室 15—转向盘 16—车厢

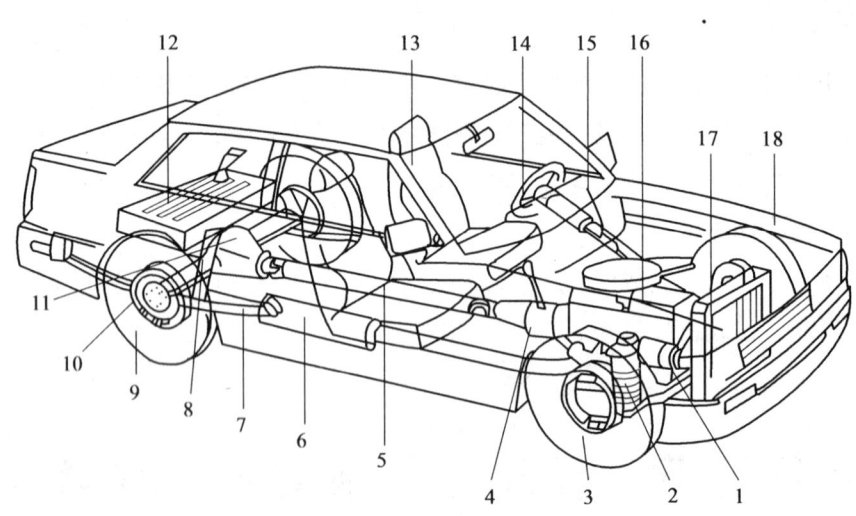

图 7—4 典型轿车的结构组成

1—前桥 2—前悬架 3—前车轮 4—变速器 5—传动轴 6—消声器
7—后悬架 8—减振器 9—后轮 10—制动器 11—后桥 12—燃油箱
13—座椅 14—转向盘 15—转向器 16—发动机 17—散热器 18—车身

1. 发动机

发动机是汽车的动力装置，其作用是将燃料燃烧所产生的热能转变为机械能输出。大多数汽车发动机都采用往复活塞式内燃机，所用的燃料以汽油和柴油为主。汽油发动机一般是由机体组、曲柄连杆机构、配气机构、燃料供给系、润滑系、冷却系、点火系、起动系、电控系统等部分组成。以柴油为燃料的发动机，采用压燃式，无点火系。

2. 底盘

底盘是汽车装配与行驶的主体，其作用是支撑、安装发动机和车身等其他总成与部件，形成汽车的整体造型，并接受发动机输出的动力，使汽车能够运动，保证汽车正常行驶。底盘由传动系、行驶系、转向系和制动系四大部分组成。

（1）传动系

传动系的作用是通过各种传动装置把发动机的动力传给各驱动车轮。传动系由离合器、变速器、传动轴和驱动桥等组成。

（2）行驶系

行驶系的作用是把汽车各总成及部件连成一个整体，并对全车起支撑作用，以保证汽车正常行驶。行驶系由车架、前桥、驱动桥的壳体、车轮、悬架等组成。

（3）转向系

转向系的作用是保证汽车能按照驾驶员选择的方向行驶，由带转向盘的转向器及转向传动装置组成。

（4）制动系

制动系的作用是控制汽车，使汽车减速或停车，并保证驾驶员离去后汽车能可靠停驻。每辆汽车的制动装置都包括若干个相互独立的制动系统，每个制动系统都由供能装置、控制装置、传动装置和制动器组成。

3. 车身

车身是驾驶员工作的场所，也是装载乘客和货物的场所。车身为驾驶员提供方便的操作条件，以及为乘客提供舒适安全的环境或保证货物完好无损。轿车、客车的车身一般是整体结构，货车车身一般是由驾驶室和货厢两部分组成。

4. 电气设备

电气设备由电源组、发动机起动系和点火系、汽车照明和信号装置等组成。此外，在现代汽车上越来越多地装用各种电子设备：微处理机、中央计算机系统及各种人工智能装置（ABS防抱死系统、安全气囊、定速巡航、GPS定位系统等），显著地提高了汽车的性能。

## 二、汽车的布置形式

为满足不同使用要求，汽车的总体构造和布置形式可以是不同的。按发动机和各个总成相对位置的不同，现代汽车的布置形式通常有如下几种：

发动机前置后轮驱动（FR）——是传统的布置形式。国内外的大多数货车、部分轿车和部分客车都采用这种形式。

发动机前置前轮驱动（FF）——是在轿车上逐渐盛行的布置形式。具有结构紧凑、减小轿车的质量、可以降低地板高度、改善高速行驶时的操纵稳定性等优点。

发动机后置后轮驱动（RR）——是目前大、中型客车盛行的布置形式。具有降低室内噪声、有利于车身内部布置等优点。少数微型或普及型轿车也采用这种形式。

发动机中置后轮驱动（MR）——是目前大多数运动型轿车和方程式赛车所采用的布置形式。由于这些车型都采用功率很大的发动机，将发动机布置在驾驶员座椅之后和后桥之前，有利于获得最佳载荷分配和提高汽车的性能。此外，某些大、中型客车也采用这种布置形式，把配备的卧式发动机装在地板下面。

全轮驱动（NWD）——是越野汽车特有的形式，通常有发动机前置，在变速器后装有分动器，以便将动力分别输送到全部车轮上。

## 三、汽车的主要技术参数

通常用以下主要参数来反映汽车的结构与使用性能。

1. 质量参数（单位：kg）

（1）整车装备质量

车辆装备齐全，加足燃油、润滑油和冷却液，并带齐随车工具、备胎及其他规定应带的备品，符合正常行驶要求的质量。

（2）最大装载质量

设计允许的最大装载货物的质量。

（3）最大总质量

汽车满载时的总质量。

$$最大总质量＝整车装备质量＋最大装载质量$$

（4）最大轴载质量

汽车满载时各轴所承载的质量。

2. 主要结构参数（单位：mm）

（1）总长

车体纵向的最大尺寸（前后最外端间的距离）。

(2) 总宽

车体横向的最大尺寸。

(3) 总高

车辆最高点到地面间的距离。

(4) 轴距

相邻两轴中心线之间的距离。

(5) 轮距

同一车桥左右轮胎面中心线（沿地面）间的距离。双胎结构则为双胎中心线间的距离。

(6) 前悬

汽车最前端至前轴中心线间的距离。

(7) 后悬

汽车最后端至后轴中心线间的距离。

(8) 最小离地间隙

满载状态下，底盘下部（车轮除外）最低点与地面间的距离。

(9) 接近角

车体前部突出点向前轮引的切线与地面的夹角。

(10) 离去角

车体后部突出点向后轮引的切线与地面的夹角。

上述主要结构参数如图 7—5 所示。

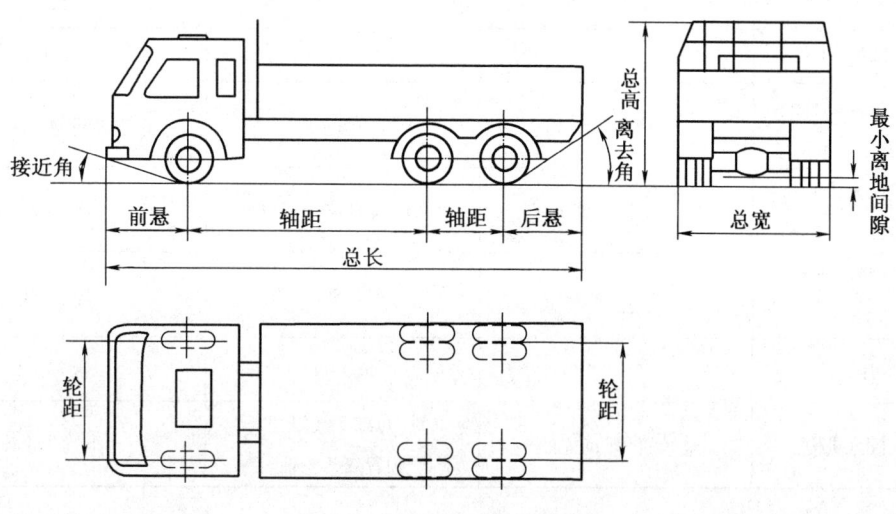

图 7—5　汽车的主要结构参数

3. 性能参数

（1）最高车速

汽车在平直良好的道路上行驶所能达到的最大车速（km/h）。

（2）最大爬坡度

车辆满载时的最大爬坡能力（°）。

（3）最小转弯半径

转向盘转至极限位置时，外侧转向轮中心平面上移动的轨迹圆的半径（m）。

（4）百公里等速油耗

汽车在公路上匀速行驶时每百公里消耗的燃油量。

（5）驱动方式

用车轮总数×驱动轮数或车轴总数×驱动轴数来表示

表7—2列出了常见车型的结构特征与技术参数。

表7—2　　　　　　几种常见车型的结构特征与技术参数

| | 车名 | 时代超人 | 帕萨特 | 东风1092F |
|---|---|---|---|---|
| | 制造商 | 上海大众汽车有限公司 | | 东风汽车有限公司 |
| 发动机 | 布置形式 | 前置发动机<br>前轮驱动 | 前置发动机<br>前轮驱动 | 前置发动机<br>后轮驱动 |
| | 型式 | 水冷、直列4缸、4冲程、前纵置电子控制、多点喷射 | 水冷、直列4缸、4冲程、前纵置5气门、横流电子控制多点喷射、废气涡流增压 | 水冷、直列6缸、4冲程 |
| | 排量（L） | 1.78 | 1.78 | 5.42 |
| | 最大功率<br>[kW/（r/min）] | 74/5 200 | 110/5 700 | 99/3 000 |
| | 最大转矩<br>[N.m/（r/min）] | 155/3 800 | 210/1 750～4 600 | 353/1 200 |
| | 缸径×冲程<br>（mm） | 81×86.4 | 81×86.4 | 100×115 |
| | 压缩比 | 9.5∶1 | 9.3∶1 | 6.75∶1 |
| | 配气机构 | 顶置单凸轮轴 | 每缸5气门<br>顶置双凸轮轴 | 下置凸轮轴 |

续表

| 车名 | | 时代超人 | 帕萨特 | 东风1092F |
|---|---|---|---|---|
| 制造商 | | 上海大众汽车有限公司 | | 东风汽车有限公司 |
| 尺寸 | 长×宽×高（mm） | 4 680×1 700×1 423 | 4 780×1 740×1 470 | 6 910×2 470×2 475 |
| | 轴距（mm） | 2 656 | 2 803 | 3 950 |
| | 轮距（mm） | 1 414/1 422 | 1 498/1 500 | 1 810/1 800 |
| 性能 | 装备质量（kg） | 1 140 | 1 420 | 4 100 |
| | 乘员数或乘员/载质量 | 5 | 5 | 3/5 000 |
| | 总质量（kg） | 1 560 | 1 795 | 9 100 |
| | 油箱容积（L） | 60 | 62 | 160 |
| | 最高车速（km/h） | 175 | 208 | 90 |
| | 等速油耗[L/（100 km）] | 6.8（车速90 km/h） | 7.3（车速90 km/h） | 25.5 |
| | 离合器 | 单片、干式、膜片弹簧、机械传动 | 单片、干式、膜片弹簧、机械传动 | 单片、干式、螺旋弹簧 |
| | 变速器 | 5挡手动 | 5挡手动 | 5挡手动 |
| 悬架 | 前 | 可摆动的滑柱式独立悬架（带横向稳定杆） | 四连杆独立悬架 | 钢板弹簧 |
| | 后 | 纵向摆臂式非驱动桥（桥架主梁兼起稳定杆作用） | 复合扭转梁式半独立悬架 | 钢板弹簧 |
| | 转向系 | 齿轮—齿条液压助力 | 齿轮—齿条液压助力 | 蜗杆指销式 |
| | 制动系（前/后） | 盘式/鼓式 ABS | 盘式/鼓式 ABS | 鼓式/鼓式 |
| | 轮胎 | 195/60 R14 85 h | 195/65 R15 91 V | 9.00—20 |

# 第八章 汽车发动机

## 第一节 发动机的组成和基本参数

### 一、发动机的种类

发动机是汽车的动力源,按照不同的分类方法,可分为不同的类型。

1. 按所用燃料分类

可分为汽油机、柴油机以及使用代用燃料甲醇、乙醇、液化石油气的发动机。以汽油为燃料的发动机称为汽油机,以柴油为燃料的发动机称为柴油机,以液化气为燃料的发动机称为液化气发动机。

2. 按工作循环的行程数分类

按发动机完成一个工作循环所需活塞的行程数,一般分为四冲程发动机和二冲程发动机。

(1) 四冲程发动机

活塞往复运行四个行程即曲轴转动两圈,汽缸内完成一个工作循环。

(2) 二冲程发动机

活塞往复运行两个行程即曲轴转动一圈,汽缸内完成一个工作循环。

3. 按冷却方式分类

发动机按冷却方式的不同,又可分为水冷式发动机和风冷式发动机。现代汽车发动机大多采用水冷式发动机,并且用冷却液代替水作为冷却介质。这既可防止发动机过热,又可防止冬季结冰,损坏发动机。

4. 按点火方式分类

按点火方式的不同,把发动机分为点燃式和压燃式两种。汽油机和柴油机的点火方式的比较如图 8—1 所示。

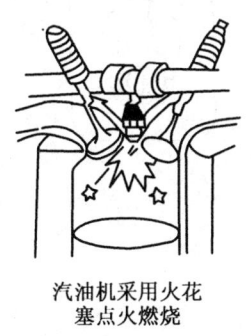
汽油机采用火花塞点火燃烧

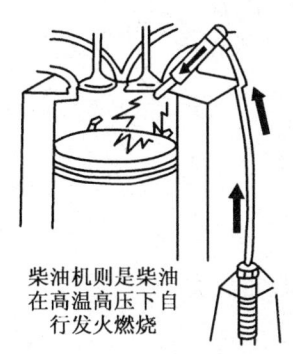
柴油机则是柴油在高温高压下自行发火燃烧

图 8—1　汽油机与柴油机点火方式比较

（1）点燃式发动机

利用火花塞发出的电火花强制点燃混合气,使混合气强行着火燃烧,如汽油机、煤气机。

（2）压燃式发动机

利用汽缸内空气被压缩后产生的高温,使燃油自燃,如柴油机。

5. 按可燃混合气形成的方式分类

（1）外部形成混合气的发动机

燃料和空气在汽缸外先混合然后进入汽缸,如使用化油器的汽油机。

（2）内部形成混合气的发动机

燃料在临近压缩终了时才喷入汽缸,在汽缸内与空气混合,如柴油机。

6. 按进气方式分类

（1）自然吸气式发动机

空气靠活塞的抽吸作用进入汽缸内。

（2）增压式发动机（强制进气发动机）

为了增大发动机功率,在发动机上装有增压器,使进入汽缸的气体预先经过增压器压缩后再进入汽缸,如图 8—2 所示。

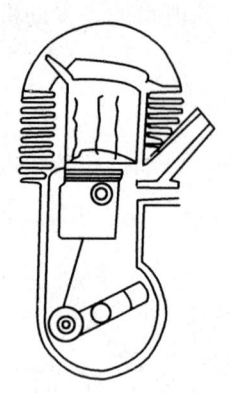 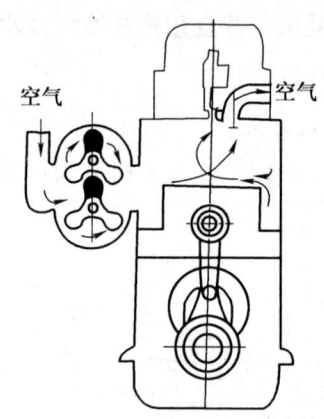

图 8—2 自然吸气式和增压式发动机结构
a) 自然吸气式  b) 增压式

7. 按汽缸数目分类

(1) 单缸发动机。

(2) 多缸发动机。

8. 按汽缸的排列形式分类

(1) 直列立式发动机

所有汽缸中心线在同一垂直平面内。

(2) 直列卧式发动机

所有汽缸中心线在同一水平平面内。

(3) V 形发动机

汽缸中心线分别在两个平面内，且两平面相交呈 V 形。

(4) 对置式发动机

V 形夹角为 180°时又称为对置式。

(5) 其他

还有 H 形、X 形、星形等，但在车辆上应用很少。

9. 按活塞运动方式分类

按活塞运动方式可分为往复活塞式发动机和转子发动机。以上介绍的都属于往复活塞式发动机，工作时活塞在汽缸内做往复直线运动，利用曲柄连杆机构将活塞的直线运动转化为曲轴的旋转运动。转子发动机则不同，相当于活塞的三角形转子在壳体内做偏心回转运动，直接将可燃混合气的燃烧、膨胀转化为发动机的输出转矩。因而，可以认为转子发动机就是活塞做回转运动的发动机。转子发动机的工作原理如图 8—3 所示。

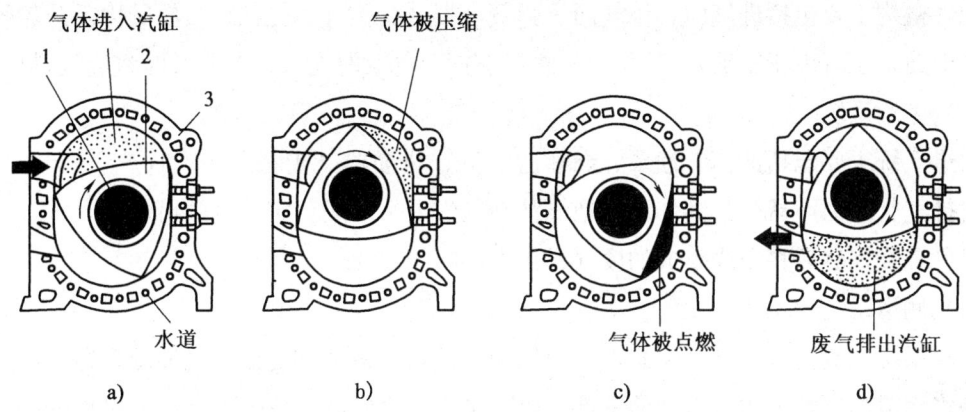

图 8—3 转子发动机的工作原理
a) 进气 b) 压缩 c) 做功 d) 排气
1—偏心轴 2—转子 3—壳体

和往复活塞式发动机相比，转子发动机具有结构紧凑、质量小、回转平稳、噪声小等许多优点。日本马自达汽车公司是目前世界上唯一一家批量生产汽车用转子发动机的公司。但转子发动机在技术上仍有一些问题尚待解决。

## 二、发动机的组成

发动机是一部由许多机构和系统组成的复杂机器。现代汽车发动机的形式很多，常用的汽油机与柴油机的结构、组成又有所不同。

1. 汽油机的组成

汽油发动机由两大机构和六大系统组成，即由曲柄连杆机构、配气机构，供给系统、润滑系统、冷却系统、起动系统、点火系统和电控系统组成。

（1）机体组

发动机的机体组一般包括汽缸盖、汽缸体及油底壳，是发动机的主体部分。汽缸体的上部是汽缸，下部是曲轴箱。汽缸体是发动机各工作机构和附件的装配基体，且本身又是曲柄连杆机构、配气机构以及润滑系统和冷却系统的组成部分。汽缸盖装在汽缸体的上部，汽缸盖、汽缸与活塞到达上止点时的顶部空间构成燃烧室，燃料在其中燃烧产生热能。在发动机构造中常把机体组列入曲柄连杆机构。

（2）曲柄连杆机构

曲柄连杆机构包括活塞、连杆、曲轴、飞轮等。曲柄连杆机构的作用是将活塞的直线往复运动转变为曲轴的旋转运动并输出动力。

（3）配气机构

配气机构主要包括进气门、排气门、弹簧、摇臂、推杆、挺柱、凸轮轴以及凸轮轴正时齿轮（由曲轴正时齿轮驱动）。其作用是将可燃混合气及时充入汽缸并及时将废气排出汽缸。

（4）供给系统

供给系统主要包括油箱、油泵、燃油滤清器、化油器（或电喷装置）、空气滤清器、进气管、排气管、消声器等。其作用是把燃油与空气混合形成一定比例的可燃混合气，并送入汽缸以供燃烧，然后将燃烧生成的废气排出发动机。

（5）润滑系统

润滑系统一般由机油泵、集滤器、限压阀、油道、机油滤清器和机油冷却器等组成。其作用是将润滑油供给做相对运动的零件，以减少它们之间的摩擦阻力，减轻机件的磨损，同时起到冷却零件、清洗零件的作用。

（6）冷却系统

冷却系统主要包括水泵、风扇、分水管、汽缸体放水阀、散热器以及汽缸体和汽缸盖里铸出的空腔——水套等。发动机在运转过程中因为受热，需要冷却。冷却系统的功用是把受热机件的热量散到大气中去，以保证发动机正常工作。

（7）起动系统

起动系统的作用就是使静止的发动机起动并转入自行运转，它包括起动机及其附属装置。

（8）点火系统

点火系统主要包括蓄电池、发电机、断电器、分电器、点火线圈、火花塞等。其作用是保证按规定时刻及时点燃汽缸中被压缩的可燃混合气。

2. 柴油机的组成

四冲程水冷式柴油机由两大机构和四大系统组成。柴油机的点火方式为压燃式。与汽油机相比，柴油机不需要点火系，其机体与曲柄连杆机构、配气机构、润滑系统、冷却系统、起动系统与前面介绍的汽油机基本相同。但柴油机的燃料供给系统与汽油机不相同。

车用四冲程柴油机供给系统主要由柴油箱、输油泵、柴油滤清器、高压油泵、调速器、喷油器、空气滤清器、进排气装置等组成。增压柴油机进气系统还装有废气蜗轮增压器，利用排放废气驱动蜗轮旋转，蜗轮与进气系统中的空气压缩机连为一体，带动压缩机工作，通过增加进气量来提高发动机的功率。目前广泛采用的废气蜗轮增压器可以使发动机的功率提高 20%～30%。

### 三、发动机的基本术语

如图 8—4 所示，活塞 2 在汽缸 1 中，活塞可在汽缸内做往复直线运动，活塞通过连杆 3

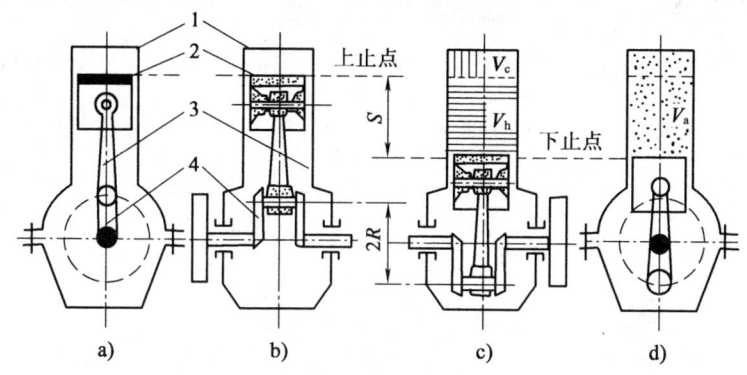

图 8—4 发动机基本术语示意图
1—汽缸　2—活塞　3—连杆　4—曲轴

和曲轴 4 相连，曲轴可绕其轴线旋转。

1. 上止点

活塞离曲轴回转中心最远处，通常指活塞上行到最高位置，如 8—4a 所示。

2. 下止点

活塞离曲轴回转中心最近处，通常指活塞下行到最低位置，如 8—4a 所示。

3. 活塞行程（$S$）

上、下两止点间的距离（mm）。

4. 曲柄半径（$R$）

与连杆下端（即连杆大头）相连的曲柄轴径中心到曲轴回转中心的距离（mm）。显然，$S=2R$。曲轴每转一转，活塞移动两个行程。

5. 汽缸工作容积（$V_h$）

活塞从上止点到下止点所让出的空间容积（L）。

$$V_h = \frac{\pi D^2}{4 \times 10^6} S$$

式中　$D$——汽缸直径，mm。

6. 发动机排量（$V_L$）

发动机所有汽缸工作容积之和（L）。设发动机的汽缸数为 $i$，则

$$V_L = V_h i$$

7. 燃烧室容积（$V_c$）

活塞在上止点时，活塞上方的空间叫燃烧室，它的容积叫燃烧室容积（L）。

### 8. 汽缸总容积（$V_a$）

活塞在下止点时，活塞上方的容积称为汽缸总容积（L）。它等于汽缸工作容积与燃烧室容积之和，即

$$V_a = V_h + V_c$$

### 9. 压缩比（$\varepsilon$）

汽缸总容积与燃烧室容积的比值，即

$$\varepsilon = \frac{V_a}{V_c} = \frac{V_h + V_c}{V_c} = 1 + \frac{V_h}{V_c}$$

它表示活塞由下止点运动到上止点时，汽缸内气体被压缩的程度。压缩比越大，压缩终了时汽缸内的气体压力和温度就越高。一般车用汽油机的压缩比为 6～10，柴油机的压缩比为 15～22。

## 第二节 四冲程发动机的工作原理

### 一、四冲程汽油机的工作原理

四冲程汽油机是由进气、压缩、做功和排气四个冲程完成一个工作循环，其工作过程如图 8—5 所示。

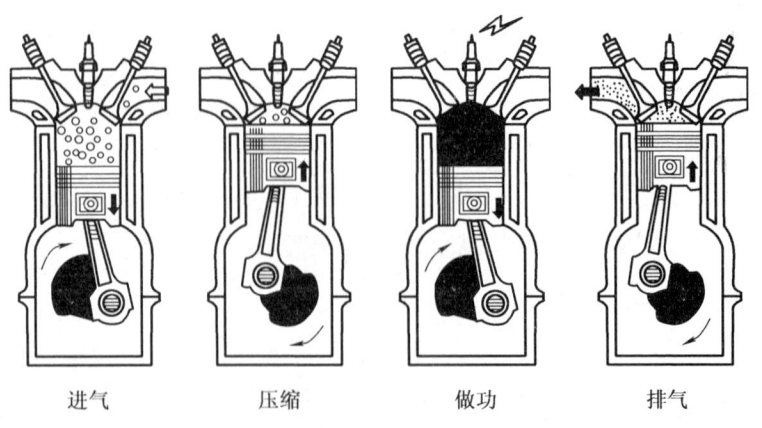

进气　　　　压缩　　　　做功　　　　排气

图 8—5　四冲程汽油机工作原理

1. 进气冲程

曲轴带动活塞由上止点向下止点移动，同时，进气门开启，排气门关闭。进气过程开始时，活塞位于上止点，当活塞由上止点向下止点移动时，活塞上方的容积增大，汽缸内的气体压力下降，形成一定的真空度。由于进气门开启，汽缸与进气管相通，混合气被吸入汽缸，直至活塞向下运行到下止点。当活塞移动到下止点时，汽缸内充满了新鲜混合气和上一个工作循环未排出的废气。在进气过程中，受空气滤清器、化油器、进气管道、进气门的影响，在进气终了时，汽缸内气体压力低于大气压。

2. 压缩冲程

活塞由下止点向上止点移动，进、排气门关闭。曲轴在飞轮等惯性力的作用下带动旋转，通过连杆推动活塞向上移动，汽缸内容积逐渐减小，气体被压缩，汽缸内的混合气压力与温度随之升高。

3. 做功冲程

进、排气门关闭，火花塞点火，混合气剧烈燃烧，汽缸内的温度、压力急剧上升，高温、高压气体推动活塞由上止点向下移动，通过连杆带动曲轴旋转。在发动机工作的四个冲程中，只有这个冲程才能实现热能转化为机械能，所以，这个冲程称为做功冲程。

4. 排气冲程

活塞到达下止点，排气门打开，活塞从下止点移动到上止点，废气随着活塞的上行被排出汽缸。由于排气系统有阻力，且燃烧室也占有一定的容积，所以在排气终了时，不可能将废气排净，这部分留下来的废气称为残余废气。残余废气不仅影响充气，对燃烧也有不良影响。

排气冲程结束时，活塞又回到了上止点，完成了一个工作循环。随后，曲轴依靠飞轮转动的惯性作用仍继续旋转，开始下一个工作循环。如此周而复始，发动机就不断地运转起来。

**二、四冲程柴油机的工作原理**

四冲程柴油机的工作原理和四冲程汽油机的工作原理一样，每个工作循环也是由进气、压缩、做功和排气四个冲程所组成。但柴油和汽油性质不同，柴油机内可燃混合气的形成、着火方式等与汽油机有较大区别。下面主要介绍柴油机与汽油机的工作原理的不同之处。如图 8—6 所示为单缸四冲程柴油机工作原理示意图。

1. 进气冲程

进气冲程如图 8—6a 所示。它不同于汽油机的是进入汽缸的不是混合气，而是纯

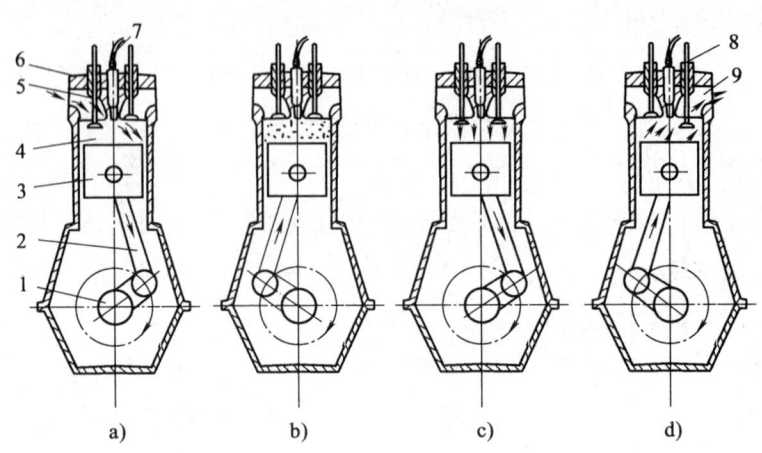

图 8—6 四冲程柴油机工作原理示意图
a) 进气冲程 b) 压缩冲程 c) 做功冲程 d) 排气冲程
1—曲轴 2—连杆 3—活塞 4—汽缸
5—进气道 6—进气门 7—喷油器 8—排气门 9—排气道

空气。

由于进气阻力比汽油机小,上一冲程残留的废气温度比较低等原因,进气终了压力和温度与汽油机稍有不同,压力约为 80～90 kPa,温度约为 320～350 K。

2. 压缩冲程

压缩冲程如图 8—6b 所示。与汽油机不同的是压缩的是纯空气,且由于柴油机压缩比大,压缩终了的温度和压力都比汽油机高,压力可达 3～5 MPa,温度可达 800～1 000 K。

3. 做功冲程

做功冲程如图 8—6c 所示。此冲程与汽油机有很大不同,压缩行程末,喷油泵将高压柴油经喷油器呈雾状喷入汽缸内的高温空气中,迅速汽化并与空气形成可燃混合气。因为此时汽缸内温度远高于柴油的自燃温度(约 500 K 左右),自行着火燃烧,且以后的一段时间内边喷边燃烧,汽缸内的温度、压力急剧升高,推动活塞下行做功。

此行程中,瞬时压力可达 5～10 MPa,瞬时温度可达 1 800～2 200 K;做功终了,压力约为 200～400 kPa,温度约为 1 200～1 500 K。

4. 排气冲程

排气冲程如图 8—6d 所示。与汽油机排气行程基本相同。排气终了,汽缸压力约为 105～125 kPa,温度约为 800～1 000 K。

由上述四冲程汽油机和柴油机的工作原理可知：

（1）两发动机工作循环的基本内容相似，其共同特点是：

1）每个工作循环曲轴转两转（720°），每一冲程曲轴转半转（180°）。进气冲程是进气门开启，排气冲程是排气门开启，其余两个冲程进、排气门均关闭。

2）四个冲程中，只有做功冲程产生动力，其他三个冲程是为做功冲程做准备工作的辅助冲程，虽然做功冲程是主要冲程，但其他三个冲程也不可缺少。

3）发动机运转的第一个循环，必须有外力使曲轴旋转完成进气、压缩冲程，着火后，完成做功冲程，依靠曲轴和飞轮储存的能量便可自行完成以后的冲程，以后的工作循环发动机无需外力就可自行完成。

（2）两种发动机工作循环的主要不同之处是：

1）汽油机的汽油和空气在汽缸外混合，进气冲程进入汽缸的是可燃混合气。而柴油机进气冲程进入汽缸的是纯空气，柴油是在做功冲程开始阶段喷入汽缸，在汽缸内与空气混合，即混合气形成方式不同。

2）汽油机用电火花点燃混合气，而柴油机是用高压将柴油喷入汽缸内，靠高温气体加热自行着火燃烧，即着火方式不同。所以汽油机有点火系，而柴油机则无点火系。

# 第三节 曲柄连杆机构的功用与组成

## 一、功用

曲柄连杆机构是发动机实现工作循环，完成能量转换的主要运动零件。在做功冲程中，活塞受燃气压力的作用在汽缸内做直线运动，通过连杆转换成曲轴的旋转运动，并从曲轴对外输出动力。而在进气、压缩和排气冲程中，飞轮释放能量又把曲轴的旋转运动转化为活塞的直线运动。汽车发动机一般采用多缸直列或V型发动机，多缸发动机曲柄连杆机构的形式取决汽缸数量与汽缸的布置形式。不同缸数与结构的发动机，其曲柄连杆机构的结构有所不同。如图8—7所示为桑塔纳2000GSIAJR发动机及曲柄连杆机构。

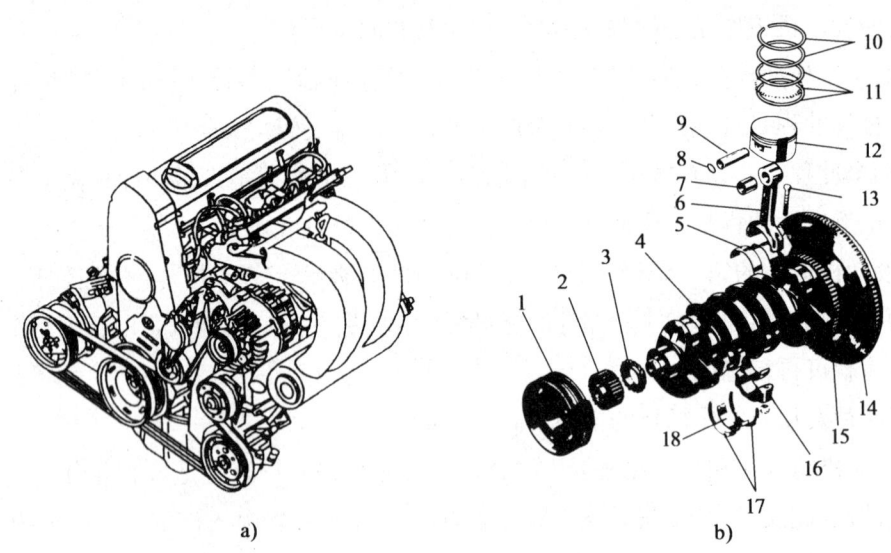

图 8—7 桑塔纳 2000GSIAJR 发动机及曲柄连杆机构
a) 桑塔纳 2000GSIAJR 发动机总成  b) AJR 发动机曲柄连杆机构
1—曲轴带轮  2—曲轴正时齿轮带轮  3—曲轴链轮  4—曲轴  5—连杆轴承
6—连杆  7—连杆衬套  8—活塞销锁环  9—活塞销  10—气环  11—油环  12—活塞
13—连杆螺栓  14—飞轮  15—转速传感器脉冲轮  16—连杆盖  17—止推片  18—曲轴轴承

## 二、组成

曲柄连杆机构主要由机体组、活塞连杆组和曲轴飞轮组三部分组成，如图 8—7a 所示，其中活塞连杆组和曲轴飞轮组如图 8—7b 所示。

# 第四节 配气机构的功能与组成

## 一、功用

配气机构根据发动机的工作顺序和工作过程，定时开启和关闭进气门和排气门，使可燃混合气或空气进入汽缸，并使废气从汽缸内排出，实现换气过程。

## 二、组成

四冲程车用发动机采用气门式配气机构。其结构形式多样，一般按气门布置形式的不同，可分为侧置气门式和顶置气门式；按照凸轮轴布置型式的不同，可分为下置式、中置式和顶置式；按照各汽缸气门数量的不同，可分为二气门、三气门、四气门、五气门配气机构。每缸超过二气门的发动机称为多气门发动机。目前，发动机多采用顶置气门式配气机构，侧置气门式配气机构因充气效率低已被淘汰。

顶置气门式配气机构根据凸轮轴布置形式的不同，有下列三种形式。

1. 下置凸轮轴式配气机构

下置凸轮轴式配气机构应用最广泛，其进、排气门都倒装在汽缸盖上，凸轮轴装在曲轴箱中上部，如图8—8所示。

2. 中置凸轮轴式配气机构

高转速发动机为了减小气门传动机构的往复运动质量，可将凸轮轴位置移到汽缸体的上部，缩短推杆或适当加长挺柱后去掉推杆，由于凸轮轴经过挺柱直接驱动摇臂，这种结构称为中置凸轮轴式配气机构，如图8—9所示。由于凸轮轴上移后，曲轴与凸轮轴之间距离增加，已不可能直接采用正时齿轮来传动，因而需要增加中间齿轮或采用链传动方式。

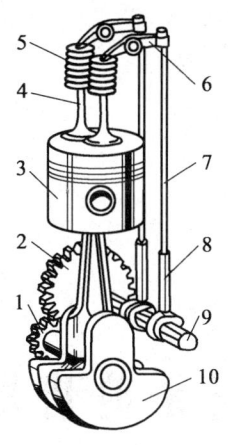 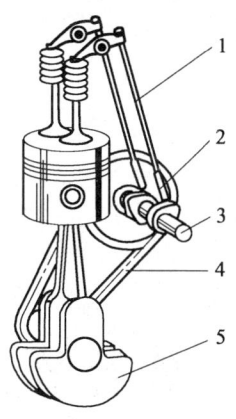

图8—8 下置凸轮轴式配气机构
1—曲轴正时齿轮 2—凸轮轴正时齿轮
3—活塞 4—气门 5—气门弹簧
6—摇臂 7—推杆 8—挺柱
9—凸轮轴 10—曲轴

图8—9 中置凸轮轴式配气机构
1—推杆 2—挺柱 3—凸轮轴
4—传动链正时齿带 5—曲轴

### 3. 顶置凸轮轴式配气机构

顶置凸轮轴式配气机构也称上置凸轮轴式配气机构,其结构形式如图8—10所示。凸轮轴和气门都布置在汽缸的顶部,气门装在汽缸盖之中,凸轮轴则安装在汽缸盖的凸轮轴支座上。凸轮轴直接通过摇臂或液压挺柱来驱动气门,凸轮轴与气门之间没有了推杆等中间传动机件,使配气机构往复运动质量大大减小,因此,它适用于高速发动机。目前,轿车发动机上多采用顶置凸轮轴式配气机构,如桑塔纳AJR发动机等。

顶置凸轮轴与曲轴相距较远,必须采用链传动或齿形带传动的方式来取代正时齿轮传动。

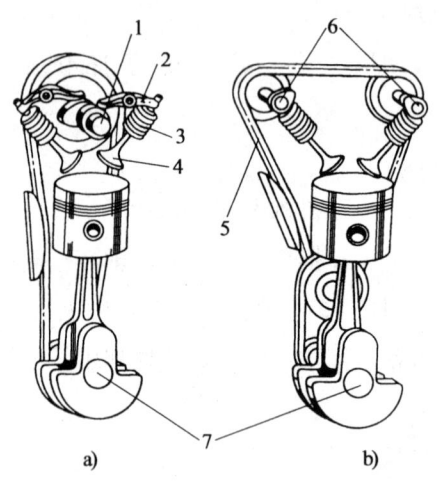

图8—10 顶置凸轮轴式配气机构
1—凸轮轴 2—摇臂 3—气门弹簧
4—气门 5—传动链或正时齿带
6—凸轮轴 7—曲轴

## 第五节 汽油机燃料系的功用与组成

### 一、功用

汽油机以汽油为燃料。燃料要能在发动机内迅速、完全燃烧,首先必须使汽油在进入汽缸前喷成雾状和蒸发,与适量的空气均匀混合。这种由一定比例的汽油与空气均匀混合的混合物称为可燃混合气。可燃混合气中燃油含量的多少,称为可燃混合气浓度。

汽油机燃料供给系的作用,是根据发动机各种不同工况的要求,配制出一定数量和浓度的可燃混合气,供入汽缸,并在燃烧做功后,将废气排入大气。

## 二、组成

汽油机燃料供给系一般由下列装置组成,如图8—11所示。

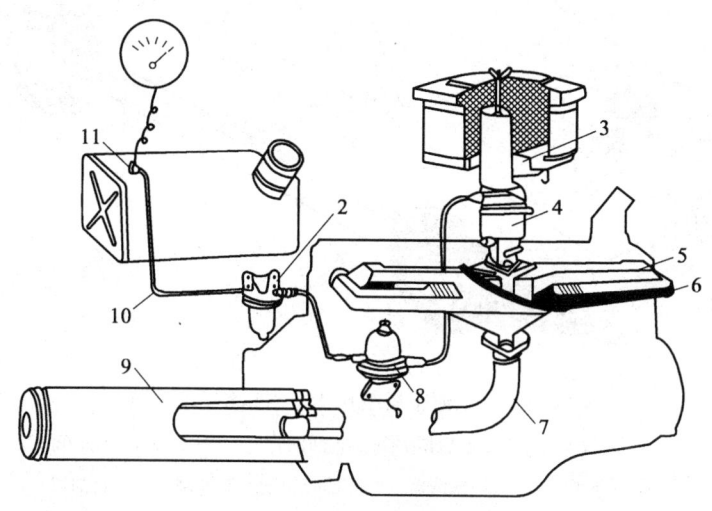

图8—11 汽油机燃料供给系

1—汽油表 2—汽油滤清器 3—空气滤清器 4—化油器 5—进气歧管
6—排气歧管 7—排气管 8—汽油泵 9—消声器 10—输油管 11—汽油箱

1. 汽油供给装置

包括汽油箱、汽油滤清器、汽油泵和输油管,用以完成汽油的储存、输送和滤清任务。为检查汽油箱中的汽油储存量,设置了汽油油面指示表。

2. 空气供给装置

空气滤清器。有的轿车还设置有消声器,以减小进气噪声。

3. 可燃混合气形成装置

化油器。

4. 可燃混合气供给和废气排出装置

由进气歧管、排气歧管和排气消声器组成。

如图8—12所示为上海桑塔纳轿车燃料供给系的组成。

上海桑塔纳轿车燃料供给系的构成特点是:汽油供给装置中设置了储油罐和回油管,汽油泵从油箱中吸出的汽油进入储油罐后,再供给化油器,用不完的汽油从储油罐经回油管流回油箱，这样可以使汽油泵始终保持较大的汽油流量，以保证发动机工作的需要。

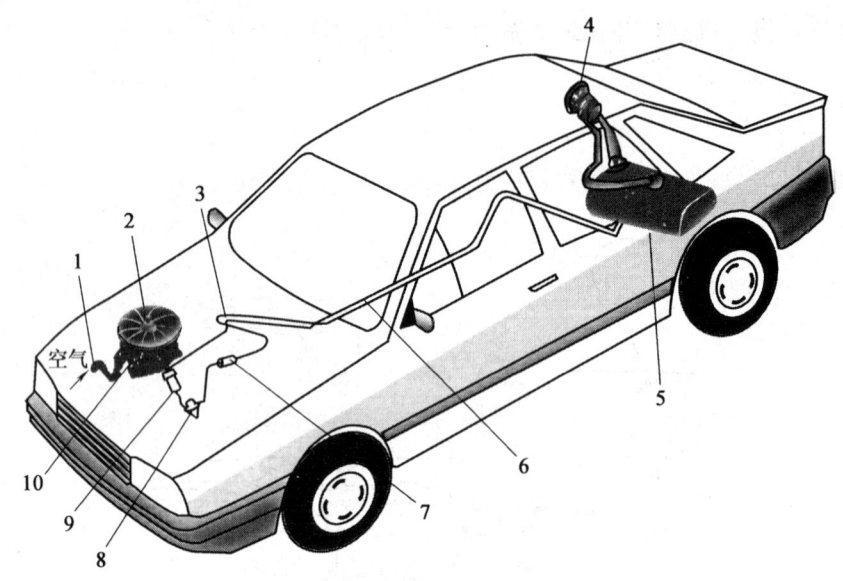

图 8—12　上海桑塔纳轿车燃料供给系的组成

1—进气歧管　2—空气滤清器　3—回油管　4—加油器　5—油箱
6—供油管　7—汽油滤清器　8—汽油泵　9—储油罐　10—化油器

# 第六节　柴油机燃料供给系的功用与组成

## 一、功用

1. 储存、滤清、输送柴油。

2. 按柴油机不同工况的要求，以规定的工作顺序定时、定量、定压并保证以较高的喷油质量喷油。

3. 与空气迅速混合燃烧。

4. 将燃烧后的废气排入大气。

## 二、组成

柴油机燃料供给系由燃油供给装置、空气供给装置、混合气形成装置及废气排出装置组成。如图 8—13 所示为一种常见的汽车柴油机燃料供给系组成图。

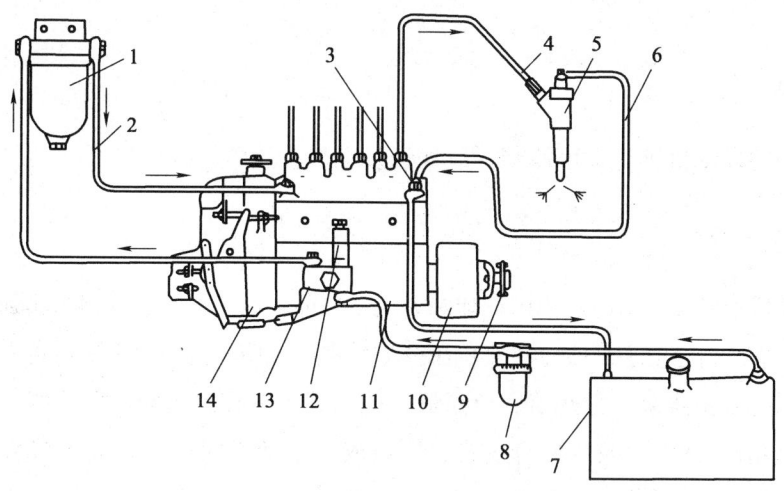

图 8—13　柴油机燃料供给系的组成

1—柴油滤清器　2—低压油管　3—溢油阀　4—高压油管　5—喷油器
6—回油管　7—柴油箱　8—柴油粗滤清器　9—联轴节　10—供油自动提前器
11—喷油泵　12—手动输油泵　13—输油泵　14—调速器

1. 燃油供给装置

由柴油箱、输油泵、低压油管、柴油滤清器、喷油泵、高压油管、喷油器和回油管组成。

2. 空气供给装置

由空气滤清器、进气管和汽缸盖内的进气管道组成。

3. 混合气形成装置

由燃烧室组成。

4. 废气排出装置

由汽缸盖内的排气道、排气管及排气消声器组成。

# 第七节 冷却系的功用与组成

## 一、功用

对工作中的发动机进行适度冷却,以保证发动机在正常工作温度下持续运行。

## 二、组成

发动机冷却系可分为水冷却和风冷却两大类,目前,汽车发动机普遍采用强制循环式水冷却系,利用水泵强制地使水(或冷却液)在冷却系中进行循环流动,不断带走零件表面热量。

水冷却系主要由水泵、散热器、节温器、风扇、风扇控制机构、百叶窗、水套、补偿水桶(即膨胀水箱)、水温表及水温警报装置等组成。车型不同,发动机冷却系组成、冷却水循环路线也有所不同。如图8—14所示为典型的水冷却系统的组成,如图8—15所示为冷却液在强制循环水冷却系统中的流动示意图。

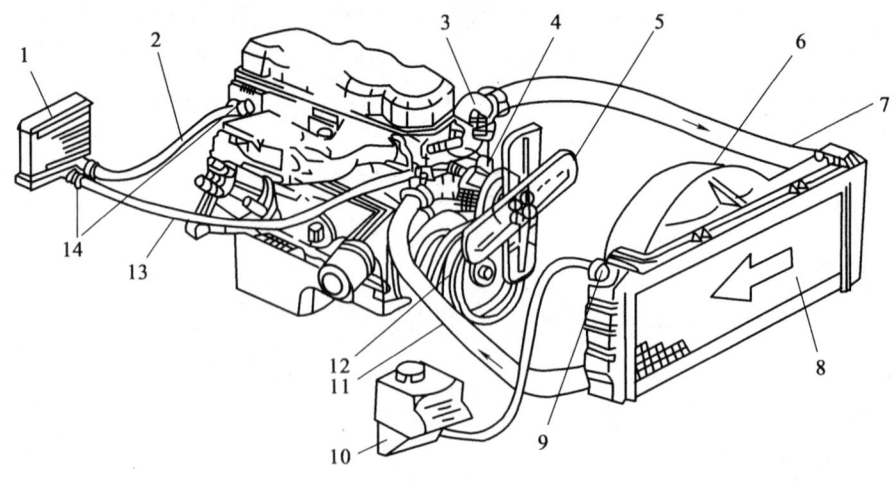

图8—14 汽车发动机水冷却系统的组成
1—暖风机芯 2—暖风机进水软管 3—节温器 4—水泵 5—冷却风扇
6—护风圈 7—散热器进水软管 8—散热器 9—散热器盖 10—补偿水桶
11—散热器出水软管 12—风扇传动带 13—暖风机出水软管 14—管箍

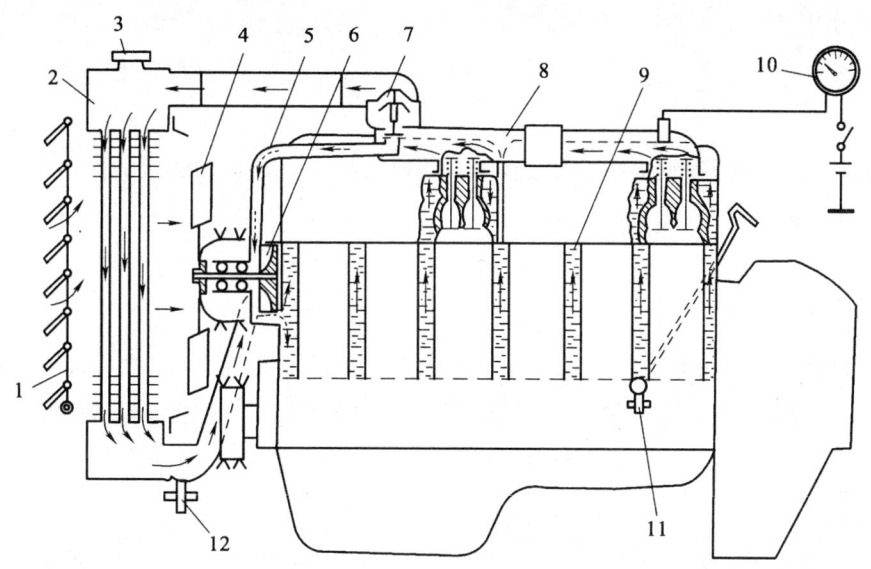

图 8—15 冷却液在强制循环水冷却系统中的流动示意图
1—百叶窗　2—散热器　3—散热器盖　4—风扇
5—小循环水管　6—水泵　7—节温器　8—出水管　9—水套
10—水温表和传感器　11—水套放水开关　12—散热器放水开关

# 第八节　润滑系的功用与组成

## 一、功用

1. 润滑作用

将润滑油（机油）输送到发动机中具有相对运动的零件表面上（如曲轴与轴承、凸轮轴与轴承、活塞与汽缸壁等），润滑零件的摩擦表面，减小零件的摩擦阻力，减少发动机的功率消耗和零件磨损。

2. 冷却作用

利用机油的流动性，带走发动机零件的部分热量，防止零件温度过高。

3. 清洁作用

机油可利用自身的流动性，将发动机在工作中磨下的金属微粒、从大气中吸入的尘土及燃料燃烧产生的一些固体物质带走，减少零件的磨损。

### 4. 密封作用

利用机油的黏性，使机油附着于运动零件表面，提高零件的密封效果。

### 5. 吸振作用

吸收曲轴及其他零件的振动，从而减少发动机的噪声，延长发动机的使用寿命。

除此以外，还有防锈作用。

## 二、组成

发动机润滑系一般由集滤器、机油泵、限压阀、油道和油管、机油滤清器、旁通阀、止回阀、机油散热器、机油压力传感器、机油压力表（指示灯）、机油标尺等组成。不同的发动机，由于组成和结构形式不同，润滑系的布置形式和装置略有不同。东风EQ6100-1发动机润滑系是典型的复合式润滑系，其组成如图8—16所示。

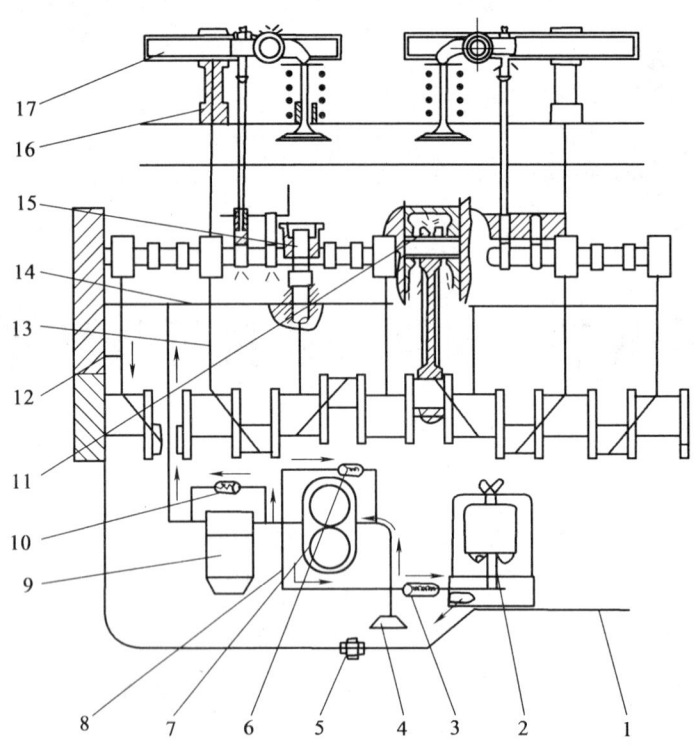

图8—16　东风EQ6100-1发动机润滑系组成示意图

1—油底壳　2—机油细滤器　3—细滤器进油限压阀　4—集滤器
5—放油螺塞　6—限压阀　7—机油泵　8—油管　9—机油粗滤器
10—粗滤器旁通阀　11—连杆小头油道　12—喷油嘴　13—横向油道
14—主油道　15—机油泵传动轴　16—上油道　17—摇臂轴

发动机可利用压力润滑或飞溅润滑两种润滑方式，将润滑油输送到各摩擦部位。压力润滑是利用机油的压力将油输送到各摩擦表面进行强制性润滑；飞溅润滑是利用曲轴的运转将油从轴承两侧甩出，在曲轴箱内形成许多油滴或油雾，飞溅到各摩擦表面进行润滑。

# 第九章 汽车底盘

## 第一节 传动系的功用与组成

汽车传动系的基本功用是将发动机输出的动力传递给驱动车轮。

汽车在行驶中,随着道路条件、交通状况等的不同,要求具有合适的牵引力和行驶速度;同时还要求汽车能倒向行驶、平稳起步、在弯道上行驶时能保证左右驱动轮纯滚动而不拖滑。为了满足以上要求,在传动系中设置了离合器、变速器、万向传动装置、主减速器、差速器和半轴等总成,如图9—1所示。通过上述总成协同发动机工作,保证了汽车在各种不同使用条件下能正常行驶。

发动机动力传递到驱动轮的过程:发动机1输出的动力经飞轮2和离合器3传给变速器4,变速器变速(变矩)后经万向传动装置5传给主减速器6,减速器降速增扭并改变动力传递方向后,经差速器7和半轴8,最终将动力传递给驱动轮9。

汽车传动系有下列四种布置形式:

1. 发动机前置、后轮驱动的传动系

这是一种最传统的布置方式,主要用于大、中型载货汽车上。

2. 发动机前置、前轮驱动的传动系

如图9—2所示,由发动机5、离合器4、变速器3、主减速器主动齿轮6、差速器7装配成十分紧凑的一个整体,固定在车身或车架上。

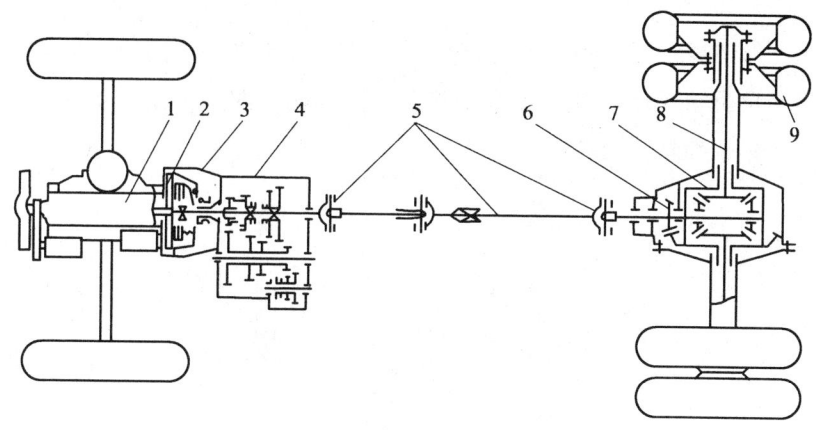

图9—1 汽车传动系组成示意图

1—发动机　2—飞轮　3—离合器　4—变速器
5—万向传动装置　6—主减速器　7—差速器　8—半轴　9—驱动轮

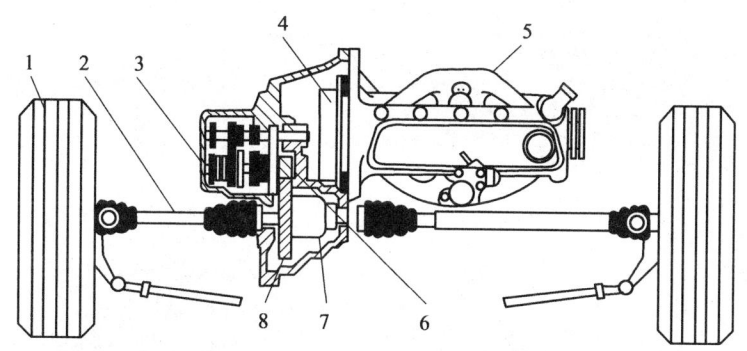

图9—2　发动机前置、前轮驱动的传动系

1—前轮转向驱动轮　2—传动轴　3—变速器　4—离合器
5—发动机　6—主减速器主动齿轮　7—差速器　8—主减速器从动齿轮

3. 发动机后置、后轮驱动的传动系

如图9—3所示，多用于大型客车上。发动机1通常横向卧式布置于驱动桥7之后，万向传动装置5较短。并在变速器3与万向传动装置5之间设置了角传动装置4。

4. 越野汽车传动系

如图9—4所示为一种四轮驱动汽车的传动系。为提高在无路或坏路地区汽车的行驶能力，越野汽车一般采用了所有车桥都是驱动桥的传动形式。由于驱动桥数目多，所以在变速器2后面加了一个分动器1'。一些轻型轿车、家庭轿车、高性能赛车也有采用四轮驱动方式的。

汽车的驱动形式通常用全部的车轮数乘以驱动轮数来表示。例如：4×2表示汽车共有四个车轮，两个是驱动轮；4×4表示汽车共有四个车轮，四个都是驱动轮；6×6表示汽车共有六个车轮，六个都是驱动轮。

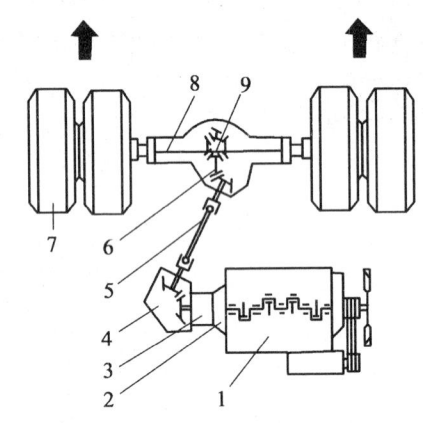

图9—3 发动机后置、后轮驱动的传动装置

1—发动机 2—离合器 3—变速器 4—角传动装置
5—万向传动装置 6—主减速器 7—驱动桥 8—半轴 9—差速器

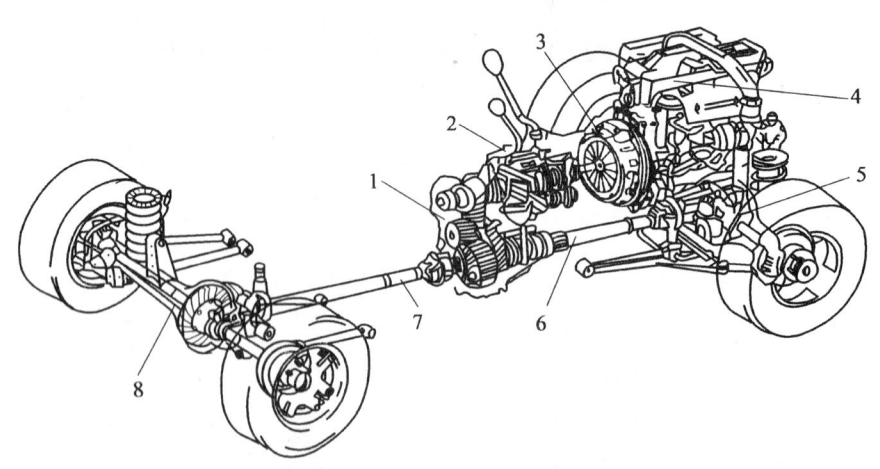

图9—4 四轮驱动汽车的传动系

1—分动器 2—变速器 3—离合器 4—发动机 5—前驱动桥
6—前万向传动装置 7—后万向传动装置 8—后驱动桥

# 第二节 离合器的功用与组成

## 一、功用

1. 使发动机与传动系逐渐接合，保证汽车平稳起步。
2. 暂时切断发动机与传动系的联系，便于变速器顺利换挡。
3. 防止传动系过载。

## 二、组成

离合器按工作原理不同，可分为摩擦片式离合器和液力离合器。汽车上广泛采用摩擦片式离合器，液力离合器主要用于有自动变速器的汽车。

手动变速器汽车广泛采用摩擦片式离合器，摩擦片式离合器按从动盘数目不同可分为单片式离合器和双片式离合器；按压紧弹簧形式不同又可分为螺旋弹簧式离合器和膜片弹簧式离合器。摩擦片式离合器具体结构虽各有差异，但其基本组成相同，均由主动部分、从动部分、压紧机构和操纵机构四部分组成。其中膜片弹簧式离合器应用广泛，主要用于轿车和轻、中型汽车上，如上海桑塔纳轿车、一汽奥迪100型轿车和神龙富康轿车。下面以上海桑塔纳轿车为例，介绍膜片弹簧式离合器的结构组成，如图9—5所示。

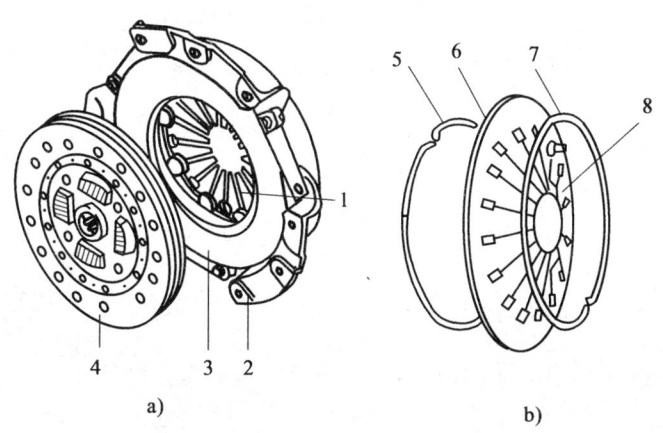

图9—5 膜片弹簧式离合器

1，6—膜片弹簧 2—离合器盖 3—压盘
4—从动盘 5—前支撑环 7—后支撑环 8—分离指

离合器的主动部分与发动机的飞轮相连，主要由压盘、离合器盖等零部件组成。从动部分与变速器相连，主要由从动盘、变速器输入轴（也称离合器输出轴）等零部件组成。压紧机构主要有压紧弹簧。操纵机构主要由分离杠杆、分离轴承及套筒、分离叉和离合器踏板等组成。

## 第三节 变速器的功用与组成

### 一、功用

1. 扩大驱动轮转矩和转速的变化范围，以适应汽车经常变化的行驶条件。
2. 在发动机旋转方向不变的条件下，通过齿轮的组合可满足汽车倒车行驶的需要。
3. 在离合器处于接合状态时，可中断发动机与驱动轮之间的动力传递，以满足汽车短暂停车和滑行情况的需要。

### 二、组成

变速器按操纵方式不同，可分为手动变速器（普通变速器）和自动变速器。

普通变速器由变速传动机构和变速操纵机构两大部分组成，如图9—6所示。变速传动机构主要由输入轴、输出轴、中间轴、齿轮组、同步器、轴承和变速器壳体等组成。变速操纵机构主要由变速操纵杆、拨叉、拨叉轴、锁止装置和变速器盖等组成。

自动变速器主要由液力变矩器、齿轮变速器、液压泵、控制系统等几部分组成，如图9—7所示。

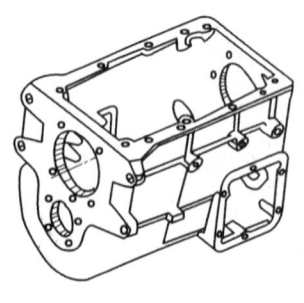

a)

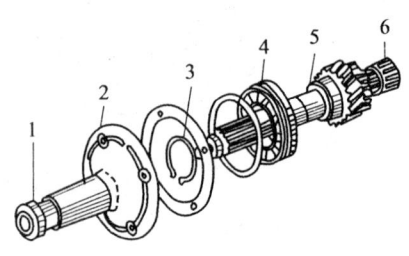

b)

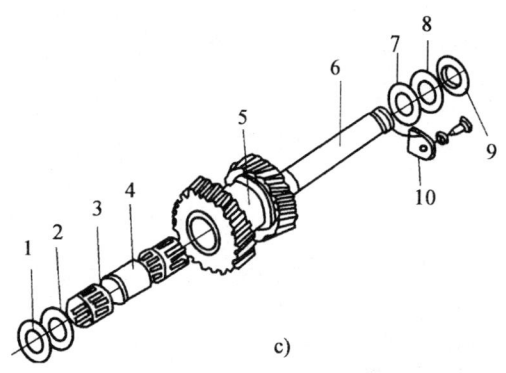

c)

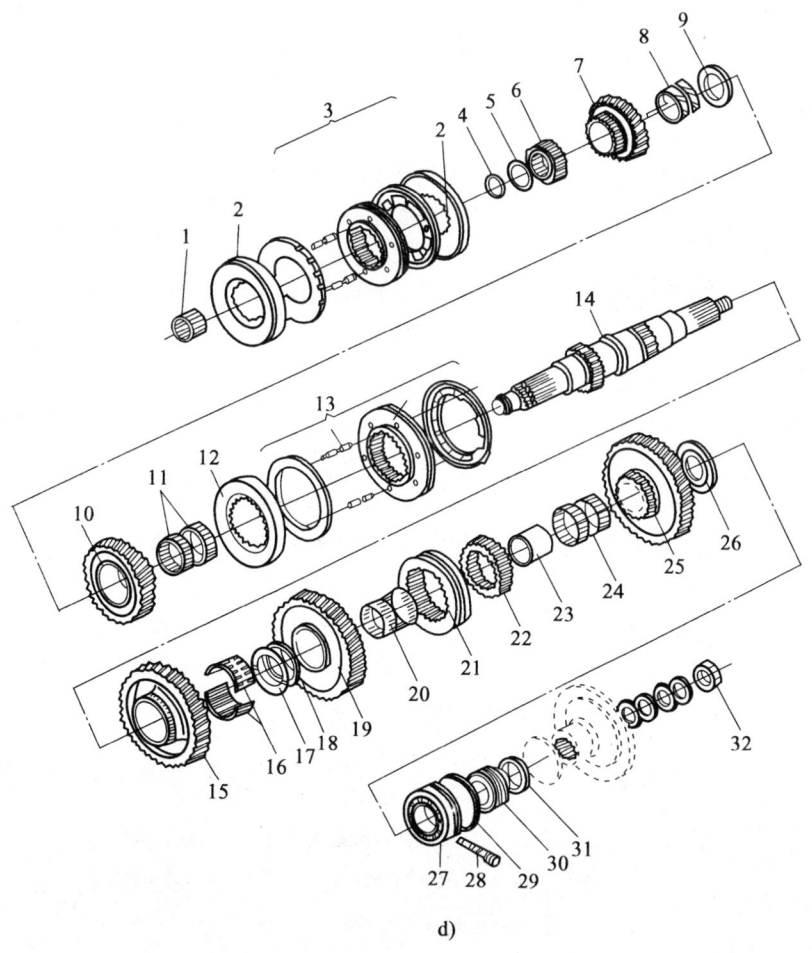

d)

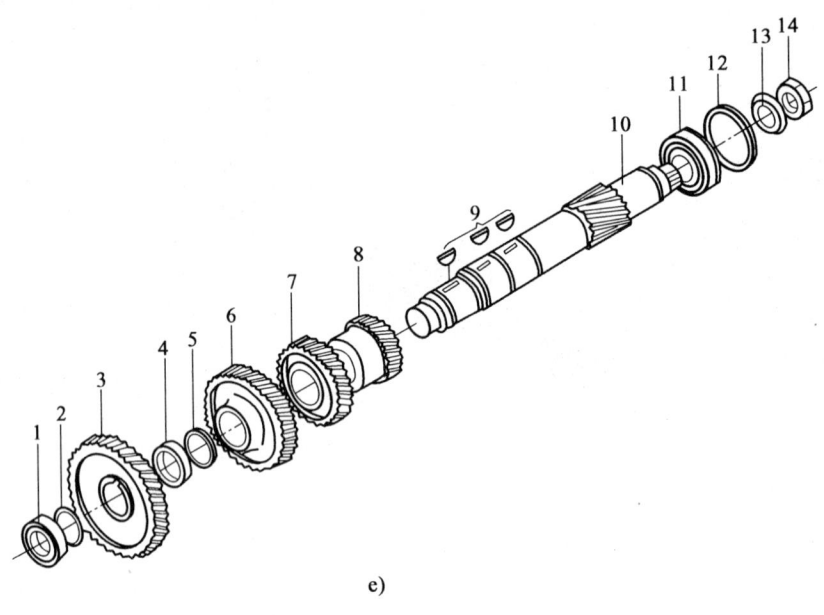

e)

图 9—6 普通变速器的组成

a) 变速器壳体

b) 变速器输入轴

1—前轴承 2—轴承盖 3—卡环 4—轴承 5—输入轴 6—输出轴轴承

c) 变速器倒挡轴

1,8—倒挡齿轮止推外片 2,7—倒挡齿轮止推内片 3—滚针轴承
4—倒挡齿轮滚针轴承隔套 5—倒挡齿轮 6—倒挡轴 9—倒挡轴密封圈 10—倒挡轴锁片

d) 变速器输出轴

1—输出轴前轴承 2—四、五挡同步器锥盘 3—四、五挡同步器总成
4—锁环 5,9,17,26—止推环 6—四、五挡固定齿座 7—五挡齿轮 8,23—衬套
10—三挡齿轮 11,16,20,24—滚针轴承 12—三挡同步器锥盘 13—二、三挡同步器
14—输出轴 15—二挡齿轮 18—套环 19——挡齿轮 21——、倒挡滑动齿套
22——、倒挡固定齿座 25—倒挡齿轮 27—输出轴后轴承
28—里程表从动齿轮 29—挡圈 30—里程表主动齿轮
31—隔套 32—变速器凸缘锁紧螺母

e) 变速器中间轴

1—中间轴前滚子轴承 2—轴用弹性挡圈 3—中间轴常啮合齿轮
4—中间轴五挡齿轮隔套 5—中间轴五挡齿轮锁环 6—中间轴五挡齿轮
7—中间轴三挡齿轮 8—中间轴二挡齿轮 9—半圆键 10—中间轴
11—中间轴后滚子轴承 12—弹性挡圈 13—螺母锁片 14—螺母

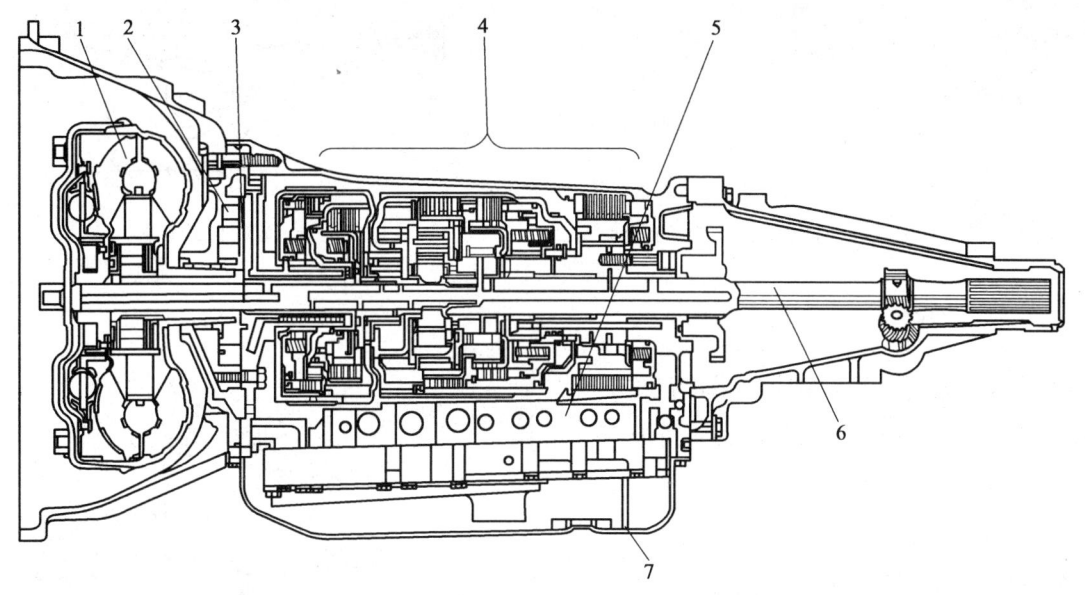

图 9—7 自动变速器的组成

1—变矩器 2—液压泵 3—输入轴
4—齿轮变速器 5—阀板总成 6—输出轴 7—油底壳

# 第四节 万向传动装置的功用与组成

## 一、功用

在发动机前置、后轮驱动的传动系中,变速器与离合器、发动机共同固定于车架上,而后驱动桥是通过悬架与车架弹性连接的,因此,变速器的输出轴轴线与驱动桥的输入轴轴线是不在同一平面内的。另外,悬架在汽车行驶时经常发生弹性变形,导致变速器与驱动桥的相对位置经常在变化,如图 9—8 所示。所以,在变速器与驱动桥之间不能刚性连接,必须设置万向传动装置。万向传动装置的功用是能在有一定夹角和相对位置经常变化的两根轴之间传递动力,如图 9—9 所示。万向传动装置也在转向系的转向柱上广泛采用。

## 二、组成

万向传动装置一般由万向节、传动轴和中间支撑组成。

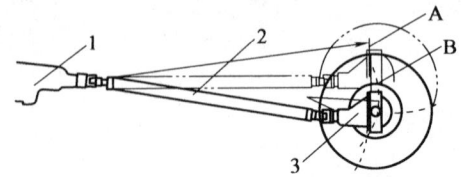
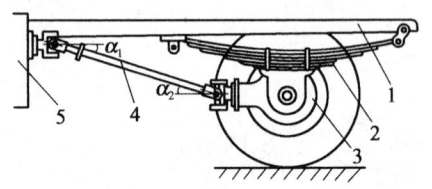

图9—8 变速器与驱动桥相对位置的变化
1—变速器 2—传动轴 3—驱动桥
A—传动轴摆动轨迹 B—驱动桥摆动轨迹

图9—9 万向传动装置
1—车架 2—后悬架 3—驱动桥
4—万向传动装置 5—变速器

目前,汽车传动系中应用最广泛的是十字轴式刚性万向节,所允许相连两轴的最大交角为15°～20°。

十字轴式刚性万向节的结构如图9—10所示。两万向节叉上的孔分别活套在十字轴的两对轴颈上。当主动轴转动时,从动轴既能随之转动,又可绕十字轴中心在任意方向摆动。在十字轴轴颈与万向节叉孔之间装有滚针和套筒组成的轴承,并用带锁片的螺钉和轴承盖使之轴向定位。为了润滑轴承,十字轴内钻有互相贯通的油道,油道与润滑脂嘴及安全阀相通。十字轴端面制有凹槽,以便从润滑脂嘴注入的润滑脂能通过该槽到达轴承

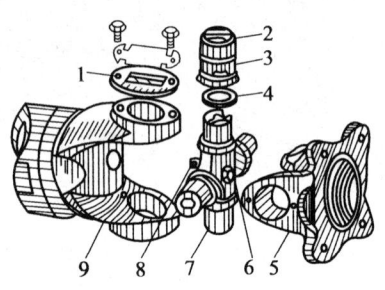

图9—10 十字轴式刚性万向节
1—轴承盖 2—套筒
3—滚针 4—油封 5,9—万向节叉
6—安全阀 7—十字轴 8—润滑脂嘴

的工作面。轴承内端面的轴颈上套有带金属壳的毛毡油封。十字轴上装有安全阀,当十字轴内腔油压过大时,顶开安全阀,使多余润滑油外溢,防止油压过高而损坏油封。

## 第五节 驱动桥

一、驱动桥的功用与组成

1. 功用

(1)将万向传动装置传来的动力传给驱动车轮,并实现降速以增大转矩。

(2)改变转矩的传递方向。发动机纵向传出的转矩经驱动桥后,使其改变90°横向传出,驱动车轮旋转。

(3)使左、右驱动轮以不同的转速旋转,满足汽车转弯等行驶状况的需要。

(4)承担整车的大部分载重。

2. 组成

一般汽车的驱动桥主要由主减速器、差速器、半轴和驱动桥壳等组成。

## 二、主减速器的功用与组成

主减速器的功用主要是降低转速，增大转矩，并改变旋转方向，然后传给驱动轮，以获得足够的汽车牵引力和适当的车速。

主减速器按参与减速传动的齿轮副数目不同，可分为单级主减速器和双级主减速器。

单级主减速器多采用一对大小不等的锥齿轮传动结构，并以小齿轮为主动轮与传动轴相连。一般中小型汽车用单级主减速器，如图 9—11 所示。

大型货车要求较大的主减速器传动比，以便驱动轮获得更大的转矩，又要求从动轮尺寸不能太大，以免汽车最小离地间隙过小，因而采用两对齿轮传动，称为双级主减速器，第一级为锥齿轮，第二级为斜齿圆柱齿轮。解放 CA1092 型汽车即采用双级主减速器，如图 9—12 所示。

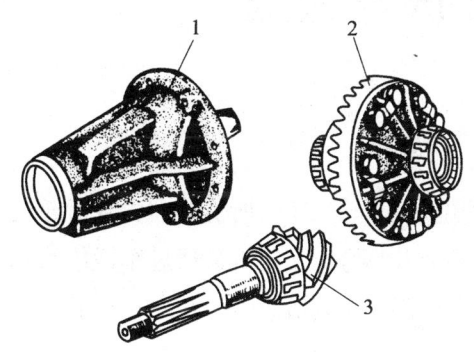

图 9—11　单级主减速器

1—主减速器壳　2—从动锥齿轮　3—主动锥齿轮

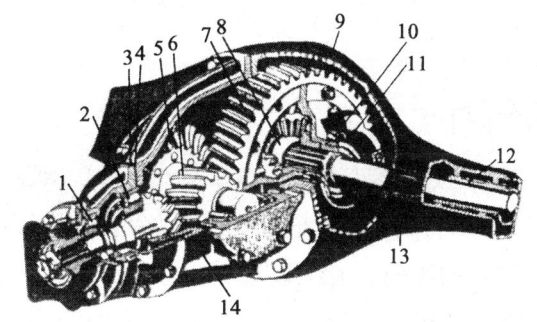

图 9—12　解放 CA1092 型汽车双级主减速器

1，2—轴承　3—轴承座　4—调整垫片
5—从动锥齿轮　6—主动圆柱齿轮　7—从动圆柱齿轮
8—差速器　9—后盖　10—轴承　11—调整螺母
12—半轴　13—桥壳　14—主减速器壳

## 三、差速器的功用与组成

1. 功用

差速器的功用是在汽车转向过程中，允许两半轴以不同的转速旋转，以满足两驱动轮不等路程行驶的需要，使汽车既能直线行驶，又能轻便地转弯。

2. 组成

汽车上广泛应用的齿轮式差速器主要由四个圆锥行星齿轮、行星齿轮轴（十字轴）、两个圆锥半轴齿轮和差速器壳组成。其零件组成如图9—13所示。

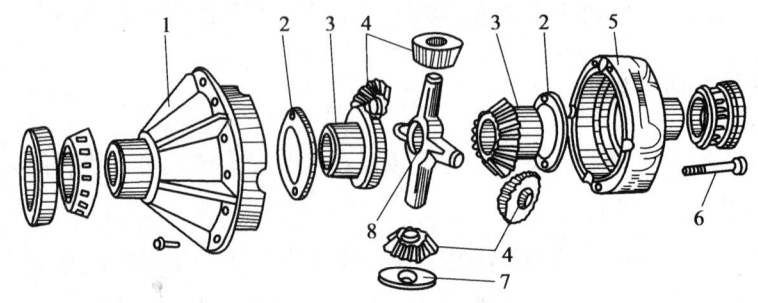

图9—13 锥齿轮差速器零件分解图

1,5—差速器壳 2—半轴齿轮推力垫片 3—半轴齿轮
4—行星齿轮 6—螺钉 7—行星齿轮球面垫片 8—行星齿轮轴（十字轴）

## 第六节 车桥的功用与组成

### 一、功用

车桥通过悬架与车架（或承载式车身）相连，其两端安装车轮。车架所受的垂直载荷通过悬架和车桥传到车轮。车轮上的滚动阻力、驱动力、制动力及其弯矩、扭矩又通过车桥传给悬架和车架，即车桥的作用是传递车架与车轮之间的各方向作用力及其所产生的弯矩和扭矩。

根据悬架结构不同，车桥分为整体式和断开式两种。整体式车桥是刚性的实心或空心梁，它与非独立悬架配用。断开式车桥为活动关节式结构，它与独立悬架配用。

根据车桥上车轮的作用不同，车桥又分为转向桥、驱动桥、转向驱动桥和支持桥四种。其中转向桥和支持桥都属于从动桥。一般汽车多以前桥为转向桥，后桥为驱动桥；越野汽车和部分轿车的前桥为转向驱动桥；挂车上的车桥都是支持桥。

### 二、组成

汽车前桥一般是转向桥。它能使装在前桥两端的车轮偏转一定的角度，以实现汽车的转向。转向桥由前轴、转向节、主销和轮毂四部分组成。东风EQ1092型汽车转向桥的结构如图9—14所示。

转向驱动桥能同时实现车轮转向和驱动功能。由主减速器、差速器、半轴（分开的内半轴和外半轴）、转向节、主销和轮毂组成，如图9—15所示。

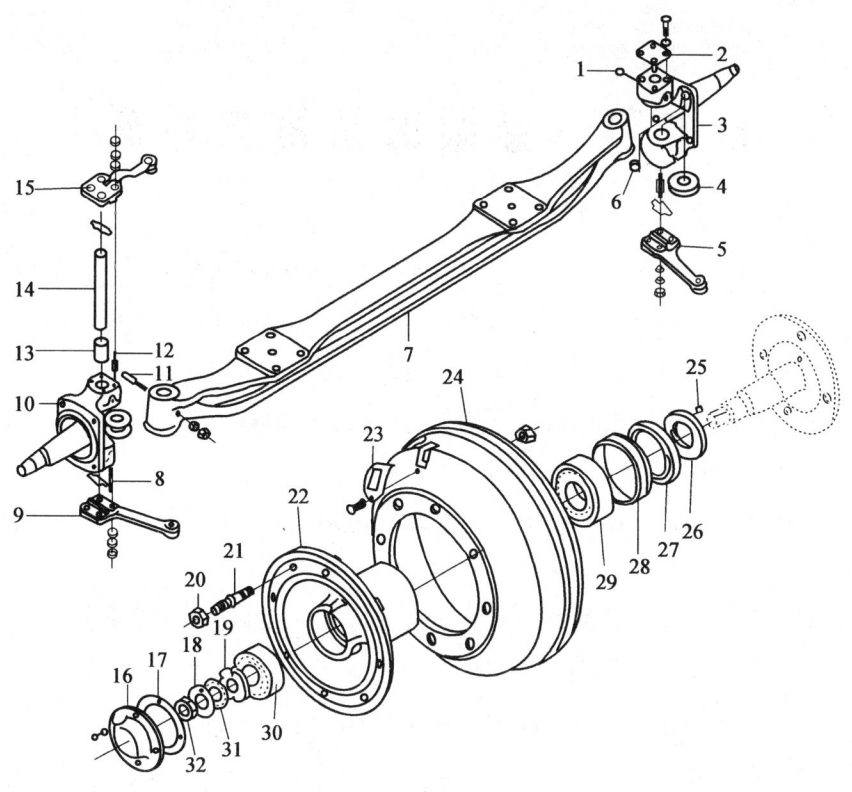

图 9—14　东风 EQ1092 型汽车转向桥

1—润滑脂嘴　2—右转向节上盖　3—右转向节　4—止推轴承　5—限位螺栓　6—右转向节臂　7—前轴　8，12—双头螺栓　9—左转向节臂　10—左转向节　11—锁销　13—衬套　14—主销　15—左转向节上盖　16—轮毂盖　17—衬垫　18—止动垫圈　19，20—螺母　21—螺栓　22—前轮毂　23—检查孔盖　24—制动毂　25—定位销　26—油封内圈　27—油封总成　28—油封外圈　29—前轮毂内轴承　30—前轮毂外轴承　31—垫圈　32—锁紧螺母

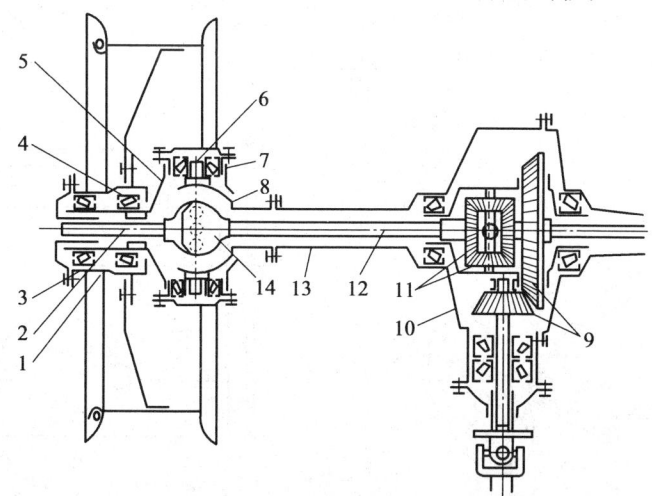

图 9—15　转向驱动桥

1—转向节轴　2—外半轴　3—轮毂　4—轮毂轴承　5—转向节壳体　6—主销　7—主销轴承　8—球形支座　9—主减速器　10—主减速器壳　11—差速器　12—内半轴　13—半轴套管　14—万向节

# 第七节　悬架的功用与组成

悬架是车架（或承载式车身）与车桥（或车轮）之间的一切传力连接装置的总称。它是用来连接载货汽车的车架（或轻型车的车身骨架）和汽车车桥的，并把路面作用于车轮上的力和力矩都传递到车架（或承载式车身）上，以保证汽车的正常行驶。

现代汽车的悬架尽管有各种不同的结构形式，但是一般都由弹性元件2，减振器5和导向机构1，3三部分组成，如图9—16所示。

上述这三个组成部分分别起缓冲、减振和导向的作用，然而三者共同的任务则是传力。

在多数的轿车和客车上，为防止车身在转向等情况下发生过大的横向倾斜，在悬架中还设有辅助弹性元件——横向稳定器4。

汽车悬架可分为两大类：非独立悬架和独立悬架。

1. 非独立悬架

非独立悬架的结构特点是两侧的车轮由一根整体式车桥相连，车轮连同车桥一起通过弹性悬架悬架在车架（或车身）的下面，如图9—17a所示。

2. 独立悬架

独立悬架则是每一侧的车轮单独地通过弹性悬架悬架在车架（或车身）的下面。采用独立悬架时，车桥都是断开式的，如图9—17b所示。

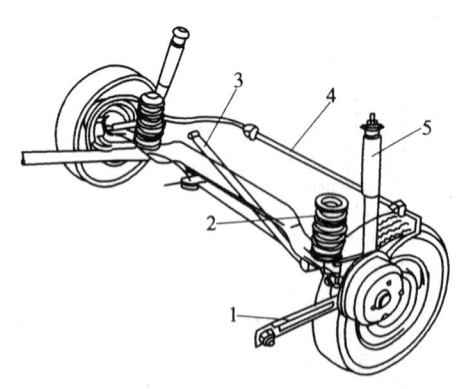

图9—16　汽车悬架组成示意图
1—纵向推力杆　2—弹性元件
3—横向推力杆　4—横向稳定器　5—减振器

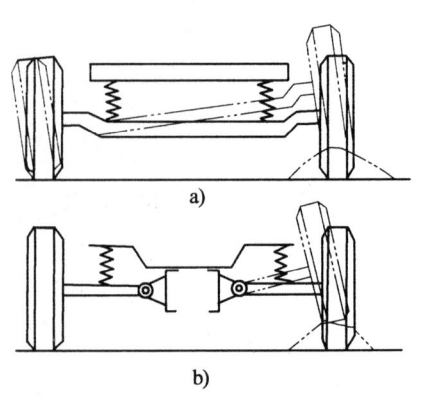

图9—17　非独立悬架与独立悬架示意图
a) 非独立悬架　b) 独立悬架

# 第八节 转向车轮定位

为了使汽车保持稳定的直线行驶，转向轻便，减小轮胎与转向机构的磨损，要求装配后的转向车轮、转向节和前轴与车架有正确的相对位置。

前轮、前轴、转向节与车架的相对安装位置，称为转向车轮定位，由于转向车轮一般为前轮，也称为前轮定位。

前轮定位包括主销后倾、主销内倾、车轮外倾和前轮前束 4 个参数。

1. 主销后倾

主销上端略向后倾称为主销后倾。在纵向平面内，主销轴线与通过前轮中心的垂线之间形成的夹角 $\gamma$ 叫做主销后倾角，如图 9—18 所示。

主销后倾的作用是保持汽车直线行驶的稳定性，并促使转弯后的前轮自动回正。

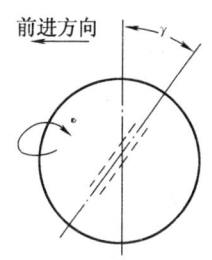

图 9—18 主销后倾示意图

主销后倾角是由前轴、钢板弹簧和车架装配在一起时，使前轴向后倾斜而形成的，也可在钢板弹簧底座后部加装楔形块而形成。后倾角越大，形成的稳定力矩越大。后倾角不宜过大，一般小于 3°。

2. 主销内倾

主销上端略向内倾斜称为主销内倾。在横向平面内，主销轴线与垂线之间的夹角 $\beta$ 叫做主销内倾角，如图 9—19 所示。

主销内倾的作用是使转向轮自动回正，转向操纵轻便。

一般主销内倾角不大于 8°。主销内倾是由前轴制造加工时使主销孔向内倾斜而获得的。主销内倾角一般不能调整其大小。

3. 车轮外倾

汽车的前轮安装后，其旋转平面上方略向外倾称为车轮外倾。前轮旋转平面与纵向垂直平面之间的夹角叫做前轮外倾角，用 $\alpha$ 表示，如图 9—19a 所示。

车轮外倾的主要作用是提高前轮行驶的安全性。由于前轮外倾角的存在，地面垂直反力便产生一个沿转向节轴颈向内的分力，使车轮紧靠轮毂内轴承，前轮所承受的重力集中到转向节上较大的内轴承上，从而减少外轴承及轮毂螺母的负荷，避免因轮毂螺母的损坏而造成车轮脱出的可能性，对行驶安全有利。

一般车轮外倾角为1°左右，它是由转向节的结构所决定的，车轮外倾角一般不能调整其大小。

4. 前轮前束

汽车两个前轮的旋转平面不平行，前端略向内收，这种现象称为前束。两轮前端距离 $B$ 小于后端距离 $A$，其差值即为前束值，如图 9—20 所示。

前轮前束的主要作用是减小或消除汽车前进中因车轮外倾和纵向阻力使车轮前端向外滚开所造成的滑移，减少轮胎的磨损。

汽车的前束值一般都小于 10 mm，通过改变横拉杆的长度可以调整前束的大小。

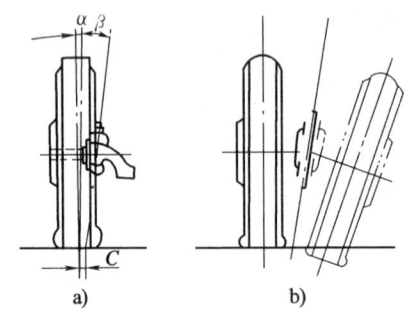

图 9—19 主销内倾角和车轮外倾角作用示意图
a) 主销内倾角 b) 车轮外倾角

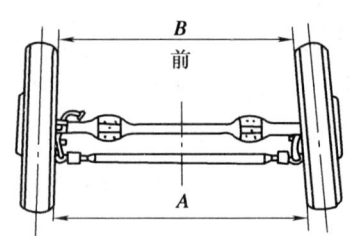

图 9—20 前轮前束

# 第九节 转向系

汽车行驶方向的改变是通过改变转向车轮偏转角度来实现的。控制转向车轮偏转角的一整套机构称为汽车转向系。

一、汽车转向系的功用与组成

1. 功用

其功用是保证汽车在行驶中按驾驶员的操纵要求，适时改变汽车的行驶方向和保持汽车稳定的直线行驶。

2. 组成

汽车转向系的形式不一样,其组成也有差异。转向系按使用能源的不同,分为机械式转向系和动力式转向系。机械式转向系由转向操纵机构、转向器和转向传动机构三部分组成,如图9—21所示。动力式转向系按提供动力的方式不同,可分为液压式动力转向系和电控式动力转向系。液压式动力转向系在原有机械式转向系组成基础上增设了一整套液压助力装置,如图9—22所示。

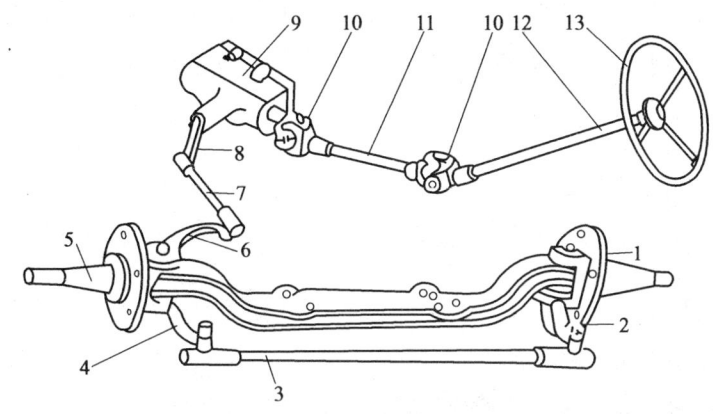

图9—21 汽车转向系示意图

1—右转向节 2,4—梯形臂 3—转向横拉杆 5—左转向节
6—转向节臂 7—转向纵拉杆 8—转向垂臂 9—转向器
10—转向万向节 11—转向传动轴 12—转向轴 13—转向盘

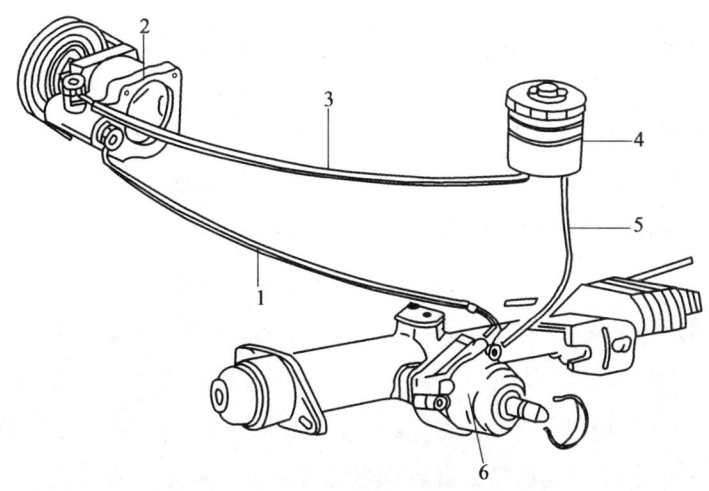

图9—22 桑塔纳2000型轿车液压动力转向系

1—转向器进油管 2—转向液压泵 3—转向液压泵进油管
4—储油罐 5—动力转向回油管 6—动力转向器

## 二、转向操纵机构

转向操纵机构由转向盘、转向轴、转向万向节、转向传动轴等组成。转向传动机构由转向垂臂，转向纵拉杆，转向节臂，左、右转向节，转向横拉杆，左、右梯形臂等组成。

当驾驶员转动转向盘时，通过转向轴、转向万向节、转向传动轴，将转向力矩输入转向器，经转向器将转向力矩增大后传到转向垂臂、转向纵拉杆、转向节臂，使左转向节绕主销偏转。与此同时，左梯形臂带动转向横拉杆、右梯形臂，使右转向节绕主销向同一方向偏转，从而使装在左、右转向节上的两车轮同时偏转，实现汽车转向。

## 三、转向器的功用与组成

1. 功用

转向器的功用是增大转向盘传到转向轮上的转向力矩，并改变力的传递方向。

2. 组成

转向器的结构形式有很多，目前应用较广泛的主要有循环球式、齿轮—齿条式和蜗杆指销式三种形式。

（1）循环球式转向器的结构组成

循环球式转向器中一般有两级传动副。第一级是螺母螺杆传动副，第二级是齿条齿扇传动副或滑块曲柄销传动副。

循环球式转向器具有传动效率高、操纵省力、机件磨损小、使用寿命长等特点，是应用较广泛的一种结构形式。主要由壳体、转向螺杆、摇臂轴、转向螺母等组成。

如图9—23所示为东风EQ1108G型汽车循环球式转向器的结构。由转向螺杆13、转向螺母14、齿扇4和摇臂轴5、转向器壳7、调整螺钉3等组成。

（2）齿轮—齿条式转向器的结构组成

齿轮—齿条式转向器主要由转向齿轮、转向齿条、补偿装置、转向器壳、防尘罩等组成。这种结构的转向器具有结构简单、操作灵敏、维修方便等特点，被现代轿车广泛应用。上海桑塔纳2000、奥迪100、富康RG、夏利TJ7100U等轿车均采用齿轮—齿条式转向器。上海桑塔纳2000型轿车转向器的机械部分与桑塔纳LX型轿车的转向器相同。如图9—24所示，其主要由转向齿轮、转向齿条、补偿装置、转向器壳等组成。

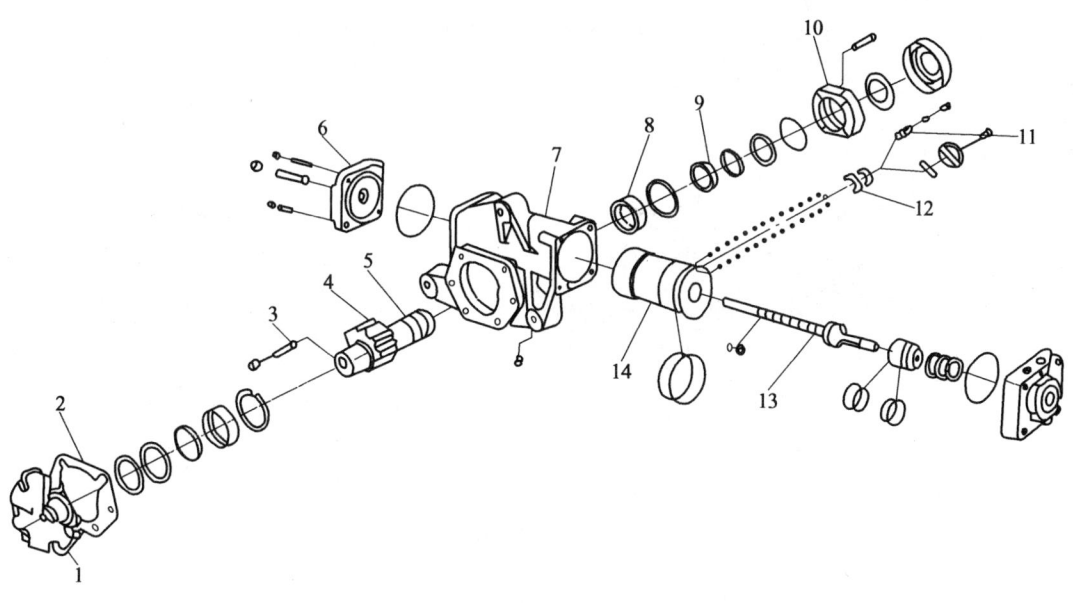

图 9—23 东风 EQ1108G 型汽车循环球式转向器

1—侧盖　2—侧盖垫片　3—调整螺钉　4—齿扇　5—摇臂轴　6—下盖　7—转向器壳
8—滚针轴承　9—油封总成　10—摇臂轴盖　11—导管夹　12—钢球导管　13—转向螺杆　14—转向螺母

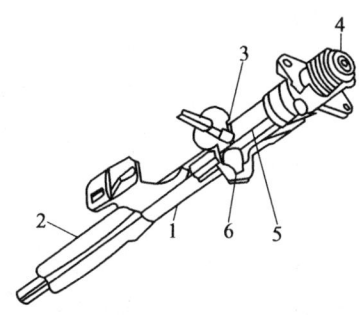

图 9—24 齿轮—齿条式转向器

1—转向器壳　2—防尘罩　3—转向齿轮　4—挡盖　5—转向齿条　6—补偿装置

(3) 蜗杆指销式转向器的结构组成

其传动副是蜗杆和指销,按指销的数目不同可分为单销式和双销式两种。不论是单销式还是双销式转向器,其主要组成是转向蜗杆、锥形指销、摇臂轴、壳体等,如图9—25所示。

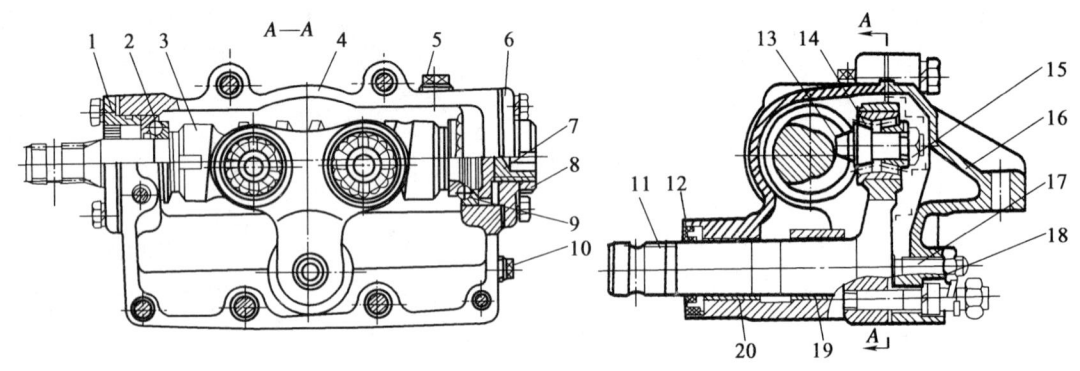

图 9—25 蜗杆指销式转向器

1—上盖  2,9—滚动轴承  3—转向蜗杆  4—壳体  5—加油螺塞
6—下盖  7—调整螺塞  8,15,18—螺母  10—放油螺塞  11—摇臂轴
12—油封  13—指销  14—双列圆锥滚子轴承  16—侧盖  17—调整螺钉  19,20—衬套

### 四、转向传动机构的功用与组成

1. 功用

转向传动机构的功用是将转向器输出的转向力传给转向车轮,使两侧车轮偏转实现转向。同时还承受因道路不平而引起的冲击振动,以稳定汽车方向,避免转向盘由于路面的冲击而出现打手现象。

2. 组成

转向传动机构因行驶系悬架的不同可分为非独立悬架转向传动机构和独立悬架转向传动机构。其中,非独立悬架转向传动机构又分为单桥转向和双桥转向两种形式。

(1) 单桥转向传动机构的结构组成

由转向摇臂、转向纵拉杆、转向节臂、转向横拉杆及左右转向梯形臂组成,如图9—26所示。

(2) 双桥转向传动机构的结构组成

双桥四轮转向与单桥两轮转向结构基本相同,除具有相同的传动机构外,又增加一套拉杆将前后两桥转向传动机构连接在一起,如图9—27所示,如解放CA1223P14,CA1272P1,CA1303P等都是双桥转向的汽车。

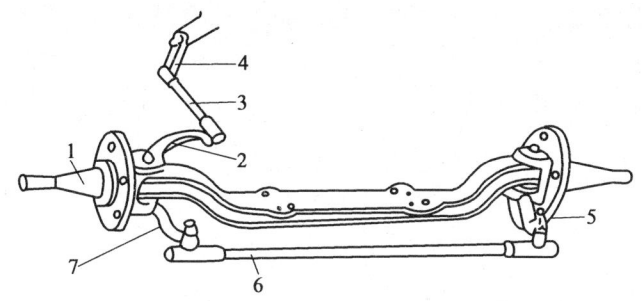

图9—26 非独立悬架转向传动机构

1—左转向节 2—转向节臂
3—转向纵拉杆 4—转向垂臂 5,7—梯形臂 6—转向横拉杆

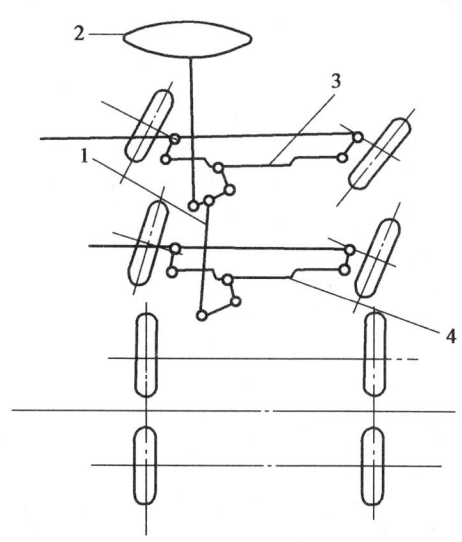

图9—27 双桥转向示意图

1—拉杆 2—转向盘 3—前转向轮横拉杆 4—后转向轮横拉杆

(3) 独立悬架转向传动机构的结构组成

采用独立悬架的汽车，每个转向轮相对于车身做独立运动，彼此互不影响。因此，转向横拉杆必须分成若干段，才能正常传递转向力而不受干扰。上海桑塔纳2000型轿车采用的独立悬架转向传动机构，如图9—28所示，主要由左、右转向横拉杆3和2，横拉杆支架4、横拉杆球接头1等组成。该车由于采用了齿轮齿条式转向器，转向机构中省略了纵拉杆等构件，结构尤为简单。

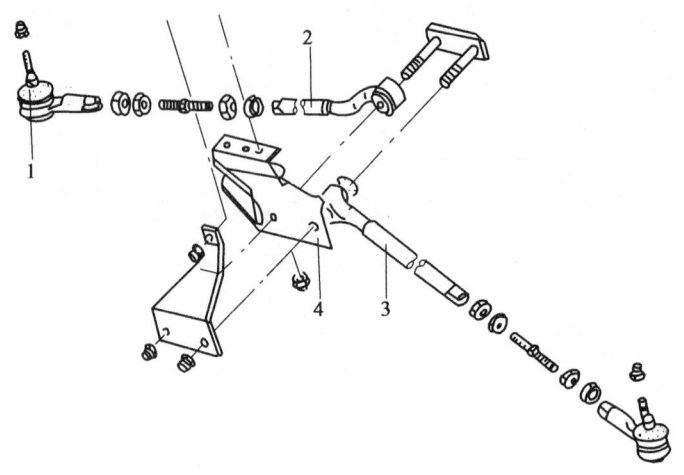

图9—28 上海桑塔纳2000型轿车转向传动机构
1—横拉杆球头 2—右横拉杆 3—左横拉杆 4—横拉杆支架

## 第十节 制 动 系

### 一、制动系的功用与组成

汽车制动系统的功用是：按照需要使汽车减速或在最短的距离内停车；下坡行驶时限制车速；保证汽车停放可靠，不致自动滑溜。

汽车制动系一般包括两套独立的制动装置。一套是行车制动装置，用于汽车行驶时减速或停车，其制动器装在车轮上，通常由驾驶员用脚操纵，称为车轮制动装置或行车制动装置。另一套是驻车制动装置，用于使停驶的汽车驻留在原地不动，通常由驾驶员用手操纵，称为驻车制动装置。它们都由制动器和制动传动机构组成。有的汽车还装有紧急制动装置、安全制动或发动机制动等辅助制动装置。

### 二、车轮制动器

制动器的旋转元件固装在车轮上，制动力矩直接作用于车轮上的制动器称为车轮制动器。汽车上采用的车轮制动器按旋转元件的结构不同，可分为鼓式车轮制动器和盘式车轮制动器两类。

1. 鼓式车轮制动器

鼓式车轮制动器多为内张双蹄式，即以制动鼓的内圆柱面为工作表面，有两个制动蹄与其配合使用。制动蹄张开力作用点和制动蹄支撑点的布置有多种。按张开装置的形式不同，鼓式车轮制动器可分为以液压轮缸作为制动蹄张开装置的轮缸式制动器和以凸轮作为张开装置的凸轮式制动器。按制动时两制动蹄对制动鼓作用的径向力是否平衡，鼓式车轮制动器又可分为简单非平衡式制动器、平衡式制动器和自动增力式制动器。

（1）轮缸式制动器

1）简单非平衡式制动器　北京BJ2020N型汽车的后轮制动器为简单非平衡式制动器，如图9—29所示。

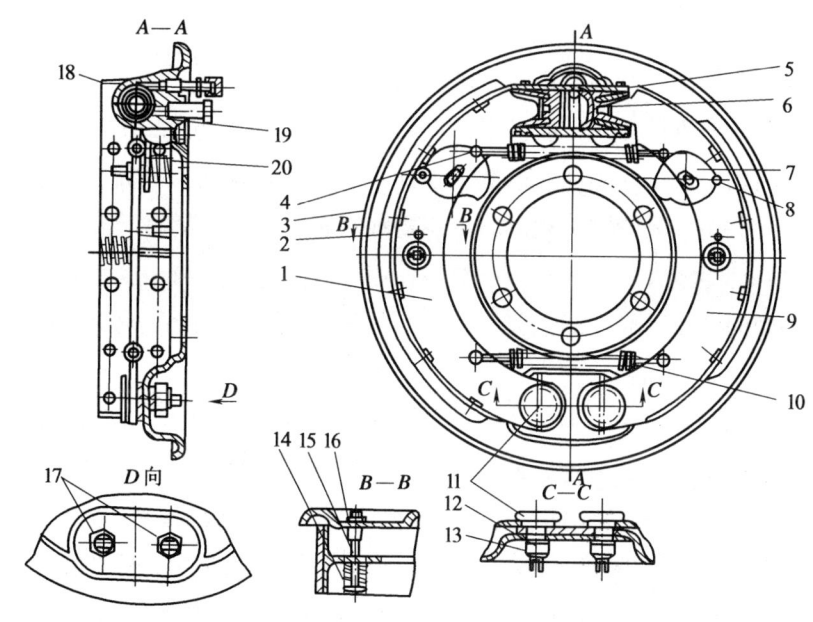

图9—29　液压驱动简单非平衡式车轮制动器

1—前制动蹄　2—摩擦片　3—制动底板　4，10—制动蹄回位弹簧　5—制动轮缸皮碗
6—活塞　7—调整凸轮　8—调整凸轮锁销　9—后制动蹄　11—偏心支撑销　12—弹簧垫圈
13—螺母　14—制动蹄限位弹簧　15—制动蹄限位杆　16—弹簧座　17—支撑销内端标记
18—制动鼓　19—制动轮缸　20—调整凸轮压紧弹簧

作为旋转元件的制动鼓用灰铸铁制成，它以鼓盘中部的缺口和端面定位，并用螺栓固定在车轮轮毂的凸缘上，随同车轮旋转。作为固定部分零件装配基体的制动底板，用螺栓与后

桥半轴套管上的凸缘连接（前轮制动器的制动底板与前桥转向节的凸缘连接）。铆有摩擦衬片的制动蹄下部通过支撑销支撑在制动底板上。

张开机构是轮缸，用螺钉装在制动底板上。顶块与活塞压合为一体，制动蹄辐板的上端嵌入轮缸活塞顶块的直槽中，利用轮缸内活塞的位移使制动蹄张开。两个活塞的直径相同，故液压张开机构使两个蹄片的张开推力始终相等。

定位调整机构用来保持和调整制动蹄和鼓的间隙，制动底板上装有两个调整凸轮，用压紧弹簧使凸轮固定在调整好的位置上。两制动蹄由回位弹簧拉拢，并以焊在辐板上的锁销靠紧在凸轮工作面的某一圆弧槽中，这样可保持凸轮的正确位置和蹄鼓间隙，制动蹄限位杆以螺纹旋装在制动底板上。弹簧使制动蹄辐板紧靠着限位杆中部的台阶，以防止制动蹄的转向移动。

制动蹄在不工作的原始位置时，其摩擦片与制动鼓之间应保持合适的间隙（一般为 $0\sim0.5$ mm）。

简单非平衡式车轮制动器的结构示意图如图 9—30 所示。

制动时，因两活塞直径相等，故其对两制动蹄施加大小相等的张开力 $F$，使两蹄分别绕各自支撑点向外转动，紧压在制动鼓内圆工作面上。解除制动时，两蹄在弹簧作用下回位。这类制动器，两蹄共用一只轮缸，制动时前制动蹄对制动鼓的压紧力增大，从而使该蹄所产生的制动（摩擦）力矩增大，即具有"助势"作用，故称为助势蹄，也称为领蹄。后制动蹄有离开制动鼓的倾向，使蹄对鼓的压紧力减小，从而使该蹄的制动力矩减小，具有"减势"作用，故称为减势蹄，也称为从蹄。

通常，助势蹄的制动力矩约为减势蹄的 $2\sim2.5$ 倍。为了使助势蹄和减势蹄的摩擦片使用寿命接近，有的制动器的助势蹄摩擦片的周向尺寸设计得较大。

2）平衡式制动器　平衡式制动器分为单向助势平衡式和双向助势平衡式两种。

在汽车前进制动时，两蹄均为助势蹄的制动器称为单向助势平衡式制动器，如图 9—31 所示。两制动蹄各用一个单活塞式轮缸，两轮缸与前后制动蹄及其调整凸轮等零件在制动底板上均为对称中心布置，两轮缸用油管连接，使其中油压相等。这样，在前进制动时两蹄均为助势蹄，从而提高了前进制动时的制动效能。但倒车制动时，两蹄变成了减势蹄，其制动效能比简单非平衡式制动器还低。北京 BJ2022 型汽车前轮制动器即为单向助势平衡制动器。

如图 9—32 所示为双向助势平衡式制动器的结构示意图。这种制动器倒车时可以得到与前进制动时一样的制动效能。制动底板上的所有固定元件，如制动蹄、制动轮缸、回位弹簧等都是成对的，既按轴对称布置又按中心对称布置。两制动蹄均采用浮式支撑，且支点的周向布置也是浮动的。

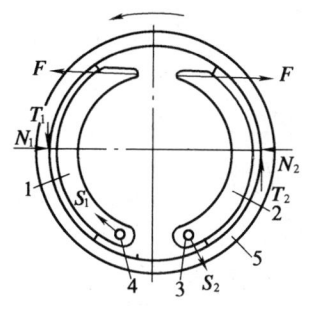
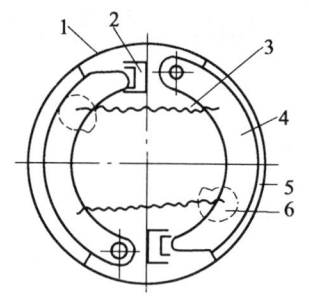
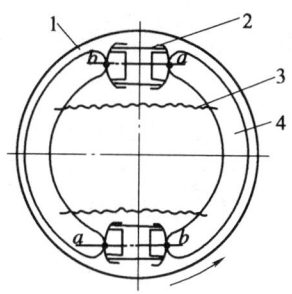

图 9—30　简单非平衡式车轮制动器结构示意图
1，2—制动蹄
3，4—支撑销　5—制动鼓

图 9—31　单向助势平衡式制动器结构示意图
1—制动底板　2—制动轮缸
3—制动蹄回位弹簧　4—制动蹄
5—摩擦片　6—调整凸轮

图 9—32　双向助势平衡式制动器结构示意图
1—制动底板　2—制动轮缸
3—制动蹄回位弹簧　4—制动蹄

前进制动时，轮缸活塞均在液压作用下向外移动，将两制动蹄压靠在制动鼓上，在摩擦力矩作用下，两蹄绕车轮中心朝车轮旋转方向转动，将两轮缸的活塞外端的支座推回，直到顶靠在轮缸端面为止。于是两蹄便以此为支点，如同图 9—32 所示的制动器一样工作，此时两蹄为助势蹄。

倒车制动时，轮缸的另一端成为制动蹄的支点，使两蹄同样变为助势蹄，产生与前进制动时一样的制动效能。

红旗 CA7560 型轿车即采用双向助势平衡式制动器。

（2）凸轮式制动器

如图 9—33 所示为凸轮张开式车轮制动器。该制动器用气体作为工作介质。两制动蹄由回位弹簧拉靠在制动凸轮轴的凸轮上，制动凸轮轴通过支架固定在制动底板上，其尾部花键轴插入制动调整臂的花键孔中。

制动时压缩空气进入制动气室，制动调整臂在制动气室推杆的推动下带动制动凸轮轴，使凸轮转过一个角度，将制动蹄张开压向制动鼓，产生制动作用。

解放 CA1092 型汽车及东风 EQ1092 型汽车的车轮制动器为凸轮式制动器。

2. 盘式车轮制动器

盘式车轮制动器的基本结构如图 9—34 所示。固定在车轮上的旋转元件是以端面为工作表面的金属圆盘，称为制动盘。其制动元件大体上可分为钳盘式和全盘式两类。目前各种轿车和轻型货车广泛采用钳盘式制动器作为车轮制动器。钳盘式制动器又可分为定钳盘式和浮钳盘式两种。

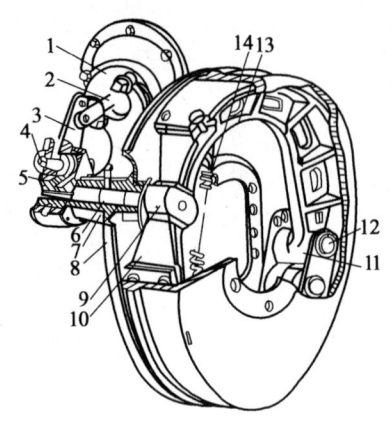

图9—33 凸轮张开式车轮制动器
1—制动气室 2—推杆 3—制动调整臂
4—蜗杆 5—蜗轮 6—制动凸轮轴 7—支架
8—制动底板 9—制动凸轮 10,13—制动蹄
11—支撑销座 12—支撑销 14—回位弹簧

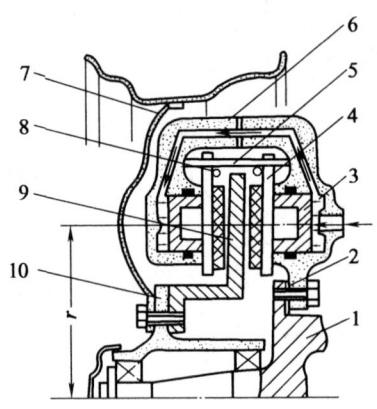

图9—34 盘式制动器基本结构简图
1—转向节或桥壳 2—调整垫片
3—活塞 4—制动块总成 5—导向支撑销
6—钳形支架 7—轮盘 8—消声、回位弹簧
9—制动盘 10—轮毂 $r$—制动盘摩擦半径

制动器中固定的摩擦元件是面积不大的制动块总成,一般有2~4块。这些制动块及其张开装置均装在横跨制动盘两侧的钳形支架中,称为制动钳。制动钳通过螺栓固装在转向节或桥壳上,并用调整垫片来控制制动钳与制动盘之间的相对位置。

制动时,制动液被压入内外两侧油缸中,在液压作用下,两活塞带动两侧制动块做相向移动,压紧制动盘产生摩擦力矩。在活塞移动过程中,活塞密封圈的刃边在摩擦力作用下随活塞移动,使密封圈产生弹性变形,如图9—35所示。密封圈极限变形$\Delta$应大于或等于制动间隙为设定值时完全制动所需的活塞行程,如图9—35a所示。解除制动时,活塞在密封圈的弹力和弹簧的弹力作用下退回,直到密封圈变形完全消失为止,如图9—35b所示。此时制动块与制动盘之间的间隙(制动器间隙)即为设定间隙。

若制动器存在过量间隙(如制动块摩擦片与制动盘的间隙因磨损加大),则制动时活塞密封圈变形量达到极限值$\Delta$以后,活塞仍可在液压作用下,克服密封圈的摩擦力而继续移动,直到实现完全制动为止。但解除制动后,密封圈所能将活塞推回的距离仍然等于$\Delta$,制动器间隙即恢复到设定值。由此可见,活塞密封圈能兼起活塞回位弹簧和自动调整间隙装置的作用。

定钳式盘式制动器的结构特点主要是制动钳固定安装在车桥上,在制动盘的两侧都有轮缸和活塞,以便分别将两侧的制动块压向制动盘,从而起制动作用。

浮钳盘式制动器的制动钳一般是可以相对于制动盘做轴向移动的，只是在制动盘的内侧设置油缸，而外侧的制动块则附装在钳体上。如图 9—36 所示为浮钳盘式制动器的工作原理图。制动时，活动制动块在液体作用力 $p_1$ 作用下，由活塞推靠在制动盘上，同时作用在钳体上的力 $p_2$ 推动钳体沿定位导向销移动，使外侧的固定制动块压靠在制动盘上，产生制动力，使车轮产生制动。

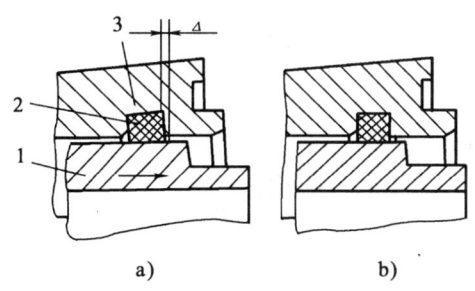

图 9—35 活塞密封圈的工作情况
a) 制动  b) 制动解除
1—活塞  2—活塞密封圈  3—轮缸（钳体）

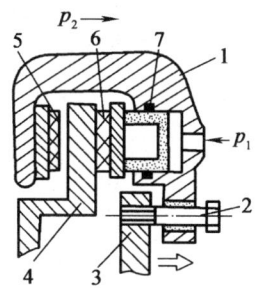

图 9—36 浮钳盘式制动器工作原理示意图
1—钳体  2—导向销
3—制动钳支架  4—制动盘
5—固定制动块  6—活动制动块  7—活塞密封圈

### 三、制动传动装置

汽车制动传动装置将驾驶员或其他动力源的作用力传到制动器，同时控制制动器工作，以获得所需的制动力矩。制动传动装置按传力介质的不同可分为液压式和气压式两类，按制动管路布置可分为单管路制动传动装置和双管路制动传动装置。

1. 液压传动装置

液压传动装置构成件少，灵敏度高，制动力较小，常用于小型汽车。

2. 气压传动装置

气压传动装置构成件多，灵敏度不如液压式，但制动力大，常用于大、中型汽车。

（1）双管路气压制动传动机构的组成

如图 9—37 所示为目前采用较多的双管路气压制动传动机构，全车所有车轮制动器的管路分属于两套独立的管路。当其中一套管路发生故障失效时，另一套管路仍能继续工作，使汽车仍具有一定的制动能力，从而提高了制动的可靠性。

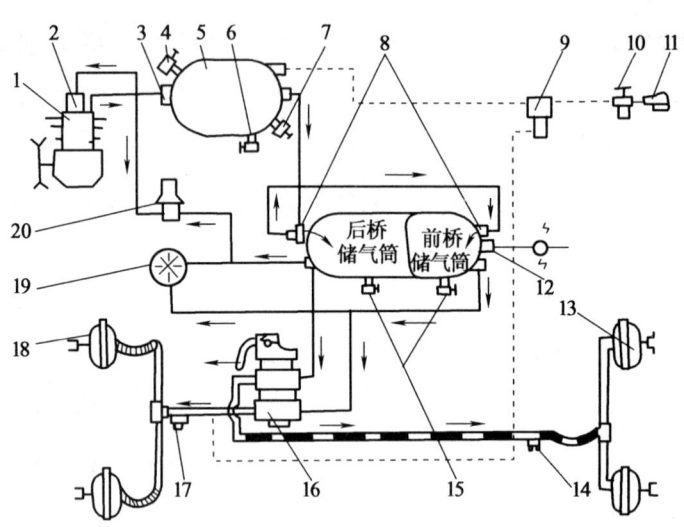

图 9—37 双管路气压制动传动装置
1—空气压缩机 2—卸荷阀 3,8—单向阀 4—取气阀 5—储气筒
6,15—油水放出阀 7—安全阀 9—挂车制动控制阀 10—分离开关
11—连接头 12—气压过低报警开关 13—后轮制动气室 14,17—制动灯开关
16—双腔串联制动控制阀 18—前轮制动气室 19—双针气压表 20—调压器

双管路气压制动传动机构由气源部分和控制装置组成。气源部分包括空气压缩机、调压装置、双针气压表、油水放出阀、取气阀、安全阀等部件；控制装置包括制动踏板、拉杆、双腔串联制动控制阀等部件。由空气压缩机产生的压缩空气经单向阀先进入较小的湿储气筒进行清洁、干燥，然后经过单向阀分别进入隔开的主储气筒的前、后腔。主储气筒的前腔与控制阀的上腔相连，以控制后轮制动；后腔与控制阀的下腔相连，以控制前轮制动，并通过管路与气压表及调压器相连。双针气压表的上指针指示储气筒前腔的气压，下指针指示储气筒后腔的气压。

踩下制动踏板时，拉杆拉动制动控制阀使之工作，主储气筒前腔的压缩空气通过制动控制阀上腔进入后轮制动气室，使后轮产生制动。同时主储气筒后腔的压缩空气通过控制阀下腔进入前轮制动气室，使前轮产生制动。

松开制动踏板后，前后制动气室中的压缩空气经制动控制阀排入大气，制动解除。

(2) 气压式制动传动机构主要部位的构造

1) 制动控制阀　制动控制阀用来控制由储气筒进入制动气室和挂车制动控制阀的压缩空气量，并有渐进变化的随动作用，以保证作用在制动器上的力与加于制动踏板上的力成正比。

如图 9—38 所示为 EQ1090 型汽车双腔制动阀结构示意图。

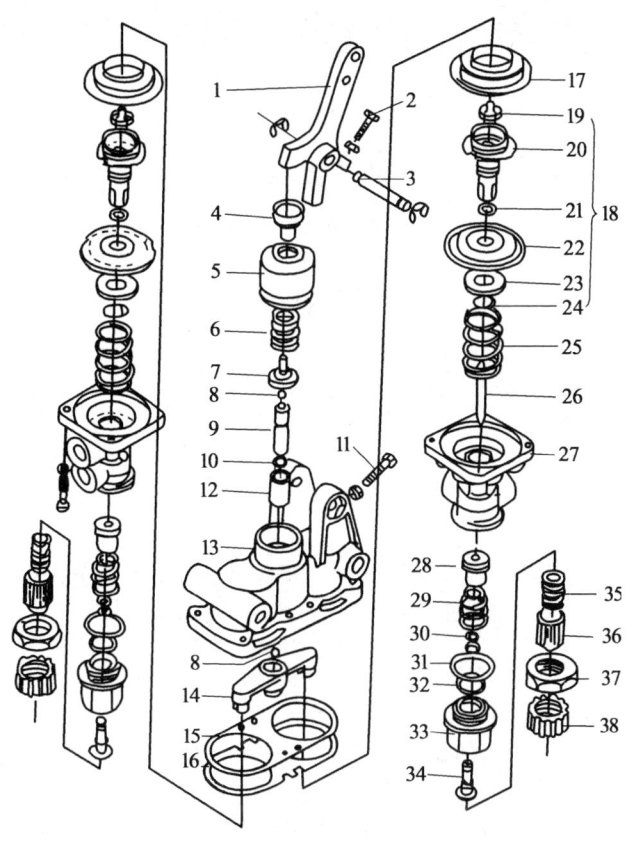

图 9—38　EQ1090 型汽车双腔制动阀

1—拉臂　2—高速螺钉　3—拉臂轴　4—平衡弹簧上座　5—防尘罩　6—平衡弹簧
7—平衡弹簧下座　8—钢球　9，20—推杆　10，21，30，32—O 形密封圈
11—调整螺钉　12—衬套　13—上体　14—平衡臂　15—橡胶垫圈　16—钢垫
17—膜片压紧圈　18—膜片总成　19—推杆头　22—膜片　23—夹片　24—挡圈
25—膜片回位弹簧　26—顶杆　27—下体　28—进气阀　29—进气阀回位弹簧
31—密封圈　33—柱塞座　34—柱塞　35—调整弹簧　36—调整螺栓　37—螺母　38—塑料罩

如图 9—39 所示，踏下制动踏板时，拉臂将平衡弹簧和平衡臂压下，并压动两腔室的膜片和芯管。首先将排气阀口 E 关闭，继而打开进气阀口 D。此时，储气筒中的压缩空气经进气阀口 D 充入制动气室，推动制动气室膜片，使制动凸轮转动以实现后轮制动。同时，因平衡气室 V 的气压升高，阻碍平衡臂下移的作用力相应增大，于是通过杠杆作用，平衡臂对前桥腔室膜片芯管组的下压力也增大，克服滞后弹簧和回位弹簧的阻力后使膜片芯管组下移，消除排气间隙后推开进气阀，使储气筒中的压缩空气充入前制动室内，使前轮产生制动。

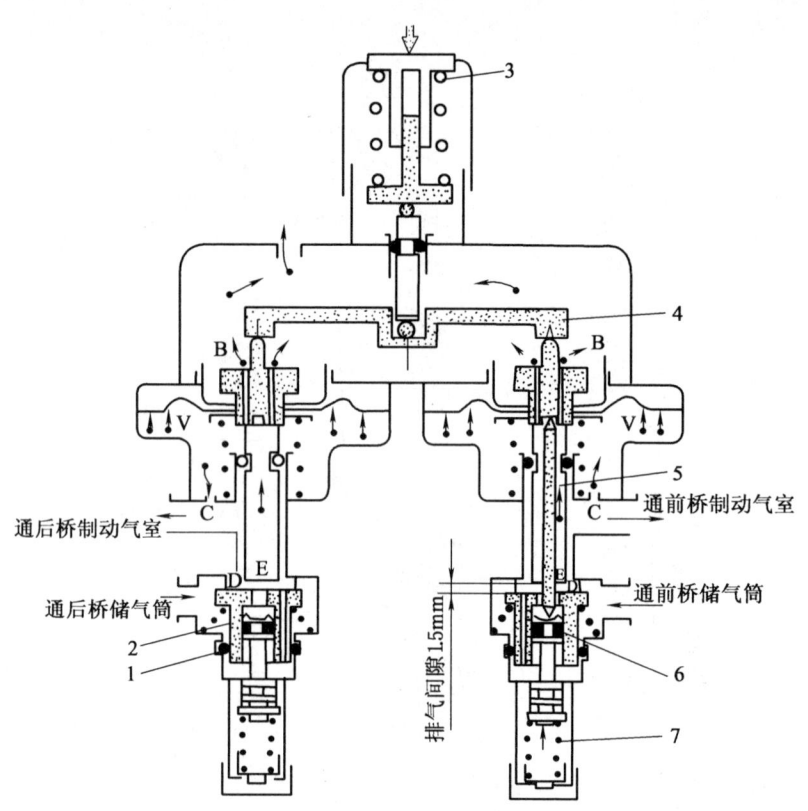

图 9—39 并联双腔膜片式制动阀（不制动时）的工作情况示意图
1—密封圈 2—两用阀总成 3—平衡弹簧 4—平衡臂 5—推杆 6—密封柱塞
7—滞后弹簧 E—排气阀口 D—进气阀口 B—排气口 C—节流孔 V—平衡气室

压缩空气进入前后制动气室的同时，还经节流孔C进入膜片的下腔，推动两腔芯管上移，促使平衡臂等零件向上压缩平衡弹簧。此时两用阀门将进气阀口D和排气阀口E同时关闭，制动控制阀处于平衡状态，压缩空气保持在制动气室中。当驾驶员感到制动强度不足时，可继续踩下制动踏板到某一位置，使制动气室气量增多，气压升高。当气压升高到一定值时，进、排气阀口又同时关闭，此时制动控制阀又处于新的平衡状态。

当放松制动踏板时，如图 9—39 所示拉臂回行，平衡弹簧伸张，两腔室内膜片、芯管上移到极限位置，出现了排气间隙，各制动气室的压缩空气经芯管和上壳体中的排气口B排入大气，制动解除。

2）制动气室 制动气室的作用是将压缩空气的压力转变为转动制动凸轮的机械力，使车轮制动器产生制动力矩。制动气室分为膜片式和活塞式两种，膜片式较为常用，活塞式多用于重型汽车。

如图9—40所示为东风EQ1092型汽车的制动气室。橡胶膜片的周缘用卡箍夹紧在壳体和凸缘之间。盖与膜片之间为工作腔，借橡胶管与制动控制阀接出的钢管连通，膜片与壳体组成的右腔则通大气。弹簧通过焊接在推杆上的支撑盘将膜片推到图示的左极限位置。推杆的外端借连接叉与制动器的制动臂相连。

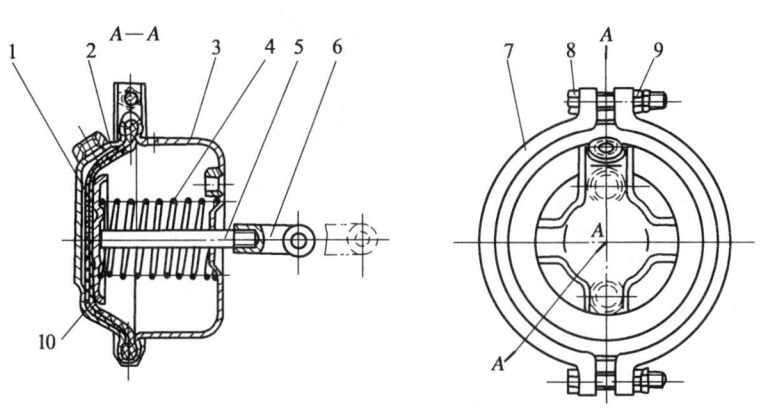

图9—40　东风EQ1092型汽车制动气室
1—橡胶膜片　2—盖　3—外壳　4—弹簧
5—推杆　6—连接叉　7—卡箍　8—螺栓　9—螺母　10—支撑盘

踩下制动踏板时，压缩空气经制动控制阀充入制动气室工作腔，使膜片拱曲，将推杆推出，使制动调整臂和制动凸轮转动而实现制动。放开制动踏板，工作腔中的压缩空气由制动控制阀的排气口排入大气。膜片与推杆均在弹簧作用下回位而解除制动。

**四、驻车制动器功用与组成**

1. 功用

驻车制动器的功用是使汽车停放可靠，防止汽车滑溜，便于上坡起步，配合行车制动装置进行紧急制动或行车制动装置失效后应急制动。

2. 组成

驻车制动器多安装在变速器或分动器之后，也有少数装在主减速器主动轴的前端，这类制动器称为中央制动器。其结构组成如图9—41所示。大型客车或载货汽车一般装有后轮弹簧驻车制动器。如东风EQ1141G后轮弹簧驻车制动器是在原有行车制动气室的基础上，设计加装了一套弹簧制动气室实现的。由手控阀控制，通过弹簧制动气室内的储能弹簧释放弹性势能，推动后轮制动臂使制动蹄张开，从而实现后轮制动器制动。其结构组成如图9—42所示。奥迪100型轿车后制动器还兼有驻车制动器功能，但其传动机构是独立的。

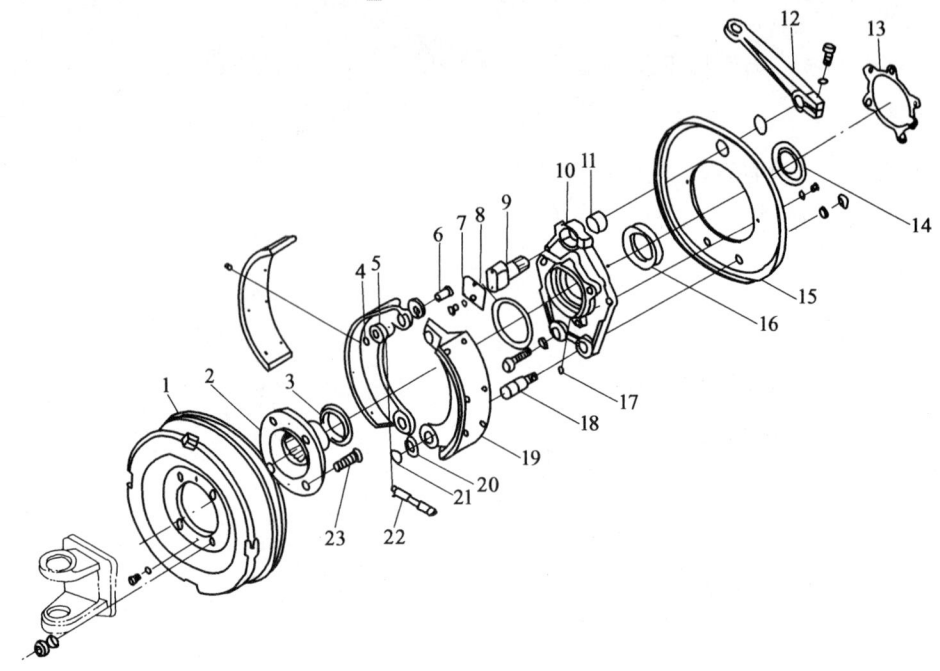

图 9—41　东风 EQ1108 型汽车驻车制动器

1—驻车制动鼓　2—凸缘　3，14—甩油环　4—弹性垫圈　5—滚轮　6—滚轮轴　7—限位片　8—挡油盘　9—制动凸轮轴　10—底板支架　11—衬套　12—凸轮摆臂　13—衬垫　15—制动底板　16—油封　17—泄油塞　18—支撑销　19—制动蹄　20—垫片　21—挡圈　22—制动蹄复位弹簧　23—螺栓

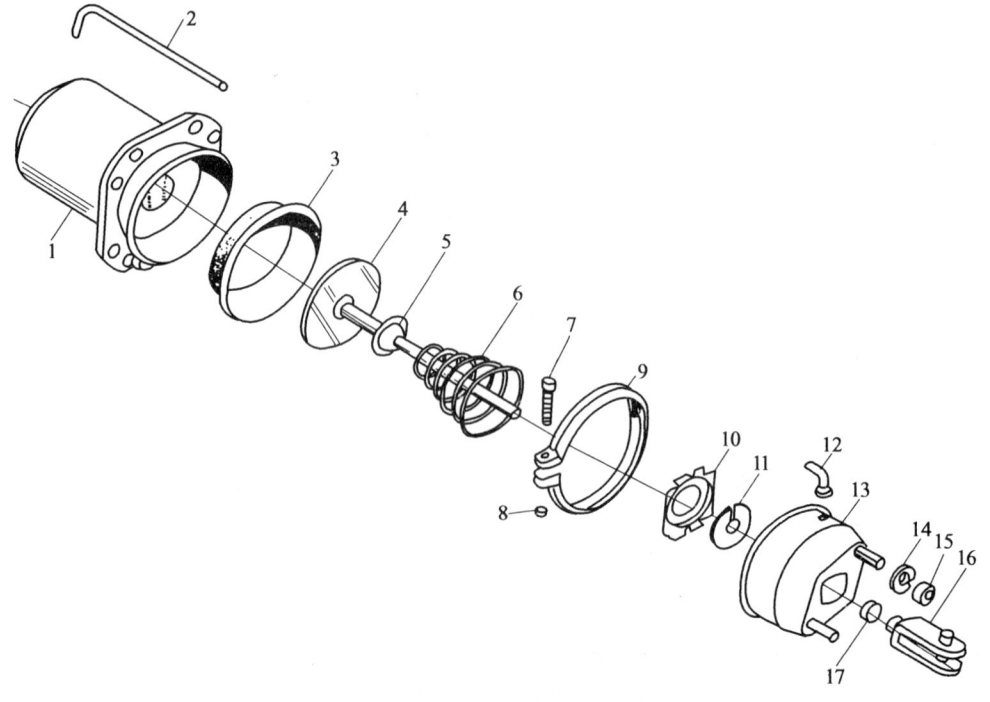

图 9—42　东风 EQ1141G 型汽车弹簧制动器室

1—弹簧储能腔　2—连通管　3—膜片　4—小活塞总成　5—弹簧座　6—锥弹簧　7—螺栓　8，15，17—螺母　9—卡箍　10—衬垫　11—垫圈　12—橡胶管接头　13—端盖　14—弹簧垫圈　16—连接叉

# 第十章 汽车电气设备

## 第一节 蓄电池的功用与组成

### 一、蓄电池的功用

汽车蓄电池与发电机并联,同属汽车的低压电源。其功用如下:

1. 发动机起动时,向起动机提供强大的起动电流(一般高达200~600 A)。同时还向点火系、仪表等供电。
2. 发动机处于低速运转,发电机的端电压低于蓄电池电压时,由蓄电池向用电设备供电。
3. 发电机的端电压高于蓄电池的电压时,蓄电池将一部分电能转变为化学能储存起来。
4. 发电机过载时,蓄电池协助发电机向用电设备供电。
5. 发电机转速和负载变化时,能保持汽车电系电压稳定。蓄电池还相当于一个较大的电容器,能吸收电路中随时出现的瞬时高电压,以保护电气元件不被击穿,延长其使用寿命。

### 二、蓄电池的组成

蓄电池主要由极板、隔板、电解液、外壳、连接条和极桩等组成,如图10—1所示。

1. 极板

蓄电池的极板有正极板与负极板两种,正、负极板均由栅架和活性物组成。一般铅蓄电

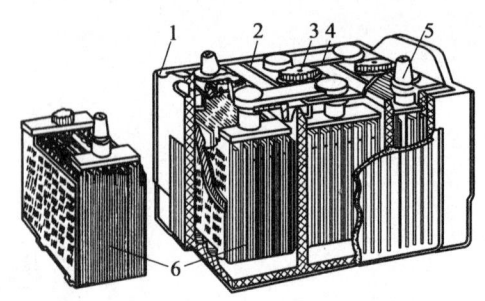

图 10—1 蓄电池构造

1—外壳 2—盖 3—加液孔盖塞 4—连接条 5—极桩 6—极板组

池的栅架由铅锑合金浇铸而成，正极板为二氧化铅（$PbO_2$），呈深棕色；负极板为海绵状铅（Pb），呈青灰色。

2. 隔板

隔板夹在相邻的正、负极板之间，防止两极板短路。

3. 电解液

蓄电池的电解液由专用硫酸和蒸馏水配制而成。

4. 壳体

一般制成三个或六个单格，用耐热、抗振、耐酸的硬橡胶基塑料做成。

5. 连接条

每个蓄电池由三个或六个单格电池组成，各个单格电池之间用连接条串联起来。连接条由铅浇铸而成，多跨接在电池盖上。

6. 极柱

极柱分为正接线柱和负接线柱。正接线柱刻有"＋"号，涂为红色；负接线柱刻有"－"号，涂为绿、白或黄色。

7. 加液孔盖

每个单格电池上均设有加液孔，其上拧有加液孔盖，盖上有一通气孔。加液孔内装有氧化铝过滤器和铂铑催化剂，以减少电解液中水的消耗。

# 第二节 交流发电机的功用与组成

## 一、交流发电机的功用

交流发电机是汽车中除蓄电池外的另一个重要电源，在发动机运转及汽车行驶的大部分时间里，由交流发电机向各用电设备供电，同时还向蓄电池充电。

## 二、交流发电机的组成

普通汽车交流发电机一般由三相同步交流发电机和硅二极管整流器组成，现多为内调式交流发电机。内调式交流发电机除三相同步交流发电机和硅二极管整流器外，发电机内部还装有集成电路调节器。如图10—2所示为国产JF系列交流发电机分解图。

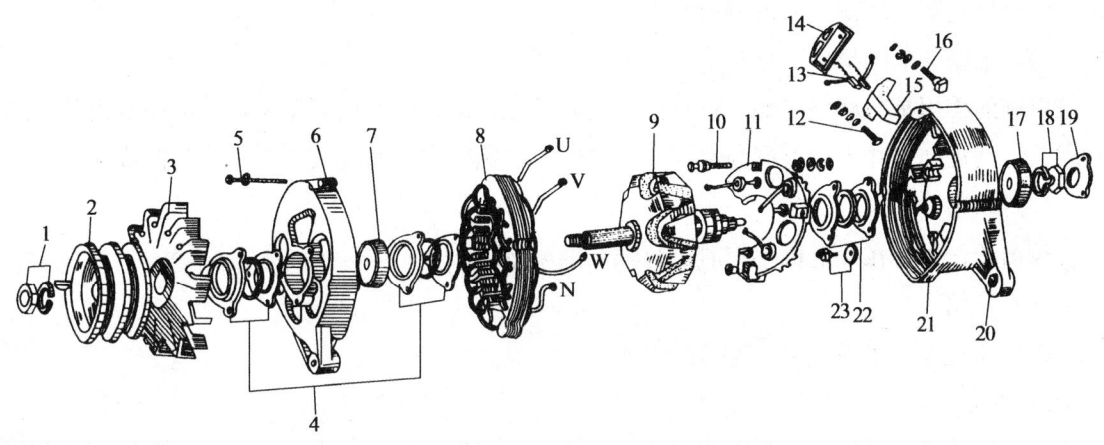

图 10—2　国产 JF 系列交流发电机分解图

1—紧固螺母及弹簧垫圈　2—带轮　3—风扇　4—前轴承油封及护圈　5—组装螺栓
6—前端盖　7—前轴承　8—定子　9—转子　10—电枢接线柱"＋"　11—散热板
12—搭铁接线柱"—"　13—电刷及压簧　14—电刷架外盖　15—电刷架
16—磁场接线柱"F"　17—后轴承　18—转轴固定螺母及弹簧垫圈　19—后轴承纸垫及护圈
20—安装臂钢套　21—后端盖　22—后端盖轴承油封及护圈　23—散热板固定螺栓

1. 三相同步交流发电机

三相同步交流发电机主要由定子总成、转子总成、前后端盖、电刷与电刷架、风扇及带轮等组成。

(1) 定子总成

定子又称电枢，用来产生三相交流电。它由定子铁心和三相绕组组成，如图10—2所示。定子铁心由相互绝缘的环状硅钢片叠成。铁心槽内嵌有三相对称绕组，三相绕组多为星形连接，一般接有中性线。三相绕组的起端U，V，W（或末端X，Y，Z）在定子槽内的排列必须相隔120°相位角，分别与硅二极管相连接。硅二极管装在散热板上。

(2) 转子总成

转子总成是用来产生磁场的，由转子轴、爪形磁极、励磁绕组、磁轭、滑环等组成。在轴的中间套有一磁轭，在磁轭外面嵌有一个励磁绕组，两块爪形磁极将磁轭和励磁绕组夹于中间。励磁绕组的首尾端穿过爪极分别焊接在两个相互绝缘并与轴也绝缘的滑环上。装好后端盖上的两个电刷后，分别与两个滑环滑动接触，向励磁绕组引入励磁电流。

（3）端盖

端盖的作用是支撑转子，封闭内部结构，方便安装与调整 V 带松紧度。端盖有前后之分，前端盖铸有安装臂、调整臂与出风口，后端盖有安装臂与进风口。在后端盖内装有电刷架。整流器则装于后端盖的内侧或外侧。

（4）电刷与电刷架

电刷的作用是与滑环接触，将直流电引入励磁绕组。电刷由石墨制造。电刷架内装电刷和弹簧，利用弹簧弹力使电刷与滑环接触紧密。电刷架多用酚醛玻璃纤维塑料制成。

（5）风扇

风扇的作用是在发电机工作时进行强制抽风冷却。

（6）带轮

带轮通过 V 带将发电机的转矩传给转子。

2. 整流器

整流器的作用是将定子绕组产生的三相交流电变为直流电。它由六只硅二极管、正散热板、后端盖（或负散热板）组成，接成三相桥式整流电路。

二极管标志有两种：正极管和负极管。正极管的引线为二极管的正极，外壳为负极，管壳底上一般有红字标记。负极管的引线为二极管的负极，外壳为正极，管底壳上一般有黑字标记。三个正极管装配在一个铝合金制成的散热板上。散热板安装在后端盖上，并与后端盖绝缘。从散热板上引出一个接线柱，绝缘地固定在后端盖上，作为发电机的输出接线柱"B"（"+"）。三个负极管压装在后端盖或另一块散热板上（此散热板与后端盖相接），使后端盖成为发电机的"E"（"—"）接地接线柱。散热板的外形如图 10—3 所示，硅二极管的安装示意图如图 10—4 所示。

图 10—3 散热板外形
1—散热板 2—二极管

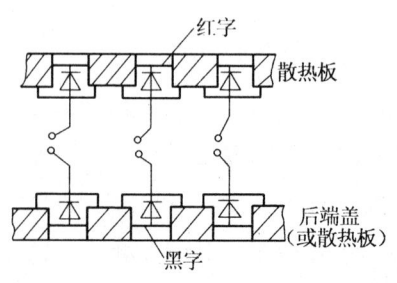

图 10—4 二极管安装示意图

整流器的安装有内装式和外装式。国产交流发电机多为内装式，但解放 CA1091，CA1092 型汽车装用的 JF1522A 和上海桑塔纳轿车装用的 JFZ1813Z 交流发电机则为外装式，整流器总成装于交流发电机后端盖的外侧。国产交流发电机全部为负极接地。

### 三、调节器的功用与组成

汽车在运行过程中，发动机转速变化范围很大，由于发电机与发动机的传动比是固定的，所以发电机的转速将随发动机转速的变化而变化，发电机的端电压也将随发动机的转速变化而在很大范围内变化。发电机在对用电设备供电和向蓄电池充电时，都要求其电压稳定。因此，必须对发电机的输出电压进行调节，使之保持在某一数值上基本不变。

由于发电机的输出电压为 $U=Cn\Phi$，式中 $\Phi$ 为磁通，$n$ 为车速。对某一发电机，C 是常数。在工作过程中，转速是不断变化的，要使发电机端电压保持不变，可以通过改变磁通的大小来进行调节，而磁通的大小是由励磁电流决定的。因此，当发电机转速增高时，可以减小励磁电流使磁通减小，保证发电机的输出电压不变；反之，当发电机转速降低时，增大励磁电流。调节器的作用就是在发电机转速变化时，自动改变励磁电流的大小，使发电机输出电压保持不变。

调节器分为触点式和电子式两类，触点式又有双级式和单级式之分，电子式又分为晶体管式与集成电路式。

1. 触点式调节器的结构组成（现以双触点式调节器为例）

如图 10—5 所示，调节器的磁轭与铁心铆固在一起，铁心上绕有励磁线圈，动铁一端的上、下各有一片触点，此活动触点与低速触点支架的触点组成了低速触点 S1，与搭铁触点组成了高速触点 S2，动铁的另一端用弹簧拉紧，使 S1 为常闭触点，S2 为常开触点，调节器上有加速电阻 R1 和附加电阻 R2 及温度补偿电阻 R3。此外，还有火线接线柱"B"（或"+"）和磁场接线柱"F"以及底板上的接地螺钉。

2. 电子调节器的结构组成

现代汽车上广泛使用电子式调节器，根据与发电机配套励磁绕组的接地形式不同，可分为内搭铁式和外搭铁式。按元件的组合形式不同，可分为分立元件式和集成电路式。分立元件式调节器就是将二极管、三极管、稳压管、电阻器、电容器等电子元器件焊接在一块印制线路板上，然后封装在外壳内。

电子调节器的种类虽然繁多，但基本工作原理相同，都是根据发电机端电压的变化，使稳压管及时地导通或截止，进一步控制大功率三极管饱和导通与截止，接通或切断发电机励磁电流，使发电机端电压不变。

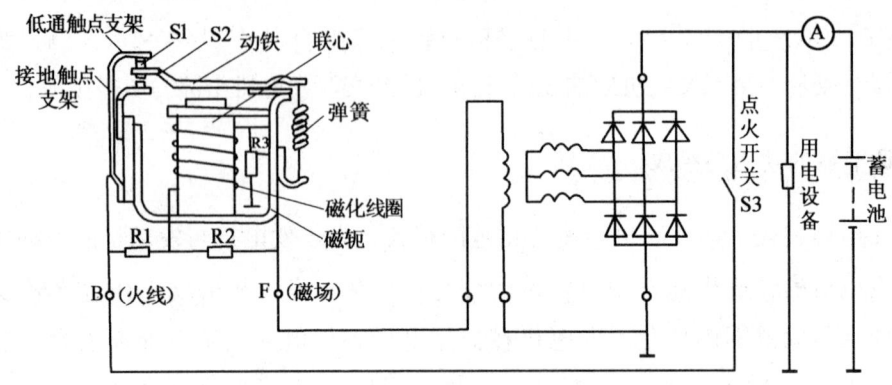

图 10—5　FT61 型双级触点式调节器

## 第三节　点火系

### 一、点火系的功用与组成

1. 点火系的功用

点火系的功用是将电源供给的 12 V 低压电变为 15～30 kV 的高压电，并根据发动机的工作顺序与点火时间的要求，适时、准确地将高压电送到各汽缸火花塞，产生电火花，点燃可燃混合气，使发动机工作。

2. 点火系的组成

点火系主要由电源（蓄电池、发电机）、点火线圈、分电器总成、电容器、附加电阻器、火花塞、点火开关等部件组成，如图 10—6 所示。

（1）电源

蓄电池点火系的电源是蓄电池组和交流发电机，其功用是向点火系提供点火电压。

（2）点火线圈

点火线圈的功用有两个。一是升压，在断电器的配合下，将电源提供的 12 V 低压电升至 1 000 V 以上的高压电。二是储能，蓄电池组点火系属电感储能式点火系，电源提供的电能首先由点火线圈以磁场能的形式储存在点火线圈内，然后点火时，将磁场能转变为火花的热能释放出去。

(3) 分电器总成

1) 断电器 控制点火线圈一次侧电路的通断，配合点火线圈完成升压任务。同时还起到控制点火时刻的作用。

2) 配电器 将点火线圈产生的高压电按点火顺序，在点火时刻送至相应汽缸的火花塞上。

3) 点火提前角调节器 在分电器总成本中，点火提前角调节器有离心式调节器和真空式调节器两种。

①离心式调节器的功用是在发动机转速变化时自动调节点火提前角。

②真空式调节器的功用是在发动机负荷变化时自动调节点火提前角。

有些分电器总成中，还设有辛烷值调节器，改变汽油牌号时，通过辛烷值调节器可以调节初始点火提前角。

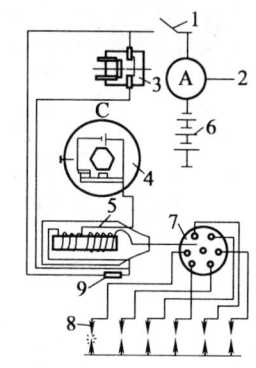

图10—6 蓄电池点火系统的组成

1—点火开关　2—电流表
3—起动机开关　4—断电器
5—点火线圈　6—蓄电池　7—配电器
8—火花塞　9—附加电阻器　C—电容器

(4) 电容器

电容器附装在分电器外壳上，与断电器触点并联。电容器作用是减小断电器断开的电火花，防止触点烧蚀，提高二次电压。

(5) 附加电阻器

附加电阻器的作用是改善点火特性。

(6) 火花塞

它装在汽缸盖上，其功用是在保证汽缸密封的同时将高压电引入燃烧室，产生电火花。

(7) 点火开关

点火开关的作用是接通或切断低压电路。

上述装置通过高低压导线，按一定规律连接成蓄电池组点火系的电路。

3. 蓄电池组点火系电路

蓄电池组点火系电路如图10—7所示。

(1) 低压电路

断电器触点闭合时，低压电路接通。低压电路的电源是蓄电池组或发电机，负载是点火线圈的一次绕组。

(2) 高压电路

断电器触点断开时，感应产生高压电。高压电路的电源是点火线圈的二次绕组，负载为火花塞间隙。

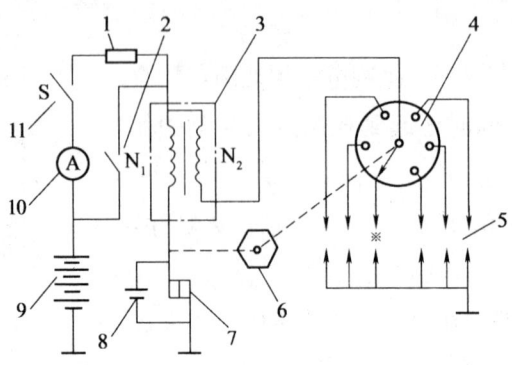

图 10—7 蓄电池点火系统电路

1—附加电阻　2—附加电阻短路开关　3—点火线圈　4—配电器　5—火花塞
6—断电器凸轮　7—断电器触点　8—电容器　9—蓄电池　10—电流表　11—点火开关

## 第四节　起动机的功用与组成

### 一、功用

起动系的功用就是将蓄电池的电能转变为机械能，产生转矩，起动发动机。

### 二、组成

起动机一般由直流串励式电动机、传动机构、控制装置等部分组成，其结构如图 10—8 所示。

1. 直流串励式电动机

它的功用是将蓄电池组的电能转换为机械能，产生转矩，起动发动机。

2. 传动机构（单向离合器）

它的功用是在发动机起动时，将起动机驱动齿轮啮入起动齿环，将起动机的转矩传递给发动机曲轴。而在发动机起动后，将驱动齿轮与起动齿环脱离，起保护作用。

3. 控制装置（即开关）

它的功用是接通或切断电动机和蓄电池之间的电路，一般还具有接入与隔除点火线圈附加电阻的作用。

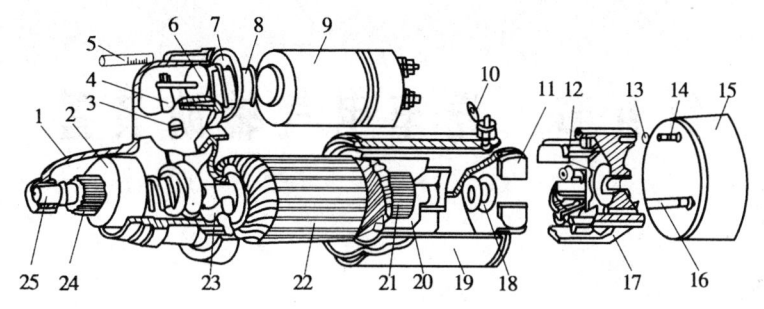

图 10—8 起动机的结构

1—后端盖 2—单向离合器 3—拨叉销轴 4—拨叉 5,14—固定螺钉 6—活动铁心
7—调整垫片 8—回位弹簧 9—电磁开关 10—导电片 11—电刷 12—电刷架
13—垫片 15—防尘盖 16—通心螺栓 17—前端盖 18—止推垫片
19—外壳 20—磁极 21—换向器 22—电枢 23—中间支撑板 24—驱动齿轮 25—电枢轴

### 三、起动机的分类

**1. 按控制装置分类**

（1）直接操纵式起动机

它已被淘汰。

（2）电磁操纵式起动机

由驾驶员旋动点火开关或按下起动按钮，直接参与控制或通过起动继电器，控制电磁开关接通或切断起动机电路。现代汽车广泛采用这种方法。

**2. 按传动机构啮合方式分类**

（1）惯性啮合式起动机

驱动齿轮借助惯性力自动啮入发动机起动齿环。起动后，驱动齿轮又靠惯性力自动与发动机起动齿环脱离。这种啮合机构的可靠性差，磨损严重，现代汽车也不再应用。

（2）移动电枢啮合式起动机

起动机靠起动机磁极的电磁吸力，使电枢沿轴向移动而使驱动齿轮与发动机起动齿环进入啮合。

（3）强制啮合式起动机

靠人力或电磁力拉动拨叉，强制使驱动齿轮轴向移动进入啮合或退出啮合。现代大多数汽车起动机采用这种方式。

# 第五节　汽车电气辅助装置

## 一、电喇叭

电喇叭是用电磁控制金属膜片振动而发声的装置，下面以解放 CA1091 型汽车为例，说明电喇叭和继电器的基本结构与工作原理，其结构和原理图如图 10—9 所示。

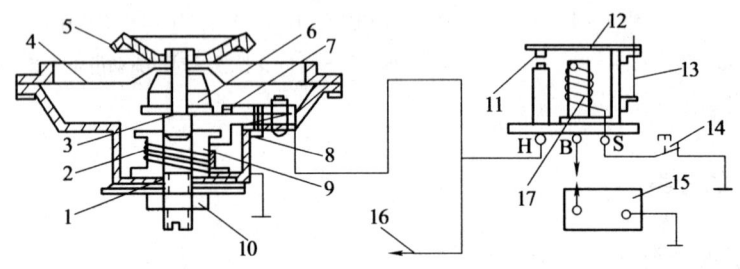

图 10—9　电喇叭与喇叭继电器

1—喇叭下铁心　2—线圈　3—喇叭上铁心　4—膜片　5—共鸣盘　6—衔铁
7—触点　8—调整螺钉　9—铁心　10—锁紧螺母　11—继电器触点
12—活动触点臂　13—弹簧　14—按钮　15—蓄电池　16—接另一只喇叭线
17—线圈　B—喇叭继电器电源接接线柱　H—喇叭接线柱　S—喇叭触点

喇叭下铁心可以旋入或旋出，用以改变喇叭磁阻，从而改变喇叭音调。线圈用来产生磁场，一端接地，另一端接动触点臂。固定触点臂经导线接喇叭的继电器。喇叭触点的开闭由衔铁控制。衔铁与活动触点臂之间由绝缘垫片隔开，以防止动触点臂接地。共鸣盘、膜片、衔铁、上铁心刚性连为一体。调整螺钉用来调整喇叭触点间的接触压力，即调整喇叭的音量。喇叭的触点为常闭式，喇叭继电器的触点为常开式。

当喇叭继电器线圈通电之后，产生磁场，铁心被磁化，克服继电器弹簧的张力，吸合触点，使之闭合。喇叭继电器触点闭合之后，接通了喇叭电路。喇叭线圈通电产生磁场，铁心被磁化，吸动衔铁，于是膜片被拉动变形，产生声响。但由于衔铁的运动又压迫触点臂，使触点张开，线圈断电，磁场消失，衔铁连同膜片回位，于是膜片产生第二声响。当衔铁回位后，触点再次闭合，如此反复，触点以一定频率时开时闭，使电路时通时断，从而使膜片连续振动发出声音。在膜片振动过程中，共鸣盘产生共鸣，产生比基本频率强且集中的谐振动音。

## 二、电动刮水器

刮水器用来清除挡风窗玻璃上的雨水、雪或尘土,确保驾驶员能有良好的视线。电动刮水器由微型直流电动机驱动,通过联动机构,使刮水器的刮水片在挡风玻璃的外表面来回摆动。其驱动部分由一个微型直流电动机、蜗轮箱装在一起并固定在底板上,蜗轮的旋转运动由曲柄、连杆和摆杆等机构变成左右往复摆动,刮水臂装在摆杆轴上,如图10—10所示。

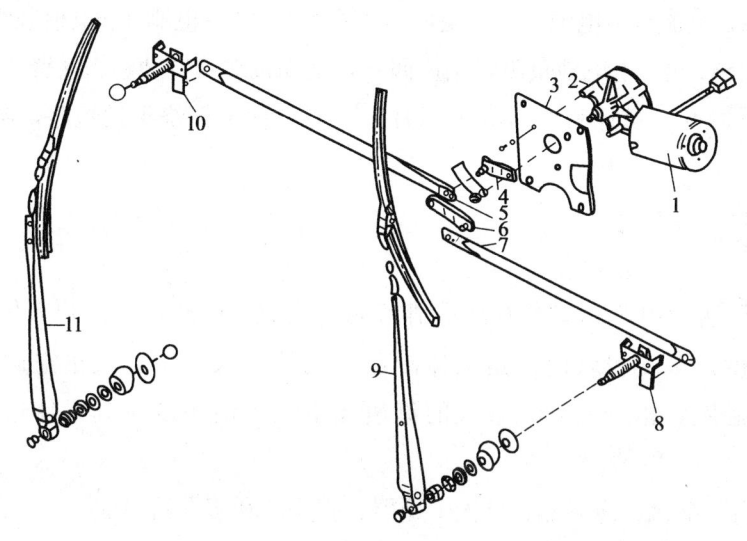

图10—10 电动刮水器的组成

1—直流电动机 2—蜗轮箱 3—底板 4,6—曲柄 5,7—连杆 8,10—摆杆 9,11—摆臂

如图10—11所示为双速刮水器控制线路。通过控制开关,可以实现刮水器的低速运转、高速运转及停机复位等功能,其工作过程如下:

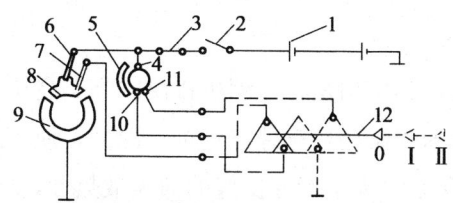

图10—11 双速刮水器控制线路

1—蓄电池组正极 2—电源开关 3—熔丝 4,10,11—电刷 5—电枢绕组
6,7—触片 8,9—滑片 12—变速开关 0—刮水器开关空挡
Ⅰ—刮水器变速开关"Ⅰ"挡 Ⅱ—刮水器变速开关"Ⅱ"挡

当电源开关接通，刮水器变速开关从"12"挡拉到"Ⅰ"挡位，电流从蓄电池组正极→电源开关2→熔丝3→电刷4→电枢绕组5→电刷10→变速开关"Ⅰ"挡位→接地→蓄电池组负极。这时电枢在永久磁场作用下转动，转速较低。

当变速开关拉到"Ⅱ"挡位时，电流从蓄电池正极→电源开关2→熔丝3→电刷4→电枢绕组5→电刷11→变速开关"Ⅱ"挡位→蓄电池负极。此时由于电刷11比电刷10偏转了一个角度，电枢绕组电流增大，转矩增大，电动机转速升高。

当变速开关推到"0"挡位时，如果刮水片没有停到适当位置，此时自动复位开关触片7与滑片9接触，电流从蓄电池正极→电源开关2→熔丝3→电刷4→电枢绕组5→电刷10→触片7→滑片9→接地→蓄电池负极，构成回路，电动机继续转动。当摇臂摆到应停位置时，触片7与滑片9脱开，同时触片6、7和滑片8接触，使电枢绕组被短路，刮水片停到适当位置。

### 三、汽车空调

人们在各种活动中，都需要有舒适清新的空气和温度环境，决定人体舒适条件的因素很多，但温度、湿度和风速却是人体舒适感觉的三大要素。汽车空调的作用就是使车厢内的空气温度、相对湿度、空气的流速及空气的洁净度达到人体所需要的舒适范围。

空调主要由压缩机、冷凝器、储液干燥器、膨胀阀和蒸发器组成。

1. 压缩机

压缩机是汽车空调系统中最主要的部件，它的功用是：把蒸发器中吸收热量后产生的低温低压制冷剂蒸气吸入后进行压缩，升高其压力和温度之后送往冷凝器，使制冷剂在冷却循环中进行循环，由蒸发器吸收的热量在通过冷凝器时散发。目前，汽车采用的空调压缩机主要有往复式和旋转式两种。

2. 冷凝器

冷凝器是一种热交换器，其作用是将压缩机排出的高温高压气态制冷剂的热量吸收并散发到车外空气中，用冷凝风扇强制循环车外空气进行冷却，使气态制冷剂变为高温、高压的液态制冷剂，如图10—12所示。为了保证良好的通风散热性，冷凝器一般安装在水箱前面，且与水箱在同一垂直平面内。中型客车安装在车身两侧或车身后侧，并用高速冷凝风扇提高散热能力。常用的冷凝器有管片式和管带式两种。

3. 储液干燥器

储液干燥器的功用是：

（1）吸收系统中制冷剂中的水分。

（2）随时向循环系统提供所需制冷剂，同时补偿系统的微量渗漏。

（3）储液干燥器中的过滤装置随时清除系统中杂质、污物，防止其进入制冷剂中而堵塞膨胀阀。

储液干燥器的结构组成如图 10—13 所示。

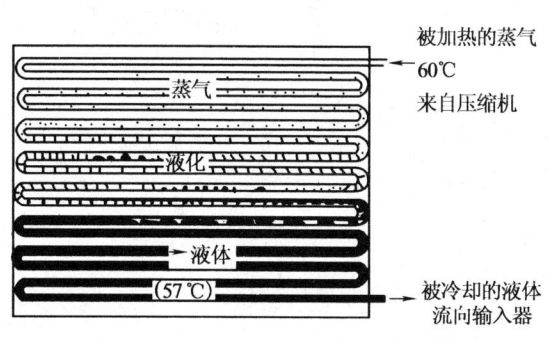
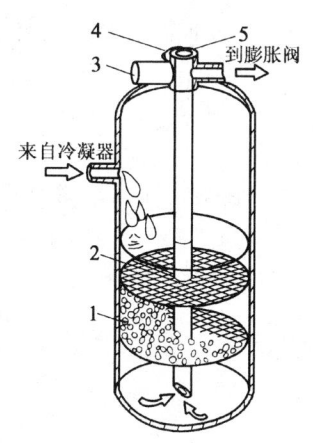

图 10—12　冷凝器工作情况

图 10—13　储液干燥器
1—干燥剂　2—滤网
3—高压阀　4—低压开关　5—目镜

4. 膨胀阀

膨胀阀安装于蒸发器的入口处，从冷凝器、储液干燥器输出的液态制冷剂经膨胀阀节流后，急剧膨胀降压降温为低压低温蒸气，然后进入蒸发器中吸收车内空气的热量。另外，膨胀阀还可以根据制冷负荷自动调节制冷剂的流量，达到控制车内温度的目的。

膨胀阀主要由阀体、膜片、推力杆、球阀、调节弹簧、毛细管和感温包等组成。按平衡方式不同，膨胀阀分为内平衡式和外平衡式两种结构，如图 10—14 和图 10—15 所示。

5. 蒸发器

蒸发器的作用是当膨胀阀流出的低温低压制冷剂进入蒸发器后，从由鼓风机吹来的暖气流中吸收大量的热量而沸腾，转变成制冷剂蒸气，使流过散热器的气流冷却，从而达到车内降温的目的，如图 10—16 所示。

目前采用的蒸发器有管片式、管带式和层叠式三种，管片式和管带式蒸发器的基本结构与管片式及管带式冷凝器的基本结构相同。管片式蒸发器如图 10—17 所示，层叠式蒸发器如图 10—18 所示。

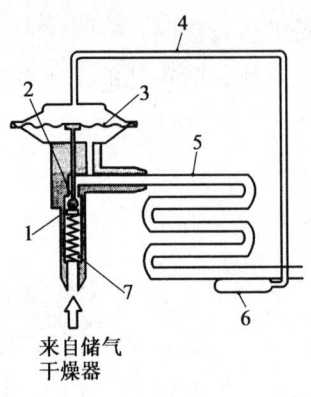
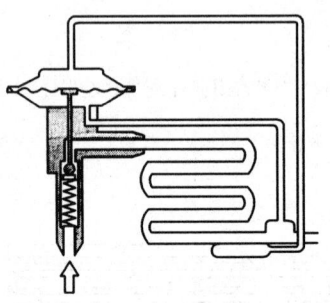

图 10—14 内平衡式膨胀阀
1—球阀 2—针孔 3—膜片
4—毛细管 5—蒸发器 6—感温包 7—弹簧

图 10—15 外平衡式膨胀阀

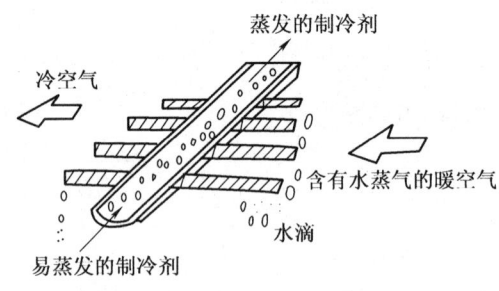

图 10—16 蒸发器的作用

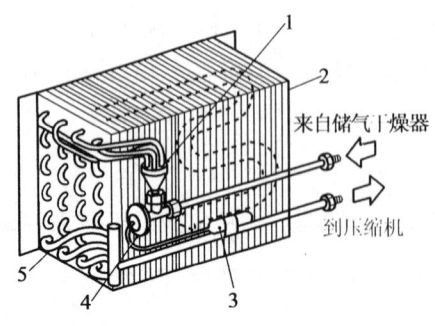
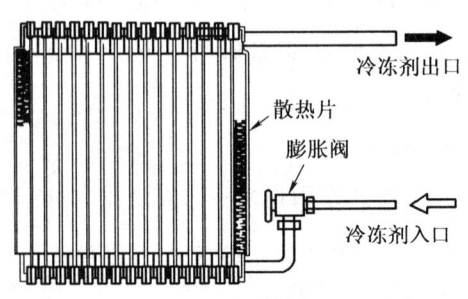

图 10—17 管片式蒸发器
1—分配器 2—散热片
3—测温传感包 4—膨胀阀 5—管子

图 10—18 层叠式蒸发器

### 四、电动窗

由电力驱动的车窗玻璃升降器称为电动窗，电动窗由车窗、车窗升降器、电动机、开关等装置组成。车窗电动机分永磁式和双绕组串励式两种。电动窗系统装有两套控制开关，一套为总开关，由驾驶员控制每个车窗的升降；另一套分装在每个车窗中部为分开关，可由乘客进行操纵。总开关与分开关互不干涉，均可独立地控制各车窗玻璃升降。

永磁式直流电动机通过改变电枢电流的方向来改变电动机的旋转方向，使车窗玻璃升或降。上海桑塔纳2000型轿车电动窗控制电路如图10—19所示。

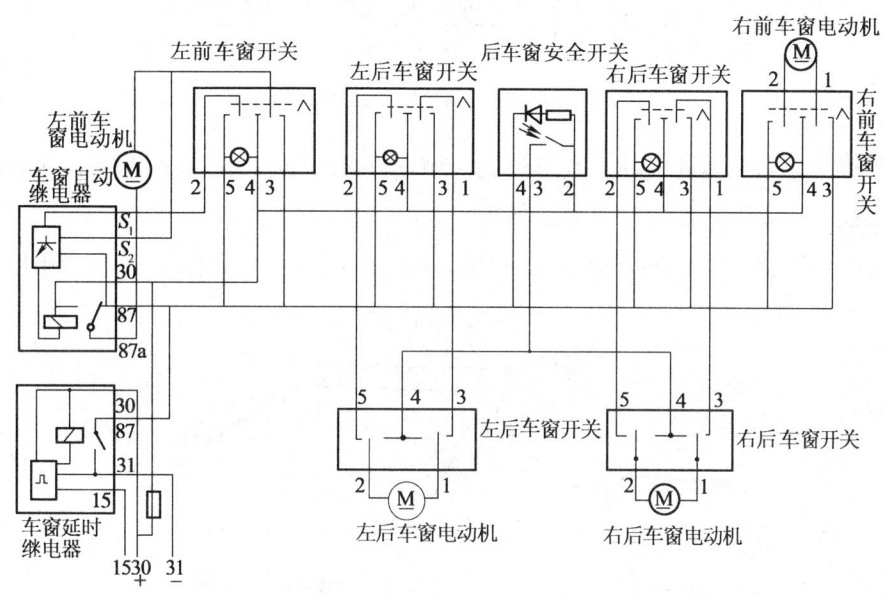

图10—19 上海桑塔纳2000型轿车电动车窗控制电路

车窗组合控制开关布置在前排左右座椅之间的中央通道面板上，当点火开关接通在"ON"挡时，通过它可以方便控制四扇车窗玻璃。当点火开关切断时，延时断开继电器自动延时50 s后切断所有电动窗的接地。黄色按钮为后窗设定开关，左前窗电动机采用特殊按钮控制，按钮式自动驾驶继电器会自动保持接通约300 ms的时间，将玻璃升降到底，如果中途想让它停下来，只要按一下反向按钮即可。

双绕组串励式直流电动机有两个绕向相反的磁场绕组，一个称为"上升"绕组，另一个称为"下降"绕组，通电后产生相反方向的磁场即可改变电动机旋转方向，使车窗玻璃上升或下降。典型控制电路如图10—20所示。

各电动窗电路中设有断路保护器，以免电动机因超载而烧坏。断路保护器触点臂为双金属结构。当电动机超载电流过大时，双金属片因温度上升，产生翘曲变形张开触点，切断电

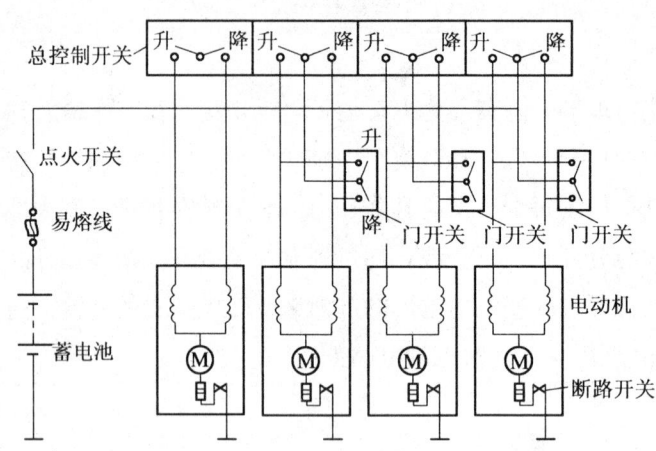

图 10—20 双绕组串励直流电机电动窗电路

路;电流消失后,双金属片冷却,变形消失,触点再次闭合。如此周期动作,使电动机电流平均值不会超过规定值,不致过热而烧坏。

车窗玻璃升降器传动机构常见有交叉臂式和绳轮式两种,如图 10—21 和图 10—22 所示。

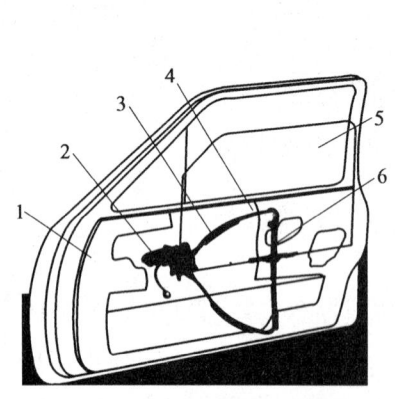

图 10—21 绳轮式电动窗
1—盖板 2—永磁电动机及减速器
3,6—导向套 4—钢绳 5—车窗玻璃

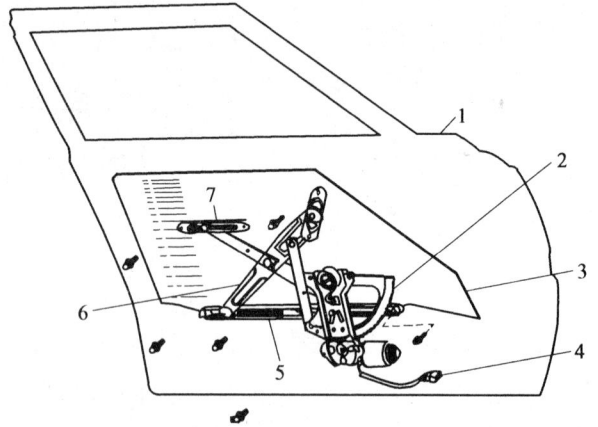

图 10—22 交叉臂式电动车窗
1—车门 2—驱动齿扇 3—车窗玻璃
4—电动机及插座 5,7—支架和导轨 6—调整杆

### 五、中央门锁

中央门锁的功用是集中控制汽车门锁,所有车门门锁(包括行李舱盖锁)都可以通过驾驶员侧车门钥匙和锁钮同时关闭和开启。除中央控制装置外,乘客仍可以利用各自车门的锁

钮控制门锁的开闭。有的车型，中央门锁设置有速度传感器，当车速达到设定值后，中央门锁自动关闭。中央门锁由门锁执行器、门锁控制继电器、连接导线和连接操纵机构等组成，如图10—23所示。

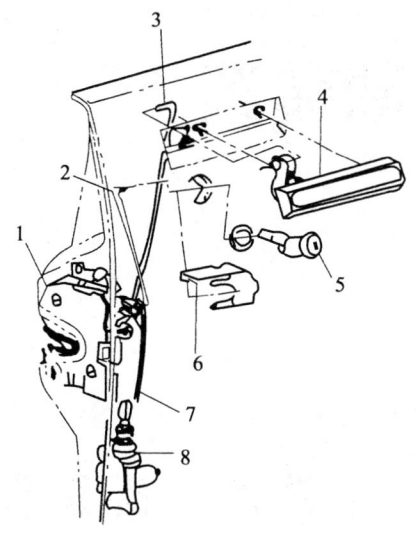

图10—23 中央门锁连杆操纵机构

1—门锁总成 2—锁芯及门锁连杆 3—外门锁把手及门锁连杆 4—外门锁把手
5—锁芯 6—锁芯定位架 7—电动机及门锁连杆 8—门锁电动机

# 第十一章
# 汽车电子控制装置

## 第一节 汽车常用传感器的基础知识

### 一、传感器的概念

在各种信号中,电信号能很容易地被放大、反馈、滤波及进行运算和存储处理,还可以长距离传送等。因此,要实现对非电荷量(如位置、温度、压力、形变等)的控制,必须先捕捉各种非电信号,然后转变成与之对应的电信号,这个将非电信号转换为另一种可测电信号的过程称为传感。它是系统的首要环节。完成这一功能的电子器件称为传感器,其转换步骤为:来自外界的信号→传感器→电信号。

### 二、温度传感器的类型与功用

车用温度传感器用来检查发动机冷却液的温度、进气温度和排气温度,作为燃油喷射及点火正时的修正信号。

温度传感器有绕线电阻式、热敏电阻式、扩散电阻式、半导体管式和金属芯式等,其中较为常用的是热敏电阻式温度传感器。

热敏电阻式温度传感器由壳体、热敏元件、引线、填料、接线端子等组成,如图11—1所示。

热敏元件(热敏电阻)是一个电阻器,灵敏度很高,其本身阻值随着温度的变化按照一定的规律变化。热敏电阻按照其阻值随温度变化的关系不同，可分为正温度系数（Positive Temperature Coefficient）和负温度系数（Negative Temperature Coefficient）两种。负温度系数热敏电阻在环境（或介质）温度降低时，其阻值升高；反之，其阻值降低。电阻特性曲线如图11—2所示。

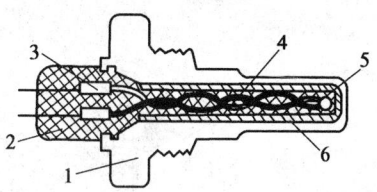

图11—1 热敏电阻式温度传感器
1—壳体 2—填料 3—接线端子
4—引线 5—热敏元件 6—绝缘管

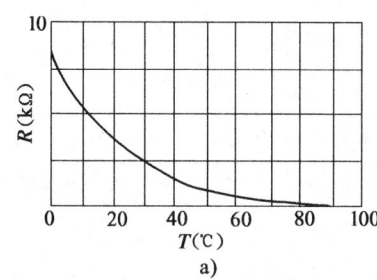 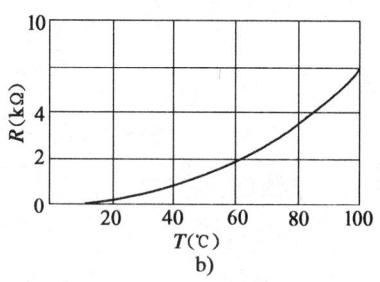

图11—2 热敏电阻特性曲线
a）负温度系数 b）正温度系数

### 三、空气流量传感器的类型与功用

空气流量传感器是测量发动机进气量的装置，它将吸入的空气量转换成电信号传给电子控制单元（Electronic Control Unit，ECU），作为决定喷油量的基本信号之一。

根据测量原理不同，空气流量传感器可分为翼板式、热线式及热膜式等几种。

1. 翼板式空气流量传感器

如图11—3所示，翼板式空气流量传感器安装在汽油机上，位于空气滤清器和节气门之间，其功能是检测发动机的进气量，并把检测结果转换成电信号再输送到ECU。

翼板式空气流量计的工作原理是：翼板可绕轴摆动，卷簧的弹力可使翼板关闭。发动机工作时，进气振动翼板偏转，使其开启。进气量大小由节气门开度来改变。电位计把翼板开度大小转换成电信号，通过ECU转变为进气量。缓冲板与翼板一同偏转，防止气流脉动。

翼板式空气流量传感器进气通道的旁边还有一个旁通气道。经此气道进入发动机的气流不对翼板产生推力，即不经翼板计量就进入发动机。当发动机怠速运转时，翼板处于接近关闭的位置，这时经旁通气道进入发动机的气流占很大比例。

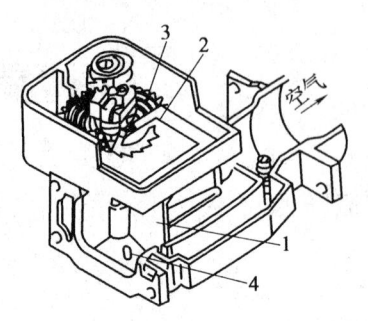 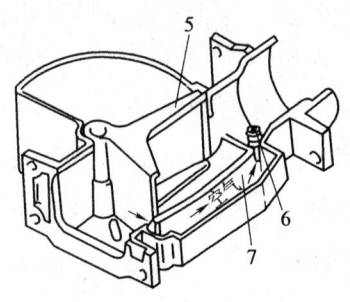

图 11—3 翼板式空气流量传感器

1—翼板 2—电位计 3—卷簧 4—进气温度传感器
5—缓冲板 6—怠速混合气调整螺钉 7—旁通气道

在旁通气道上还设置一个调整螺钉，用这个螺钉可以调节怠速时旁通气道空气量大小，从而调整怠速混合气浓度。

2. 热线式空气流量传感器

热线式空气流量传感器为质量流量型，现在已经广泛应用。其结构有两种，分别如图 11—4 和图 11—5 所示。热线式空气流量传感器的工作原理是：在空气通路中放置一个发热体，由于热量被空气吸收，发热体本身降温，流通的空气流量越多，发热体温度降低越快。热线式空气流量传感器正是利用发热体与空气之间的这种热传递现象来进行空气流量测量的。ECU 根据进气温度和进气量的大小，改变供给发热体的电流，保持吸入空气的温度与发热体一定的温度差，并通过测定发热体电流的大小感知空气的流量（质量流量）。

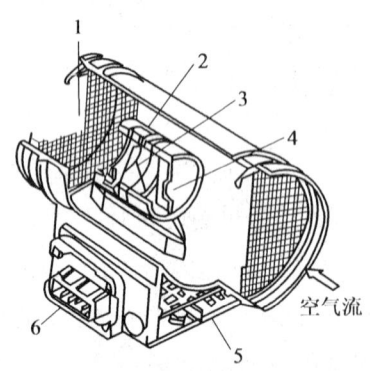 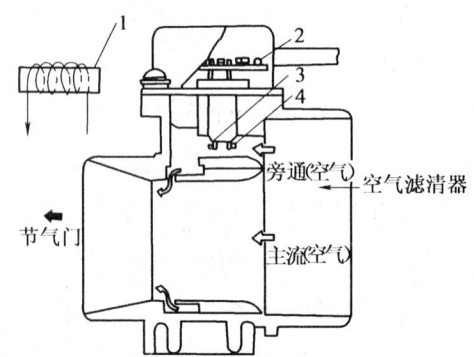

图 11—4 热线式空气流量传感器
（主流量方式）

1—防护网 2—取样管 3—白金热线
4—温度补偿电阻 5—控制线路板 6—电连接器

图 11—5 热线式空气流量传感器
（旁通流量方式）

1—陶瓷绕线管 2—控制电路 3—冷线 4—热线

3. 热膜式空气流量传感器

热膜式空气流量传感器也是近年被广泛采用的，其结构如图11—6所示。与热线式空气流量传感器在结构上不同的是，热膜式空气流量传感器的发热体是热膜。另外，分析电路也比热线式简单。其工作原理与热线式空气流量传感器相同。

热膜式空气流量传感器多用在美国通用汽车公司及日本五十铃汽车公司生产的汽车上。四种空气流量传感器的性能比较见表11—1。

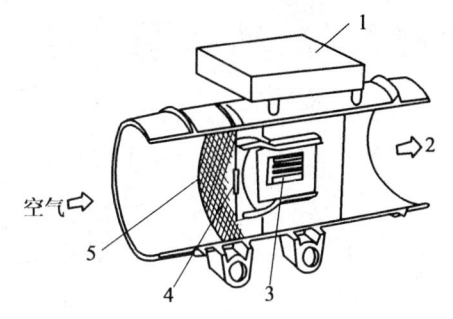

图11—6 热膜式空气流量传感器
1—控制回路 2—通往发动机 3—热膜
4—上流温度传感器 5—金属网

表11—1　　　　　　　　　　四种空气流量传感器的性能比较

| 性能 | 热膜式空气流量传感器 | 热线式空气流量传感器 | 翼片式空气流量传感器 | 卡门涡流式空气流量传感器 |
|---|---|---|---|---|
| 响应特性 | ○ | ○ | △ | ○ |
| 怠慢稳定性 | ○ | ○ | ○ | ○ |
| 废气再循环适用性 | ○ | ○ | ○ | ○ |
| 发动机性能随时间的变化 | ◎ | ◎ | ◎ | ◎ |
| 海拔高度修正 | — | — | √ | √ |
| 进气温度修正 | — | — | √ | √ |
| 安装性 | ○ | ○ | ○ | ○ |
| 成本 | ◎ | ○ | ○ | ○ |

注：◎代表优；○代表良；△代表差；—代表没有；√代表有。

### 四、压力传感器的类型与功用

车用压力传感器主要是指进气歧管压力（真空吸力）传感器。进气歧管压力传感器能依据发动机的负荷状态测出进气歧管内绝对压力的变化，并转换成电压信号与转速信号一起输送给计算机，作为决定喷油器基本喷油量的依据。

根据信号产生原理，进气歧管压力传感器分为半导体压敏电阻式、电容式、膜盒传动的可变电感式和表面弹性波式等几种。目前在汽车电控系统中，应用较广泛的是半导体压敏电阻式和电容式进气歧管压力传感器。

如图11—7所示为半导体压敏电阻式进气歧管压力传感器的安装示意图、顶面视图及纵断面视图，它由压力转换元件及把转换元件的信号进行放大的混合集成电路等构成。

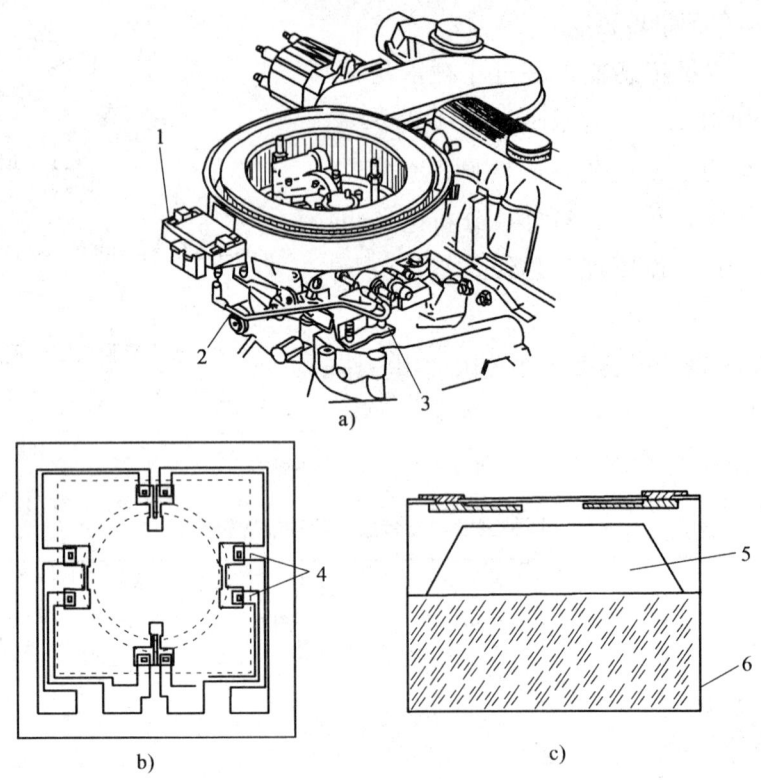

图11—7 半导体压敏电阻式进气歧管压力传感器的安装示意图

a) 安装示意图  b) 顶面视图  c) 纵断面视图

1—进气歧管压力传感器  2—真空管  3—真空源

4—电线接头  5—空腔  6—硼硅酸玻璃

电容式进气压力传感器结构如图11—8所示。氧化铝膜片与底板彼此靠近，形成一个电容器。利用电容的数值随氧化铝膜片上下的压力差而改变的性质，得到与压力成比例的电容值信号。该传感器输出信号的频率与进气歧管内的绝对压力成正比，因此，ECU根据输入信号的频率，即可感知进气歧管内的绝对压力。

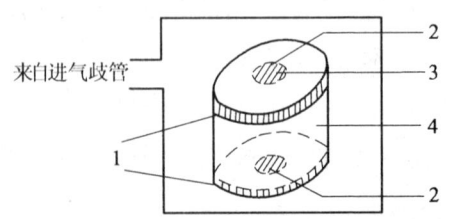

图11—8 电容式进气压力传感器结构示意图

1—氧化铝膜片  2—电极引线  3—厚膜电极  4—绝缘介质

### 五、转速和位置传感器的类型与功用

转速传感器常用的是发动机转速传感器和车轮转速传感器。位置传感器主要是曲轴位置传感器和节气门位置传感器。

1. 功用

发动机转速传感器用来检测发动机工作时发动机的转速信号,作为控制系统进行各项控制参数运算的主要依据。

车轮转速传感器用来检查汽车行驶速度,向 ECU 输入车速信号,控制发动机转速,实现超速断油控制。在发动机与自动变速器共用一个控制系统时,还是自动变速器的主控信号。

曲轴位置传感器在发动机工作时,提供曲轴所在的位置信号,即活塞到达压缩行程上止点前一定角度时产生的信号,作为控制系统实现控制的基准。

节气门位置传感器的功用是检测节气门的开度状态,如怠速、全开及部分打开。它将节气门打开的角度转换成电压信号送给 ECU,以便在节气门不同开度状态下控制喷油量。

2. 类型

(1) 发动机转速传感器与曲轴位置传感器

这两种传感器常采用相同的结构形式,有磁脉冲式、光电式和霍尔效应式等几种。传感器有的安装在曲轴前端,有的安装在凸轮轴前端,还有的安装在飞轮上或分电器内部。

1) 磁脉冲式转速与曲轴位置传感器 日本丰田公司生产的汽车装用磁脉冲式转速与曲轴位置传感器,其结构如图 11—9 所示。

该传感器安装在分电器内,分为上、下两部分,上部分产生 G 信号,下部分产生 Ne 信号。两个信号的产生均是利用带有轮齿的转子旋转时,使信号发生器感应线圈内的磁通变化,从而在感应线圈上产生交变的感应电动势信号。

不同的车型装用的转速与位置传感器上的感应线圈的个数、转子的凸齿数不等,图 11—9 所示的位置传感器的转子只有一个凸齿。转子(分电器轴)转一圈,$G_1$,$G_2$ 的两个线圈各产生一个脉冲信号。转速传感器的转子有 24 个凸齿,分电器轴转一圈产生 24 个脉冲信号。

Ne 的信号是检测曲轴转角及发动机转速的信号。G 的信号用来辨别汽缸及检测活塞上止点位置,也用来作为利用 Ne 的信号计算曲轴转角的基准信号。

由于转速传感器的转子有 24 个凸齿,分电器轴转一圈,即曲轴旋转 720°时,感应线圈产生 24 个交流信号,所以一个脉冲相当 30°曲轴转角。利用 30°转角的时间,再由 ECU 均分 30 等份,即产生曲轴转角的 1°信号。

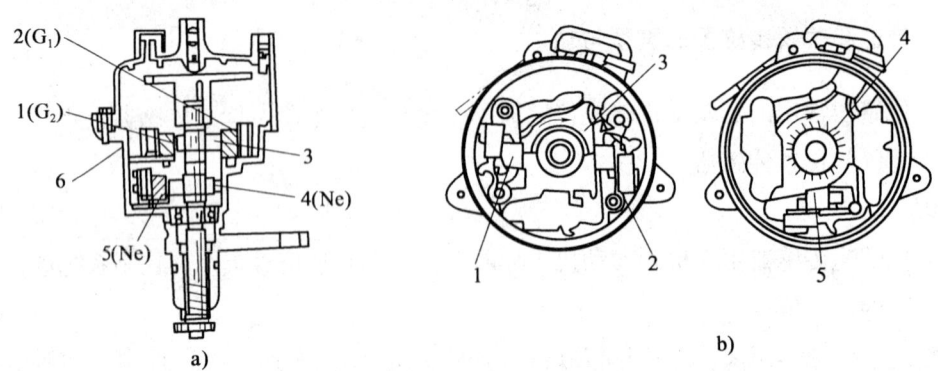

图 11—9 磁脉冲式转速与曲轴位置传感器
a）转速与曲轴位置传感器 b）结构示意图
1—位置传感器 $G_2$ 的传感线圈 2—位置传感器 $G_1$ 的传感线圈 3—位置传感器的转子
4—转速传感器 Ne 的转子 5—转速传感器的传感线圈 6—分电器壳体

$G_1$，$G_2$ 信号分别检测第六缸及第一缸的上止点的位置。由于 $G_1$ 感应线圈与 $G_2$ 感应线圈的位置关系，产生 $G_1$，$G_2$ 信号时，实际活塞并不是正好到达上止点，而是在上止点前 10°的位置。

2）光电式转速与曲轴位置传感器　日产汽车 V6 发动机装用的光电式转速与曲轴位置传感器设置在分电器轴上，其结构如图 11—10 所示。由发光二极管、光敏二极管和波形电路等组成的光电传感器，安装在分电器底板上；带细缝的光栅俗称转盘，安装在分电器轴上，其外围有 360 条小细缝（光孔），6 个大细缝，并处于发光二极管和光电二极管之间。

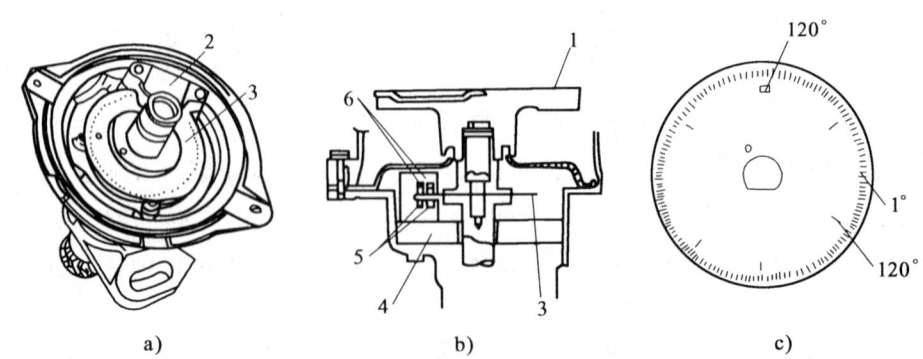

图 11—10 光电式转速与曲轴位置传感器
a）外形图 b）结构示意图 c）转盘
1—分火头 2—光电传感器 3—转盘
4—波形电路 5—光电二极管 6—发光二极管

发动机工作时，分电器轴每转一圈，波形电路便输出 360 个曲轴 2°转角的信号和 6 个曲轴 120°转角信号，分别作为发动机转速和曲轴位置信号。其中有一个较宽的光孔，如图 11—10c 所示，它是产生一缸上止点对应的 120°信号的。

（2）车轮转速传感器

常用的车轮传感器有舌簧开关型和光电耦合型等几种形式。

1）舌簧开关型车轮转速传感器　舌簧开关型车轮转速传感器主要由舌簧开关、转子和装在转子上的永久磁铁组成，如图 11—11 所示。舌簧开关由一个真空或充入惰性气体的玻璃管组成，其内装有两个或更多的触点。舌簧开关附近有一永久磁铁，当永久磁铁的磁感应线穿过舌簧开关的两个片簧时，使舌簧开关的两个片簧磁化互相吸引，致使触点闭合，此时电路接通，传感器产生脉冲信号；当永久磁铁磁感应线不穿过片簧时触点即分开。转子由转速表软轴驱动，软轴转一圈，舌簧开关开闭的次数与转子的磁极数相当，车轮转速传感器输出同样数目的脉冲信号。

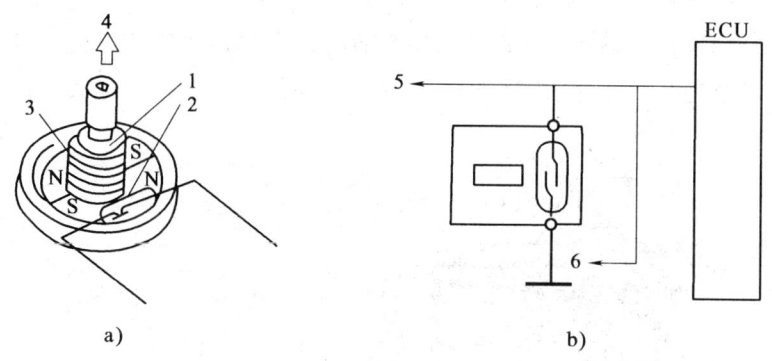

图 11—11　舌簧开关型车轮转速传感器
a）结构示意图　b）与控制单元连接示意图
1—转子　2—舌簧开关　3—磁铁
4—接转速表软轴　5—至组合仪表　6—至其他控制系统

舌簧开关型车轮转速传感器常装在组合仪表内。

2）光电耦合型车轮转速传感器　光电耦合型车轮转速传感器也装在组合仪表内，由带切槽的转子和光电耦合器组成，其结构如图 11—12 所示。带切槽的转子（光栅）由转速表软轴驱动，其旋转时使光电二极管输出电压发生变化，软轴旋转一圈，输出 20 个脉冲（20 个齿），经分频后变成四个脉冲，送入 ECU。这种传感器输出的是方波脉冲，并且能检测转速很低的运动状况。

（3）节气门位置传感器

节气门位置传感器的功能是检测节气门的开度状态，如怠速（全关）、全开及部分打开。

它将节气门打开的角度转换成电压信号送给ECU，以便在节气门不同开度状态下控制喷油量。它安装在节气门体上，如图11—13所示。

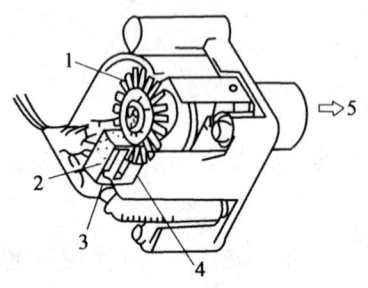 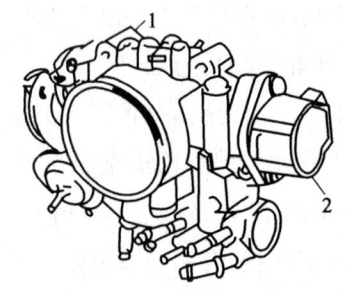

图11—12 光电耦合型车轮转速传感器  
1—光栅 2—发光二极管 3—光电耦合器  
4—光电二极管 5—接转速表软轴

图11—13 节气门位置传感器的安装位置  
1—节气门体 2—节气门位置传感器

节气门位置传感器有线性输出和开关量输出两种形式。

1）线性节气门位置传感器 线性节气门位置传感器由两个电刷、电阻器和输出端子等组成，它可以连续检测节气门的转动状况，准确地测出其绝对角度，如图11—14所示。

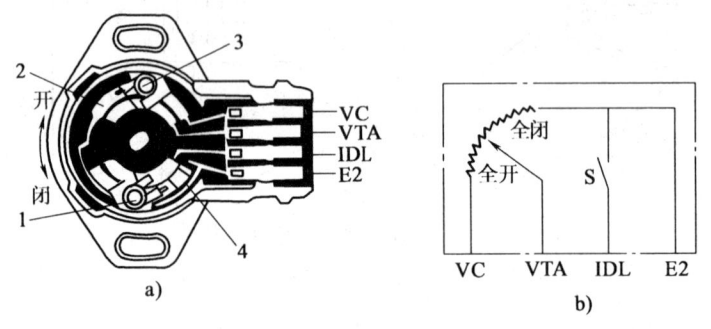

图11—14 线性节气门位置传感器  
a）结构 b）电路图  
1—怠速电刷 2—电阻体 3—节气门开度电刷 4—绝缘部分  
VC—电源 VTA—节气门开度信号 IDL—怠速触点 E2—电源

传感器有两个与节气门联动的活动触点，即由节气门开度电刷和怠速电刷分别在电阻器上滑动而构成。当节气门全关闭时，怠速电刷与怠速触点IDL接触。

线性节气门位置传感器的工作原理是：在VC端子上一直加有来自ECU的5V定值电压，当节气门开度变化时，开度电刷在电阻器上滑动，在VTA端子上就会有与节气门开度相对应的电压输出，节气门开度输出信号VTA使ECU对发动机的喷油量进行控制，以获得相应的功率。怠速电刷则在节气门处于全闭位置时，使 IDL 和 E2 两个端子导通，从而输出怠速状态信号给 ECU，ECU 根据该信号做出控制决定，主要用于断油控制和点火提前角修正，以保证怠速工况的稳定。

2）开关式节气门位置传感器　开关式节气门位置传感器（也称为节气门开关）可检测出节气门的全闭位置和全开位置，并向 ECU 发出信号。它由一个可动触点（TL）、两个固定触点[功率触点（PSW）和怠速触点（IDL）]、控制杆、与节气门联动的凸轮、导向凸轮槽和连接装置等组成，如图 11—15 所示。

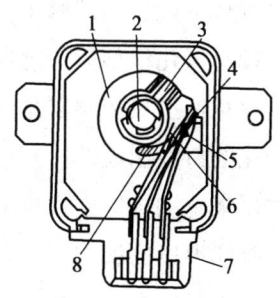

图 11—15　开关式节气门
位置传感器
1—导向凸轮　2—节气门体轴
3—控制杆　4—可动触点
5—怠速触点　6—功率触点
7—连接装置　8—导向凸轮槽

开关式节气门位置传感器的工作原理是：可动触点可沿导向凸轮槽滑动，导向凸轮由固定在节气门轴上的控制杆驱动。当节气门全闭时，可动触点与怠速触点接触，可检测节气门的全关闭状态。此时，怠速触点把怠速、怠速后加浓及切断燃油等信号传输给 ECU。当节气门开启达到某一开度时，可动触点与功率触点接触，则检测节气门全开度状态。此时，功率触点把加浓信号输送给 ECU。节气门在中间开度时，可动触点与哪一个触点都不接触。ECU 正是以触点闭合发出的信号来判定发动机工况的。

### 六、氧传感器的功用与类型

**1. 功用**

氧传感器用来检测排气中氧的含量，并向 ECU 输入空燃比的反馈信号，进行喷油量的闭环控制，使空燃比控制在理论值范围内。

**2. 类型**

（1）氧化锆型氧传感器

常见车用氧传感器的结构主要由锆管、铂电极及护罩等组成，如图 11—16 所示。

锆管内、外两侧涂一层多孔性的铂膜作为电极，锆管内侧通大气，外侧与废气接触。

在排气管内的废气高温作用下，氧气发生电离。由于锆管内侧氧离子浓度高，外侧氧离子浓度低，在浓度差的作用下，氧离子从锆管内向管外扩散，结果形成一个微型电池，浓度差比较小，产生较低的电压（约 100 mV）；反之，混合气浓时，排气管中废气含氧量少，浓度差比较大，产生较高的电压（约 900 mV）。电压的高低以理论空燃比为界发生突变，如图 11—17 所示。

氧传感器的输出特性与排气温度有关,当排气温度低于一定值时(约 300℃),氧传感器的输出特性不稳定,因此,氧传感器应安装在排气温度较高的位置。所以,有些车型还装有排气温度传感器,当排气温度传感器的信号达到一定值后,ECU 才开始根据氧传感器的信号进行空燃比反馈修正,即发动机开始闭环运行。

(2) 氧化钛型氧传感器

氧化钛型氧传感器是利用高纯度的二氧化钛($TiO_2$)材料电阻随排气中氧含量的变化而变化的特性制成的。其结构如图 11—18 所示,它有两个二氧化钛元件,一个是具有多孔性、用来感测排气中含氧量的二氧化钛陶瓷;另一个是实心二氧化钛陶瓷,用来作为加热调节,补偿温度的误差。氧化钛型氧传感器一般安装在排气歧管和尾管上,在混合气偏稀时,排出的废气中含氧量多,二氧化钛呈高阻值状态;废气中氧浓度低时,二氧化钛的阻值大大降低。氧化钛型氧传感器电阻值的变化在理论空燃比附近发生突变,如图 11—19 所示。输出的信号如图 11—19c 所示。

氧化钛式传感器结构简单,价格便宜,抗腐蚀污染能力强和可靠性高。

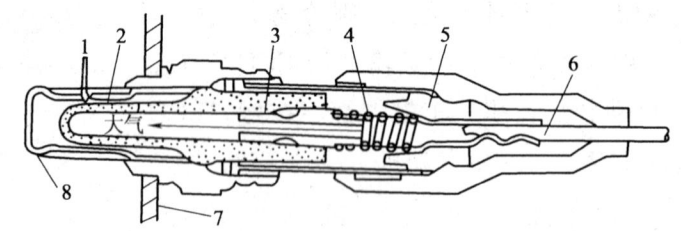

图 11—16 氧化锆型氧传感器

1—导入排气管孔 2—锆管 3—铂电极 4—弹簧
5—电极支座(绝缘) 6—引出线 7—排气管 8—护罩

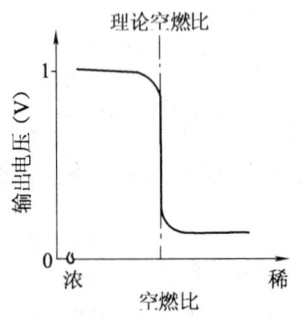

图 11—17 氧化锆型氧传感器的输出特性

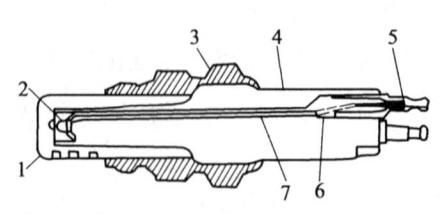

图 11—18 氧化钛型氧传感器

1—金属保护管 2—二氧化钛元件 3—金属外壳
4—陶瓷绝缘材料 5—接线头 6—陶瓷元件 7—导线

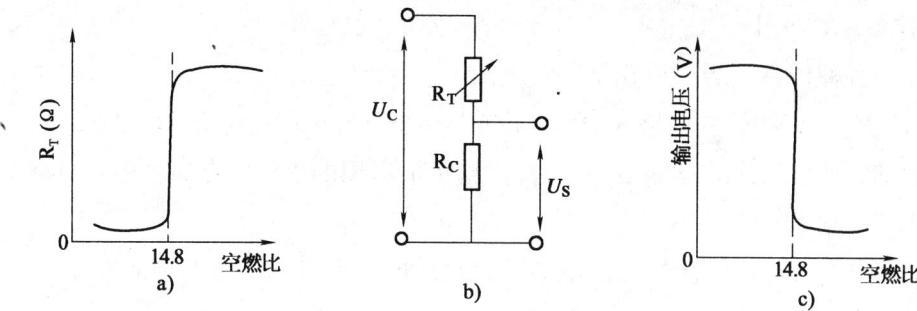

图 11—19 氧化钛型氧传感器的输出波形
a) 电阻特性　b) 电路图　c) 输出波形
$R_T$—二氧化钛电阻　$R_C$—补偿电阻　$U_C$—ECU 提供的电源电压

# 第二节　车用电控元件的基本知识

## 一、ECU 的功用与组成

电子控制单元简称电控单元,是一种电子综合控制装置,它包括硬件和软件两部分。硬件是系统中所有实际装置的总称,它由输入回路、A/D 转换器（模/数转换器）、微型计算机和输出回路四部分组成,如图 11—20 所示。

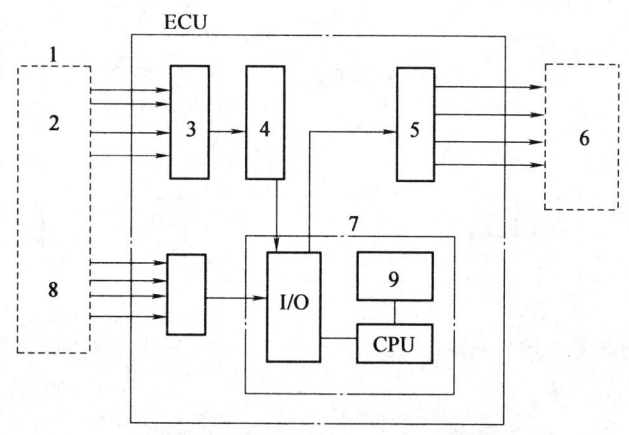

图 11—20　ECU 的组成
1—传感器　2—模拟信号　3—输入回路　4—A/D 转换器　5—输出回路
6—执行元件　7—微型计算机　8—数字信号　9—ROM 与 RAM 记忆装置

1. 电控单元的功用

(1) 接受各种传感器或其他装置输入的信号,给传感器提供参考(基准)电压(有 2 V,5 V,9 V,12 V 等);将输入的信号转变为微型计算机所能接受的信号。

(2) 存储、计算、分析处理信息;计算出输出值所用的程序;存储该车型的特点参数;存储运算中的数据和故障信息。

(3) 运算分析。根据信息参数求出执行命令数值,将输出的信号与标准值对比,查出故障。

(4) 输出执行命令。把弱信号变为强信号的执行命令;输出故障信息。

(5) 自诊断和自修正功能。

2. 电控单元的组成

(1) 输入回路

从传感器输出的信号输入给 ECU 后,首先通过输入回路。其中数字信号(转速传感器的输出信号和卡门涡流式空气流量计的输出信号等)直接输入微型计算机,模拟信号(热线式空气流量计的输出信号和水温传感器的输出信号等)则由 A/D 转换器转换成数字信号后再输入微型计算机。

输入回路的作用是将传感器输入的信号,如图 11—21 所示,在除去杂波、把正弦波转变为矩形波后,再转换成输入电平,如图 11—22 所示。

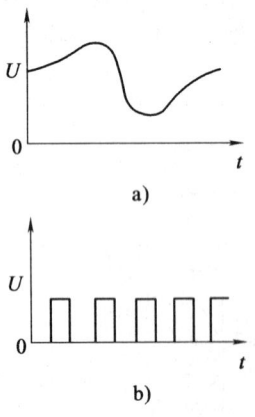

图 11—21 传感器输入信号的种类
a) 模拟信号 b) 数字信号

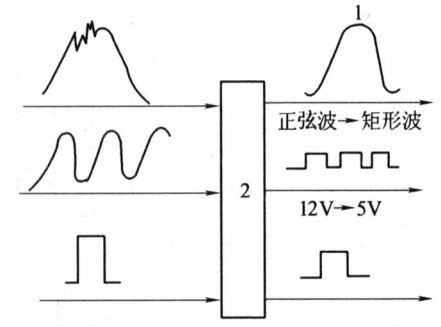

图 11—22 模拟信号转换处理
1—除去杂波 2—输入回路

(2) A/D 转换器

由传感器输入的模拟信号往往是连续变化的模拟量,如温度、压力、流量、位移量等。

模拟量不能直接进入微型计算机进行运算,而必须把模拟量转换成数字信号,才能送到微型计算机中进行算术或逻辑运算。

由于传感器输入的信号有模拟信号和数字信号,而微型计算机只能接受数字信号一种形式,所以传感器输入的模拟信号要经过相应的处理电路后,再经过 A/D 转换器转换,才能以数字量的形式送入中央处理器 CPU 中。A/D 转换的工作过程如图 11—23 所示。

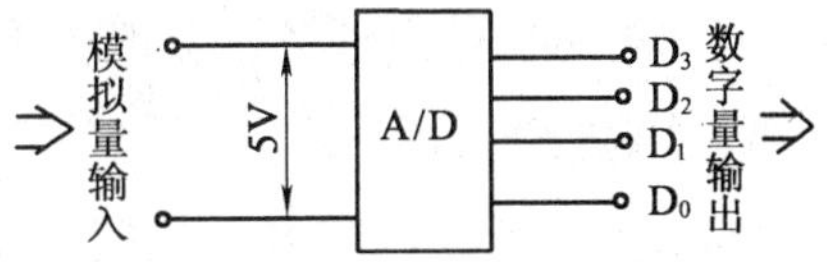

(3) 微型计算机

图 11—23　A/D 转换的工作过程

微型计算机由中央处理器 (CPU)、存储器、输入/输出 (I/O) 装置等组成,如图 11—24 所示。

1) 中央处理器 (CPU)　CPU 是电子控制单元的核心,它是运算器与控制器的总称。其功用是读出命令,并执行数据处理任务,既可通过接口向系统的各个受控部分发出指令,同时又可对整个控制系统所需的参数进行检测、数据处理、控制运算和逻辑判断。

CPU 由进行数据算术运算和逻辑运算的运算器、暂时存储数据的寄存器、按照程序进行各部件之间信号传送及控制的控制器等组成,如图 11—25 所示。

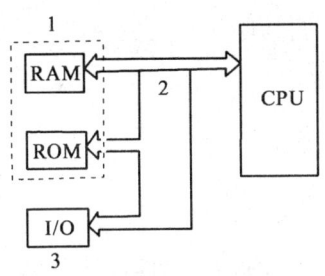

图 11—24　微型计算机的组成

1—存储器　2—信息传递通路
3—输入/输出装置

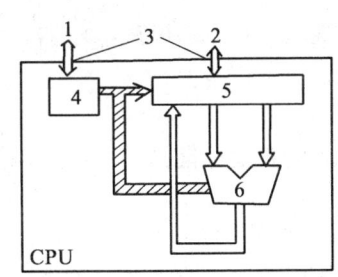

图 11—25　CPU 的组成

1—控制信号　2—数据　3—信息传递通路
4—控制器　5—寄存器　6—运算器

2) 存储器　存储器的功用是记忆存储程序和数据,一般由几个只读存储器 (Read Only Memory,ROM) 和随机存储器 (Random Access Memory,RAM) 组成。

ROM 是读出专用存储器,存储内容一次写入后就不能改变,但可以调出使用。ROM 存储器存储的内容,即使切断电源,其记忆的内容也不丢失,故适用于对各种程序和数据的长期保留。目前可改写的只读存储器 (Erasable Programmable ROM,EPROM) 已在汽车微型计算机中得到应用,该存储器可由紫外线将其记忆内容消去,并可改写存储内容。

随机存储器 RAM 既能读出也能写入数据，并记忆在任意地址上，但是切断电源后，存储的数据就要丢失。所以 RAM 只适用于暂时保留过程中的数据。

3) 输入/输出（I/O）装置　I/O 装置的功用是根据 CPU 的命令，在外部传感器和执行器之间执行数据传送任务，一般称为 I/O 接口。

(4) 执行器

车用执行器是汽车电子控制系统的输出装置，执行器受 ECU 控制，具体执行某项控制功能的装置。执行器又称为执行元件、执行机构或执行装置。一般是由 ECU 控制执行器电磁线圈的接地回路，也有的是由 ECU 控制的某些电子控制电路。在汽车电子控制系统中，执行器把从 ECU 传来的电信号转换为机械运动。它通过电能、发动机真空、气压或三者之间的组合作用，对外做功，推动汽车或发动机的某个装置运动，完成所需要的控制任务。例如，执行器可根据 ECU 的指令，改变发动机节气门的开度，进而控制发动机的转速。

在汽车电子控制系统中，执行器主要有下列 16 种形式：电磁式喷油器；点火控制器（点火模板）；进气控制阀；二次空气喷射阀；活性炭罐排泄电磁阀；车速控制电磁阀；自动变速器挡位电磁阀；增压器释压电磁阀；废气再循环（EGR）阀；怠速控制阀、怠速电动机；汽油泵继电器；冷却风扇继电器；空调压缩机继电器；自诊断显示与报警装置；故障备用程序启动和仪表显示器。

## 二、ECU 的自适应能力

1. 自诊断系统

现代汽车用的电子控制系统越来越复杂，当发生故障时，维修人员想要快速判断故障部位变得越来越困难，自诊断系统就是为适应这一状况而设计的电路。该系统集成在 ECU 内部，对电控系统中各部件进行诊断，并将故障在显示屏上显示。电控系统工作时，正常的输入、输出信号都是在规定范围内变化，当某一电路中出现异常或 ECU 内部产生故障时，自诊断系统将故障信息以代码的形式存入存储器（RAM）中，以便维修时按特定的方式、方法从 ECU 内读取，作为检修依据。为了不使新旧故障混杂在一起，每次检修后，都应将 ECU RAM 中的旧故障码清除。

2. 再学习程序

装有发动机或变速器 ECU 控制系统的汽车在蓄电池被断开后需要执行再学习程序。当汽车蓄电池被断开后，在汽车 ECU 中存储的最佳驾驶性能的汽车工作模式信息就会丢失。在每次起动所得到的新数据被存储之前，就会使用错误的数据。当 ECU 根据每次起动重新建立起存储时，驾驶性能也就恢复了。

在拆装蓄电池后，为了加快再学习过程，应按以下方式进行汽车路试：

(1) 汽车处在正常工作温度下（冷却风扇工作）。

(2) 在正常节气门开度下（20%～50%）加速。

(3) 在小至中节气门开度下巡航。

(4) 换低挡并正常使用制动器减速停车。

# 第三节 执行元件的基本知识

## 一、电磁喷油器

电磁喷油器是发动机电控燃油喷射系统执行机构中的一个关键部件，其功用是根据发动机从 ECU 送来的喷油脉冲信号，将计量精确的燃油喷入进气歧管中。对电磁喷油器的要求是动态流量范围大，抗堵塞性能和燃油雾化性能好。目前应用的主要有轴针式、球阀式和片阀式三种。按电磁线圈阻值的大小，电磁喷油器可分为高阻抗型和低阻抗型两种。

以桑塔纳 2000 型轿车采用的电磁喷油为例，如图 11—26 所示。电磁喷油器安装在燃油分配管上的专用支座上，主要由燃油滤网、线束插座、电磁线圈、针阀阀体及阀座、复位弹簧、O 形密封圈等组成。O 形密封圈起到密封作用，密封圈 1 防止燃油泄漏，密封圈 7 防止漏气。燃油滤网用于过滤燃油中的杂质。轴针与针阀阀体制成整体结构式。阀体上端安装有一根螺旋弹簧，当电磁喷油器停止工作时，弹簧力使阀体复位，针阀关闭，轴针在阀座上起到密封作用，防止燃油泄漏。燃油分配管专用支座为橡胶形件，起到隔热作用，防止电磁喷油器中的燃油产生气泡，有助于提高发动机的高温起动性能。

## 二、电磁继电器

普通电磁继电器由电磁铁和触点组成，如图 11—27 所示。当线圈中通入一定的电流或电压时，电磁铁产生磁力，使衔铁带动活动触点与固定常开触点接通，与固定常闭触点断开。

当线圈电流切断时，由于电磁力消失，衔铁就在弹簧的作用下迅速回位，从而使活动触点与固定常开触点断开，而与固定常闭触点闭合。利用触点的开、闭，就可实现对电路的控制。

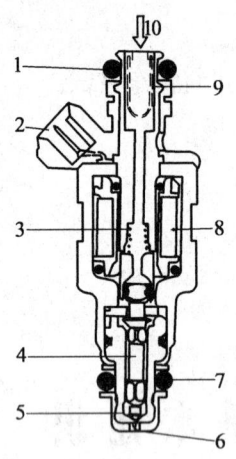

图 11—26 电磁喷油器的构造

1,7—O形密封圈　2—线束插座　3—复位弹簧
4—针阀阀体　5—针阀阀座　6—轴针
8—电磁线圈　9—燃油滤网　10—进油口

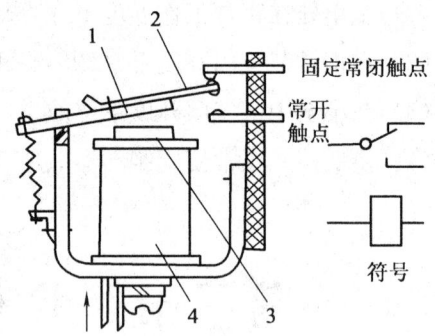

图 11—27 电磁继电器

1—衔铁　2—活动触点
3—铁心　4—磁化线圈

### 三、步进电动机

步进电动机的转子用永久磁铁制成，N极和S极在圆周上相间排列，形成8对磁极。定子有A，B两个，上下叠置，内绕A，B两组线圈。每个定子各有8对爪极，每对爪极之间的间距为1个爪极宽度，A，B两定子爪极相差1个爪极宽度，构成一体安装在外壳上，如图11—28所示。

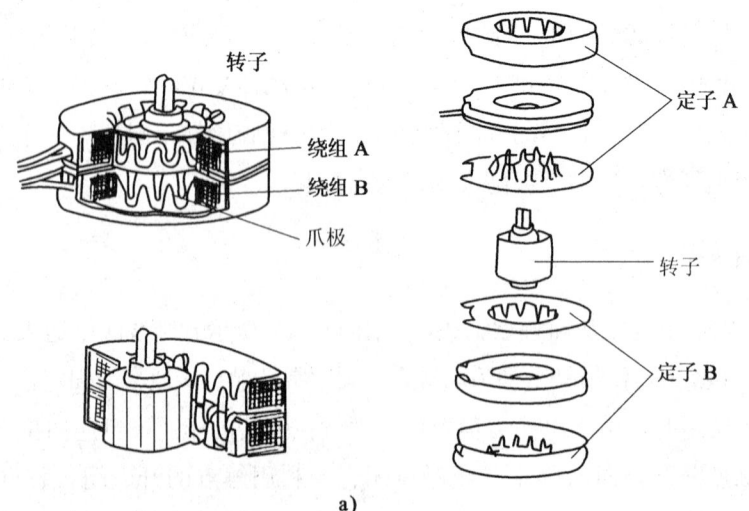

a)

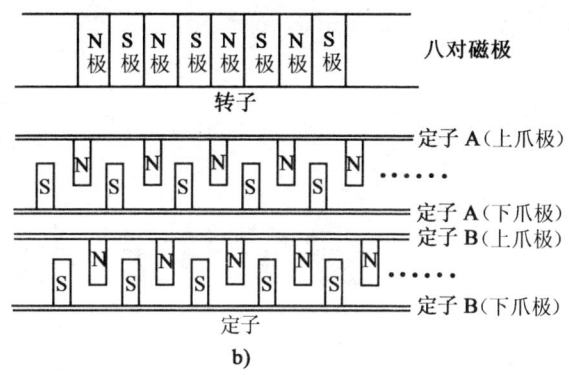

b)

图 11—28 定子结构与爪极位置

a) 定子结构　b) 定子爪极位置

定子爪极的极性是可以变换的，由 ECU 内三极管控制各相定子绕组的电压脉冲决定。步进电动机的工作原理如图 11—29 所示。当定子与转子的异性磁极对正时，转子呈静止状态，如图 11—29a 所示。通过对定子各绕组电压脉冲的控制，使其爪极的极性发生变化。在同性磁极推斥力和异性磁极引力的作用下，转子产生运转，如图 11—29b 所示。最后转子步进一个爪极宽度，在图 11—29c 中相对定子向右移动一个爪极宽度。若将转子移动一个爪极宽度称为移动一步，则对于具有两个定子、共计 32 个爪极的步进电动机而言，一步为 1/30 转（约 11°）。日本丰田车用步进电动机由怠速位置到最大开度可工作 125 步，转子转 1 圈（工作 32 步）约用 0.25 s。

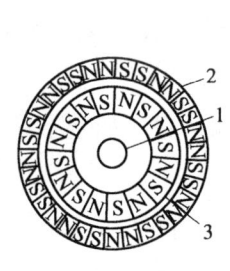 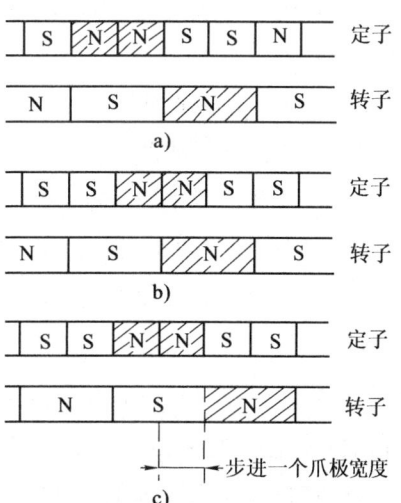

图 11—29 步进电动机工作原理图

a) 静止状态　b) 动转状态　c) 步进一步

1—阀轴　2—定子线圈　3—转子（永久磁铁）

# 第十二章 安全生产与环保知识

## 第一节 安全生产操作规程

一、汽车维修作业的安全操作规程

1. 发动机发动时的安全操作规程

（1）发动机发动前应首先检查油底壳（机油盘）内的机油，散热器内的冷却液，换挡杆是否在空挡位置，并拉紧驻车制动器。

（2）每一辆被调整及被试验的汽车，应具有完好的起动装置。如用手摇柄起动发动机时，手指应在手摇柄的一侧，自下向上提动，注意反转伤人。

（3）在车间内起动发动机进行检查调整时，如有必要，应将排气管接出室外。

（4）在发动机运转中进行工作应注意安全，防止风扇叶片打伤人体。

（5）发动机起动后，应及时检查各仪表的工作情况是否正常。

2. 车底工作时的安全操作规程

（1）正在进行车底修理作业的汽车，应挂上"正在修理"的标志牌。如不是修理制动系统，应拉紧驻车制动器，并用三角木塞住车轮。

（2）在车底下工作时，不要直接躺在地上，应尽量使用卧板。

（3）用千斤顶顶车时，千斤顶应放置平稳，人应在车的外侧位置。架车前，应先找好架车工具（架车凳），禁止使用砖头、木块或其他容易破碎的物体。

（4）用千斤顶顶起卸下车轮的汽车，不许在车上或车下工作。用千斤顶使车轮放下时，打开液压开关要缓慢，打开前应检查周围是否有障碍物和可能压着自己的危险。

（5）在装配总成时，不得采用不正确的操作方法（如用手指试探螺孔、锁孔等），以免轧断手指。

（6）当试验发动机时，不得在车下工作。

3. 使用乙基汽油时的安全操作规程

乙基汽油（汽油中加有四乙基铅）是含铅具有毒性的汽油，当乙基汽油沾到破损皮肤上或吸入人体中时，就有可能引起中毒，因此，一般染有红色和橙色。为了避免中毒，在修理过程中使用乙基汽油或修理使用乙基汽油的汽车时，应遵守下列规定：

（1）在修理车间和保养场所内，必须有充分的通风，使汽油气体容易排出散失。

（2）在修理与接触发动机零件和燃料系如汽缸、汽缸盖燃烧室、活塞顶、气门顶、进排气歧管、化油器、汽油泵、汽油滤清器、汽油管、汽油箱等（清除积炭时，应先用煤油将积炭润湿，以免刮下时粉末飞扬）时，应该认为是有毒的，因为其上可发现有毒的铅质沉淀物。修理汽油箱前，应用煤油或纯汽油仔细地清洗几次，以消除其中可能有毒的沉淀物。在疏通化油器量孔及各汽油道时，尽量避免用嘴吹，可用压缩空气或气筒打气吹通。

（3）对存放乙基汽油和油桶的地方应标明"有毒"字样。

4. 使用蓄电池时的安全操作规程

（1）搬动蓄电池时要轻拿轻放，不可歪斜，以免电解液泼溅到衣服或皮肤上，引起腐烂或烧伤。如遭到泼溅，应立即用清水冲洗。

（2）检查电解液相对密度和液面高度时，使仪器稍微离开电解液注口即可，不要将仪器提得过高，以免电解液滴溅到身上或其他物件上。

（3）禁止将油料容器及各种金属物放在蓄电池壳体上。

（4）在配制电解液时，应使用陶瓷或玻璃容器，将硫酸慢慢倒入水中，绝对禁止将水倒入硫酸中。因为水倒入硫酸时，温度急剧升高，会产生大量的蒸汽，使硫酸四处飞溅，烧伤人体皮肤，甚至使容器炸裂，造成事故。

## 二、钳工作业的安全操作规程

1. 工作前应掌握所使用的量具、刃具的使用方法与维护方法，保证量具、刃具的精度和测量的准确性；并对所需用各种工具检查一遍，避免发生意外危险。使用电动工具时应戴绝缘手套，检查工具接线是否良好，保证安全用电。

2. 零件放在钳台上应用橡胶板、木板垫好，避免碰坏划伤现象；在起吊工件时要防止碰伤工件，更不要在工件下面进行任何操作。

3. 工作时不得随意拿各种设备和工具，绝对禁止使用不熟悉或有缺陷的工具和设备。

4. 锉削时，不得用嘴吹锉削屑，锉过的表面不得用手摸，钻削时严禁戴手套接近旋转体。

5. 錾削时应戴上防护眼镜，并在钳台上进行防护，以防伤人；抡锤前注意身边是否有人，锤子头和錾子头部是否有油，手上的汗应擦干净，防止因滑脱失去控制而发生伤人事故。不得錾削淬火的工具物，錾子头部不得淬火。一般情况下禁止使用高速钢材做錾子。

6. 使用砂轮机时应注意以下几点：

（1）砂轮机的旋转方向应正确，使磨屑向下方飞离砂轮。

（2）起动时待砂轮旋转正常后再进行磨削。

（3）磨削时要防止刀具或工件对砂轮产生剧烈撞击或施加太大压力，砂轮表面跳动严重时应及时用修整器修理。

（4）砂轮的搁架与砂轮距离一般应保持3 mm以内，否则容易造成磨削件被轧入的事故。

（5）操作者尽量不要站在砂轮对面，应站在侧面或斜侧面位置，与砂轮平面形成一定角度。

### 三、电工作业的安全操作规程

1. 人身安全的防护

（1）从事电工操作，各项劳防用品必须完备。身上应穿电工服且袖口和裤管必须扣紧；脚上应穿电工鞋（有积水处应穿电工胶靴）；加工有锋利缺口的工件时，应戴防护手套；操作金属外壳电具时，应戴绝缘胶质手套，并应戴安全帽。

（2）电工登高操作时离不开梯子，宜采用竹木结构的梯子（尤其是在检修操作时）。在一般情况下，不宜采用金属结构的梯子。

2. 停电检修规程

停电检修是指在一般情况下，电工在检查和维修照明电路、配电等装置或各种电力设备和用电器具时，必须在检修范围内实现安全而可靠的停电，反对带电检修。具体措施如下：

（1）断开检修段的电源总开关，并验明检修段确实无电。

（2）临时进行相间短路并接地，严禁约时送电。

（3）检修完毕恢复送电时，必须先在每个检修点进行逐一检查，检查检修质量是否合格，是否存在漏修，检修工具和器具是否撤清，零角废料是否清除，各点检修人员是否全部撤离。当上述各项检查无异时，才可告知每一用电部门或具体用电人员开始送电，才可摘下警告牌，装上熔断器插盖，合上电源总开关。

3. 杆上安全操作的注意事项

（1）杆上物品必须吊取，防止坠下各种物品。

（2）正确掌握腰带的使用方法和与电杆的扣套方法，防止腰带束得过高或滑出杆顶。

（3）保险绳应加套在横担空螺孔内或抱箍的螺栓上。

（4）人体应保持平衡。

（5）防止人体触及上层带电架空线。

## 第二节　安全防火知识

### 一、火灾隐患与预防

在汽车维修车间，经常接触和使用易燃、易爆品，如机油、润滑油、汽油、油漆、涂料、带油污的抹布等；有时在检修过程中，还会接触一些易燃、易爆的设备，如汽车油箱、汽油储灌、便携式油罐以及一些电动工具、电动机等。在生产过程中，必须正确地使用、保管和存放它们，一旦操作失误和疏忽大意，就可能酿成火灾。因此，做好企业的消防安全工作，让人们懂得火灾发生的原因，明确哪些地方存在火灾隐患并积极预防，是极为重要的。

为避免火灾发生，应在车间明显位置写上警示标语，在易燃、易爆物品存放处贴上"禁止烟火"标志，在车间里分出"吸烟区"和"禁烟区"，同时还应使员工熟悉以下知识，以避免火灾的发生。

1. 汽油罐

汽油是一种极易爆炸和燃烧的燃料，通常装在一个合格的汽油罐里。罐外涂有红色标志，并有合格出油口和通风口。

2. 小型汽油罐

这种容器可用于存放多种燃料和油类，主要用于存放爆炸性的材料。所以，数量少的燃料、油类或者其他可燃液体应存放在合适的小汽油罐内，然后将这些小容器再存放在防爆橱内。

通常，3.8 L汽油爆炸的能量相当于14根雷管炸药，一个19 L的汽油罐爆炸产生的热量与113.4 kg的炸药相当，这足以毁坏一辆车和部分车间。因此，不要把便携式油罐放在通风不好的地方，千万不要把它放在汽车的行李厢里。容积在 3.8 L 或以上的油罐在出口应安装防火滤网，防止点燃罐内蒸气。

使用汽油罐还应注意以下内容：

（1）在汽油罐顶预留 7% 左右的空间，以容许汽油在高温时膨胀。否则，汽油在膨胀时会产生泄漏，引起严重事故。

（2）不要在车间存放汽油，应把它们存放在车库或通风好的棚里及离车间和住宅较远的建筑物里。

（3）在搬运过程中不要翻转汽油罐。

（4）不要长时间保存只剩余一部分汽油的汽油罐，因为汽油会释放出蒸气并造成事故。

（5）在不加油或不倒油时，应盖好加油口、出油口和通风口。

3. 密闭容器

在汽车维修车间里有许多油污的抹布，这些抹布可能会自燃起火。自燃是一种化学反应。由于布料中的油脂氧化使热量缓慢积聚，造成热量不断增加直至达到着火温度，燃料便开始燃烧，造成火灾。鉴于以上危险，应把有油污的抹布存放在密闭容器里。

4. 灭火器

灭火器是汽车维修车间的重要安全设备，在使用和管理方面，除按使用说明书操作外，还应遵循以下基本规则：

（1）不要把灭火器放在离可能发生火灾点太近的地方。

（2）把灭火器放在靠近门的地方，以便能方便拿到。

（3）拉开开关前，在保证自己不受伤的前提下，尽可能靠近火源。因为灭火剂会很快释放尽，大多数小型干粉灭火器只能释放 8~25 s。

（4）在自己身后保留一个门或其他逃脱出口，一旦火势无法控制，可以很容易地逃脱。

（5）灭火器要专物专用，定期保养，检查存放地点是否适当，机件是否损坏，灭火剂是否过期。

（6）灭火器应设置在明显的地方，必要时还应设立标志牌，以便取用。消防器材附近不能堆放杂物，以保持道路畅通。

工人除应知道灭火器的类型、原理和操作方法外，还应了解发生火灾的级别和如何采取相应的预防措施。一般来说，按着火的材料划分火灾的级别，主要有以下四种等级的火灾：

1）A 级火灾　火灾起于普通可燃物，如木料、纸张、纺织品、布料等。这种火灾通常需要冷却并熄灭。

2）B 级火灾　火灾起于可燃液体，如润滑油、机油、汽油、涂料、油漆和其他液体。这类火灾需隔绝空气并用覆盖层盖熄。

3）C级火灾　火灾起于电子设备故障，如电动机、开关和电线。这类火灾需用绝缘的灭火剂扑灭。

4）D级火灾　火灾起于可燃金属存在的地方，如锂、钠、钾、钛和锆等。应用特殊灭火剂盖熄或覆盖阻燃物熄灭。这类火灾在汽车维修企业中并不常见。

5. 水

水是天然灭火剂，是无色、无味、无嗅的不燃液体，在灭火中起冷却降温作用，适用于A级火灾。

6. 卤代烷灭火剂

卤代烷灭火剂是由卤素原子取代烷烃分子中的部分氢原子或全部氢原子后得到的一类有机化合物的总称。它在高温中分解，产生活性游离基Br与Cl等参与物质燃烧的化学反应，消除燃烧所必需的游离基H和OH等，生成稳定的分子$H_2O$和$CO_2$及活性较低的游离基R等，从而使燃烧过程中化学连锁反应的链传递中断而灭火。适应的火灾类型有：城市煤气、液化气；有机溶剂类，如醇、酮、酯、苯等；电气设备火灾。

由于卤代烷灭火剂对大气臭氧层有破坏作用，今后将逐渐被淘汰。另外，汽车维修车间的操作工人在生产工作中，严禁将机油、润滑油等倒在地上，一旦发现地面或机器上有油，应立即擦拭干净。在下班之前一定要检查地面、设备和维修的车上是否有油渍，操作场地应整洁，并把油污的抹布放入密闭容器。禁止工人酒后上岗和在"禁烟区"吸烟。

## 二、火灾安全急救常识

一旦车间发现火灾，应迅速准确地拨报火警，并积极参加扑救，这是每个公民应尽的义务。

经验证明，在起火之后的十几分钟内，是能否将火扑灭，控制火势蔓延，是不酿成火灾的关键时刻。把握住这个关键时刻主要有两条：第一，利用现场灭火器材及时扑救；第二，拨报火警，以便调来足够的力量，尽早地控制和扑灭火灾。扑火之初还应遵循以下原则：第一，报警早、损失小的原则；第二，边报警、边扑救的原则；第三，先控制、后消灭的原则；第四，先救人、后救物的原则。同时组织人员积极抢救被困者，疏散物资，建立空间地带。

1. 火灾的急救常识

通常汽车维修车间容易发生的火灾可分为可燃液体、可燃气体和电气设备等引起的火灾，在火灾发生时应立即判断是哪级火灾，然后采取相应的扑救方法。

(1) 发生A级火灾时可用冷却灭火法，一般把凉水洒在燃烧物上，降低温度直至熄灭。

(2) 发生B级火灾的可燃液体是比水轻而又不溶于水的有机化合物，如汽油、轻柴油等，可用泡沫或干粉灭火器扑救。起火初期燃烧面积不大或燃烧物不多时，也可用二氧化碳或"1211"灭火器扑救，但不能用水扑救。

(3) 发生 C 级火灾时，首先切断电源。在切断电源时，除要防止触电和电弧灼伤外，还应注意以下事项：

1) 切断电源位置适当，防止断电后影响扑救工作。

2) 切断电源总开关时用绝缘棒操作或戴绝缘手套，断电后切忌用水和泡沫灭火器救火，应该用不导电的灭火剂，如二氧化碳、"1211"、干粉等灭火器灭火。

3) 带油的电气设备如变压器、油开关等着火时，可用干燥的黄沙盖住火焰，使火熄灭。

(4) 为了最大限度地减少损失，防止火势蔓延和扩大，应对火场的物资进行疏散。急于疏散的物资有：

1) 易燃、易爆物资，如汽油、柴油、油桶、充装气体的钢瓶等。

2) 重要文件和昂贵物资，如档案资料、高级仪器等。

2. 人员急救常识

火灾发生时，在场人员有烟气中毒、窒息以及被辐射、热气流烧伤的危险，因此，在火灾现场要保持冷静，了解起火点、被困点及逃脱的通道，进行自救和互救。一般情况下绝大多数火灾现场被困人员可以安全地疏散或自救逃生，脱离险境。

(1) 自救逃生方法

1) 在撤离火场途中被浓烟围困时，烟雾一般是向上流动，地面上的烟雾相对比较稀薄，因此，可采用低姿势行走或匍匐穿过浓烟区的方法。如果有条件，可用湿毛巾等捂住嘴、鼻，或用短呼吸法，用鼻子呼吸，以便迅速撤出烟雾区。

2) 一旦衣帽着火，应尽快把衣帽脱掉。如来不及，可把衣服撕碎扔掉，或者着火人就地倒下打滚，把身上的火焰压灭；在场的其他人员也可用湿麻袋、毯子等物把着火人包裹起来以窒息火焰；并向着火人身上浇水，帮助受害者撕下着火的衣服。身上着火时切记不要狂奔乱跑。

(2) 火场救人方法

火场救人除了具有献身精神、坚强意志外，还必须有救人的技能。

1) 寻找被困人员　被困人员的主要地点有车间的通道、楼梯、窗门、墙角、门后、车间的机器旁边、工作台下、控制室等。

2) 从燃烧区内向外抢救被困人员　受到浓烟、火焰或热辐射威胁时，救援人员和被困人员可采用低姿势或匍匐行进，不能行走的被困者，救援人员可用背、抱、扛、抬等方法将其救出。

3) 进入燃烧区的救援人员应做好自身防护　如携带对讲机、安全绳、腰斧、照明灯具、氧（空）气呼吸机，穿隔热服等。

4）抢救出的伤员要及时送往医院救治。

# 第三节　环境保护知识

## 一、车辆急救知识

车辆在使用过程中，往往会由于主、客观条件的突然变化，使操作人员难免遇到一些意外情况。面对这些情况，能否避免或最大限度地减轻事故的损失和伤害，主要取决于应急和急救措施是否及时、恰当。比较常见的几种紧急情况的应急处理，主要有突然熄火、侧滑、爆胎、制动无效、制动失灵、转向失控等。维修及驾驶人员应根据具体情况采取适当措施。

1. 车辆突然熄火

（1）利用惯性靠边停车，检查是否缺油，有无油管堵塞、渗漏及破裂。

（2）尝试再次起动，若不成功，检查电路系统。

2. 侧滑不稳

当车辆在泥泞、湿滑路面紧急制动或猛转方向时，由于车轮抱死或轮胎受力失衡，汽车失去横向稳定性，易产生侧滑，行驶方向失控。

（1）若为制动引起侧滑，应立即松抬制动踏板，迅速向侧滑的方向转动方向盘，并及时回转方向，即可有效制止侧滑。

（2）若为转向或擦撞引起的侧滑，不可以踩制动踏板，而应利用上述方法制止侧滑。

（3）若是在良好路面上出现侧滑，应检查车轮定位。

3. 行驶中轮胎爆坏

（1）极力控制方向，使其尽可能保持直线行驶，并在此情况下轻踩制动踏板，使车辆缓慢减速停靠在适当位置。

（2）利用备胎及工具进行换胎。

4. 制动无效、失灵

（1）调整制动鼓和制动蹄片的间隙。

（2）检查制动气压。若气压不够，检查气管、压缩机阀片及气室膜片有无破裂。

5. 转向失控

（1）检查两前轮的气压是否一致，不一致时应充气至相同气压。

（2）用手摸两前轮轮毂的温度，若有一侧发烫，则应检查车轮的轮毂轴承是否过紧，制动是否发咬，并予以调整排除。

（3）检查钢板弹簧是否有折断，装载的货物是否两侧轻重不一。

（4）测量两侧的轴距是否相等。

（5）若以上检查均正常，则应检查前轴、车架是否变形，前轮定位是否正确。

## 二、汽车排放物的危害

汽车所排放的污染物主要有：CO（一氧化碳），HC（碳氢化合物），$NO_x$（氮氧化物），微粒（由碳烟、铅氧化物等重金属氧化物和烟灰等组成）。其对环境的影响主要有两个方面，一是环境污染的重要因素，二是参与形成光化学烟雾，进一步恶化空气质量。污染物种类不同，对人的健康危害也有所不同。

（1）一氧化碳（CO）

CO与血液中的血红蛋白结合，形成碳氧血红蛋白，从而使这部分血红蛋白失去输送氧气的能力，造成血液输氧能力下降，导致人体缺氧。

（2）碳氢化合物（HC）

可以使人的骨髓功能减弱，血小板减少，刺激眼、鼻、呼吸道，危害植物，也是形成光化学烟雾的因素。

（3）氮氧化物（$NO_x$）

它由96%～98%的一氧化氮（NO）和2%～4%的二氧化氮（$NO_2$）构成，其中$NO_2$危害眼睛、呼吸道和肺。$NO_x$使纤维、塑料、橡胶、电子材料提前老化，并参与形成光化学烟雾。

（4）光化学烟雾

它由臭氧$O_3$和多种过氧化物及多种游离基组成，强烈刺激眼睛、呼吸道，诱发癌症，危害作物，腐蚀金属、橡胶，降低空气能见度。

（5）固体颗粒物

它由碳粒、铅氧化物和多种高分子氧化物构成。其中，铅可以损害心、肺、造血系统，降低智力；碳烟中的有害物质致癌，降低空气能见度，附着固定表面，影响美观，腐蚀金属。

## 三、汽车排放法规与标准简介

我国汽车专业的汽车排放法规和标准分为两种：国家标准和地方标准。

1. 汽车排放污染物控制标准的发展

我国1981年开始制定标准，于1983年发布了国家汽车排放标准GB 3842～3847—83，该标准执行时间为 1984 年 4 月 1 日。其中 GB 3842—83，GB 3843—83，GB 3844—83 分别为四冲程汽油机新车和在用车怠速污染物排放标准、柴油车自由加速烟度排放标准、汽车柴油机全负荷烟度排放标准。标准中的排放物限制值见表 12—1～表 12—3。GB 3845～3847—83 为与上述标准相对应的测量方法。

表 12—1　　　　　　　　　汽油车怠速污染物排放标准

| 项目 | 类别 | 限值（%） | 项目 | 类别 | 限值 |
|---|---|---|---|---|---|
| CO | 新生产车 | ≤5 | HC* | 新生产车 | ≤$2.5×10^{-3}$ |
| | 在用车 | ≤6 | | 在用车 | ≤$3×10^{-3}$ |
| | 进口车 | ≤4.5 | | 进口车 | ≤$1×10^{-3}$ |

注：* HC 浓度限值按正己烷当量。

表 12—2　　　　　　　　　柴油车自由加速烟度排放标准

| 项目 | 类别 | 限值，波许单位 |
|---|---|---|
| 烟度 | 新生产车*、进口车 | ≤$R_b$5.0 |
| | 在用车 | ≤$R_b$6.0 |

注：* 包括新型车及现生产车。

表 12—3　　　　　　　　　汽车柴油机安全负荷烟度排放标准

| 项目 | 类别 | 限值，波许单位 |
|---|---|---|
| 烟度 | 新型柴油机、进口汽车柴油机 | ≤$R_b$4.0 |
| | 现生产柴油机 | ≤$R_b$4.5 |

此后，我国又发布的汽车排放标准为 GB 267—87，GB 6456—86，该标准对汽车及工程机械用柴油机的排放试验方法及排放的最高值做出了规定。标准的实施时间为 1987 年 4 月 1 日。这一标准已在 1983 年的标准上前进了一大步，再不是 1983 年标准中的单一或少数几个工况（怠速、自由加速度等）下的限制值，而是采用了 13 个工况下测得的排放浓度的加权统计限定值。另外，该排放标准对 $NO_x$ 的排放量也做出了相应限制。该标准中的排放限制值见表 12—4。

表 12—4　　　　汽车及工程机械用柴油机排放标准限定值*　　　　g/(kW·h)

| 柴油机配套用途 | $NO_x$ | CO | HC |
|---|---|---|---|
| 汽车及其他道路运输车辆 | 18 | 34 | 3 |
| 工程机械 | 20 | | |

注：* 按 13 工况进行 1 次排放试验的平均排放率量不得超过的允许限 1993 年 11 月 8 日批准。

1989年制定了GB 11641—89《轻型汽车排气污染物排放标准》,其对应的测试方法在GB 11642—89《轻型汽车排放污染物测试方法》中做了详细说明。

1994年5月1日起实施的排放标准是我国制定的一个较为全面的国家排放标准。曲轴箱污染物排放及汽油车的蒸发排放污染都在该标准中做了限制。该排放标准共包括下列7个标准:

(1) 轻型汽车污染物排放标准（GB 14761.1—93）。

(2) 车用汽油机排气污染排放标准（GB 14761.2—93）。

(3) 汽油车燃油蒸发污染物排放标准（GB 14761.3—93）。

(4) 汽车曲轴箱污染物排放标准（GB 14761.4—93）。

(5) 汽油车怠速污染物排放标准（GB 14761.5—93）。

(6) 柴油车自由加速烟度排放标准（GB 14761.6—93）。

(7) 汽车柴油机全负荷烟度排放标准（GB 14761.7—93）。

2. 现行国家污染物控制标准

我国于1999年3月10日正式发布了四项汽车国家标准,并于2000年1月1日起实施。这四项标准分别是《汽车排污物限值及测试方法》(GB 14761—1999)、《压燃式发动机和装用压燃式发动机的车辆排气污染物排放限值及测试方法》(GB 17691—1999)、《压燃式发动机和装用压燃式发动机的车辆排气可见污染物排放限值及测试方法》(GB 3847—1999)、《汽车用发动机净功率测试方法》(GB/T 17692—1999)。前三项是有关汽车排污的强制性国家标准,采用了欧洲经济委员会汽车排放体系标准（ECE),至此我国新车排放要求达到欧洲20世纪90年代初期水平。新标准适用于在我国境内行驶的汽油车、柴油车、液化石油气车及压缩天然气车。

上述三项汽车排污的强制性国家标准只规定了新型车辆的形式认证和现生产车辆的生产一致性检查的排放限值和测试方法,而对于在用车排气污染物排放应符合GB 18285—2000《在用汽车排气污染物限值及测试方法》,本标准于2001年7月1日实施,是在用车排放检测的依据。

3. 地方污染物控制标准

随着我国近年来经济的飞速发展,一些大城市,汽车保有量增加很快。如北京市1998年汽车保有量已达130多万辆,并且还在以每年10%～15%的速度增长。就汽车总数量而言,仅为发达国家的1/3（东京1997年3月汽车保有量约为420万辆,大阪市约为353万辆）左右,然而由于汽车限制排放标准较宽,单车的有害物排放量高达发达国家的十几甚至二十倍,致使部分大城市的空气污染十分严重。在一些最为严重的城市,空气的污染指数甚至达到 500，并且汽车排放的 $NO_x$ 经常成为各大城市空气污染的首要污染物。在一些经济不发达的地区汽车保有量很少，污染问题还没有达到严重危害人类健康的程度。在这种背景下，为防治汽车排气污染，改善首都大气环境质量，保障人体健康，北京市于 1994 年出台了比当时国家标准严格的地方标准：DB 11/044～046—94。其中 DB 11/044—94 为汽油车双怠速污染物排放标准，DB 11/045—94 及 DB 11/046—94 分别为柴油车自由加速烟度排放标准和汽车柴油机全负荷烟度排放标准。到了 1998 年，北京市根据《中华人民共和国大气污染物防治法》制定了地方标准《轻型汽车排气污染物排放标准》DB 11/105—1998，此标准已于 1998 年 8 月 25 日由北京市技术监督局批准、发布，从 1999 年 1 月 1 日起实行。该标准规定了 $M_1$ 类、$N_1$ 类和最大总质量不超过 3.5 t 的 $M_2$ 类车辆冷起动后的排放标准，适用于装用点燃式四冲程发动机及压燃式发动机设计车速 50 km/h 以上的轿车、客车和货车。该标准适用于 1999 年 1 月 1 日起销往北京地区的和在京领取牌照的轻型汽车。该标准把轻型汽车分为两类，第一类指设计乘员数不超过 6 人（包括司机），且最大总质量不大于 2.5 t 的载客车辆；第一类车的排放标准限值见表 12—5。标准适用车辆中除第一类车以外的轻型汽车称为第二类车，其排放标准限值见表 12—6，第二类车第一阶段的限值标准从 2001 年 1 月 1 日起执行，第二阶段标准从 2004 年 1 月 1 日起执行。

表 12—5　　　　　　　　第一类车排放标准限值　　　　　　　　　　　　　g/km

| 排放物 | 实施日期① | | | |
|---|---|---|---|---|
| | 第一阶段：1999 年 1 月 1 日—2003 年 12 月 31 日 | 第二阶段：2004 年 1 月 1 日以后 | | |
| | | 汽油车 | 柴油车 | 直喷式柴油车 |
| CO | 3.16 | 2.2 | 1.0 | 1.0 |
| $HC+NO_x$ | 1.13 | 0.5 | 0.7 | 0.9 |
| PM② | 0.18 | | 0.08 | 0.10 |
| 劣化系数 | 指定值③或测定值④ | | | |

注：① 第一阶段的耐久性要求为 5 万千米；第二阶段的耐久性为 8 万千米。

② 只对柴油车有效。

③ 指定值是指对于不进行耐久性试验的汽车制造厂家，采用下述劣化系数：汽油发动机 CO 为 1.2；($HC+NO_x$) 为 1.2；柴油发电动机 CO 为 1.1；($HC+NO_x$) 为 1.0；PM 为 1.2。

④ 测定值是指对于进行耐久性试验的汽车厂家，采用由欧洲 91/441/EEC 规定的耐久性试验所确定的值。

表 12—6　　　　　　　　　　第二类车排放标准限值　　　　　　　　　　　　g/km

| 实施日期① | 基准质量 $R_m$（kg） | | $R_m \leqslant 1\ 250$ | $1\ 250 < R_m \leqslant 1\ 700$ | $R_m > 1\ 700$ |
|---|---|---|---|---|---|
| 第一阶段：2001年1月1日—2003年12月31日 | CO | | 3.16 | 6.0 | 8.0 |
| | HC+NO$_x$ | | 1.13 | 1.6 | 2.0 |
| | PM② | | 0.18 | 0.22 | 0.29 |
| | 劣化系数 | | 指定值③或测定值④ | | |
| 第二阶段：2004年1月1日以后 | CO | 汽油车 | 2.2 | 4.0 | 5.0 |
| | | 柴油车 | 1.0 | 1.25 | 1.5 |
| | HC+NO$_x$ | 汽油车 | 0.5 | 0.6 | 0.7 |
| | | 柴油车 | 0.7 | 1.0 | 1.2 |
| | PM② | | 0.08 | 0.12 | 0.17 |
| | 劣化系数 | | 指定值③或测定值④ | | |

注：2001年实施的标准限值对于直接喷射柴油发动机，（HC+NO$_x$）和PM的标准限值乘以系数1.4，宽限期为2年。

① 第一阶段的耐久性要求为5万千米；第二阶段的耐久性要求为8万千米。

② 只对柴油车有效。

③ 指定值是指对于不进行耐久性试验的汽车制造厂家，采用下述劣化系数：汽油发动机CO为1.2；（HC+NO$_x$）为1.2；柴油发动机CO为1.1；（HC+NO$_x$）为1.0；PM为1.2。

④ 测定值是指对于进行耐久性试验的汽车制造厂家，采用由欧洲91/441/EEC规定的耐久性试验所确定的值。

另外，按照我国政府的要求，2004年7月1日全国实行机动车排放达到欧Ⅱ排放标准，2005年7月1日北京实施欧Ⅲ排放标准。2008年左右北京、上海等一些主要城市要执行欧Ⅳ排放标准。

### 三、提高环保意识，加强汽车排放污染防治

我国是一个人口众多的国家，随着汽车作为商品进入家庭，它将成为人们现代化的交通工具，因此，汽车数量的过快增长，必然带来大气环境的污染。汽车尾气不仅恶化空气质量，还可以增加空气的温度，北京在夏季某些局部地区产生"热岛效应"，道路上大量汽车排放热尾气，就是其中一个原因。因此，保护环境、治理污染是摆在人们面前的头等大事。现阶段我国防治汽车排放污染有如下方法：

1. 旧车淘汰，规定使用年限

我国规定："机动车报废年限为15年。"淘汰原有的化油器汽车，避免由于发动机老化而产生的低效率和高污染。

2. 采用电喷技术，提高汽、柴油质量

在使用高效、低污染的电喷发动机的同时，提高我国汽、柴油质量。随着汽车技术的进步，新型汽车层出不穷，各个汽车厂家不断改进发动机，以适应国家和地方政府环保部门的要求。为了缩小我国汽、柴油质量与国外先进水平的差距，按照我国政府的要求，2004年7月1日起，全国实行机动车排放达到欧Ⅱ标准，2005年国内汽油和车用柴油质量实行欧Ⅱ标准，硫含量要求小于714 mg/m³，2008年左右北京、上海等一些主要城市要执行欧Ⅳ排放标准，汽、柴油硫含量要求小于71.4 mg/m³。因此，提高油品质量是治理污染的一项重要举措。

3. 推广使用新能源清洁汽车

在北京公交线路上，跑着许多无轨电动公交车和燃用天然气的公交汽车，在长春的出租车使用乙醇汽油。这些新型汽车和清洁燃料，从根本上减少了尾气排出的污染物。目前，全球各大公司已经开始投入资金研发新能源清洁汽车，特别是燃料电池电动汽车（FCEV）和以氢为燃料的汽车。如丰田、通用与埃克森美孚公司联手，试图从碳质燃料的清洁碳氢化合物燃料中提取氢气；福特、马自达联手戴姆勒—克来斯勒，研发从甲醇中提取氢气的技术；本田汽车公司正利用纯氢气的方式生产汽车，利用太阳光从水中提取氢气。因此，可以相信，在不久的将来，新能源的使用会给人类带来清新的空气。

# 第十三章 质量管理知识

## 第一节 汽车维修企业全面质量管理的概念

### 一、全面质量管理的概念

全面质量管理（Total Quality Control，TQC），这一概念最早是由美国质量管理专家于20世纪50年代末60年代初提出。经过几十年来的实践、总结和提高，全面质量管理的内容和方法都有了新的充实和提高，并且其基本原理和方法适用于包括维修在内的任何行业的质量管理问题。

就维修质量而言，所谓全面质量管理就是维修企业为了保证和提高维修质量，企业全体职工同心协力，综合运用管理技术、专业技术和科学方法所进行的系统的维修质量管理活动的总称。

### 二、全面质量管理的特点

全面质量管理，反映着质量管理的全面性、管理方法的综合性。其核心是一个"全"字，同其他的质量管理形式相比较，特点可归纳为"三全一多（综合）"。"三全一多（综合）"即全面的、全过程的、全员的质量管理，质量管理的方法是多种多样的。

1. 全面的质量管理

"全面的质量"是指广义的质量，即包括产品质量和工作质量。全面的质量管理是把质量成本和效益统一起来的质量管理。要管好工作质量，就要发动全企业所有部门参与质量管理活动，完成质量管理职责规定的任务，保证本部门、本岗位的工作质量。

2. 全过程的质量管理

产品或服务质量是企业生产经营活动的结果，全过程是指产品或服务质量的产生、形成和实现的过程。把影响产品质量的因素消灭在质量形成的过程中，贯彻预防为主的原则。既管好生产的全过程，又要管好设计和使用过程，把所有影响产品质量的环节和因素控制起来，形成综合性的质量保证体系。

3. 全员的质量管理

产品的质量是人制造出来的，参与企业生产的每一个人的工作质量都直接或间接地影响产品质量，为了保证和提高产品质量，就要求上至经理、下至工人，都做好本职工作，人人关心质量，全员参与质量管理。

4. 全面质量管理方法的多样性

全面质量管理的管理方法不是单一的、机械的，它不仅与以往的单纯事后检验不同，而且与统计质量管理也不相同，它要求把改善经营管理，革新生产技术和数理统计等结合起来，综合运用质量管理的科学方法，形成质量管理方法体系，全面管好质量。

# 第二节 汽车维修企业质量管理基本方法

### 一、汽车维修质量管理的方法

汽车维修质量是维修企业的生命线。维修质量的好坏，是企业管理的综合反映，它关系着企业的生存和发展。不断提高维修质量，是企业管理的头等大事。

1. 制订质量管理计划

企业根据自身能力，不仅要有生产计划，同时还应制订明确的质量计划指标，作为组织质量管理和实现提高质量的奋斗目标。

维修质量指标一般用合格率表示。合格率是指维修合格的车辆在维修车辆总数中所占的比重。其计算公式是：合格率=(合格辆次/维修总辆次)×100%。

维修合格率不是指所修车辆本身的状况,而是反映车辆在整个维修过程中的质量水平。在一般情况下,维修过程中的工作质量越好,合格率越高;反之,合格率就要相对降低。因此,利用合格率指标可以综合反映企业生产中的质量好坏,从而引起足够的重视,不断改进管理,提高质量。运用合格率指标分别对每道工序、每个班组、每个车间,直至整个企业进行考核。有时还用返修率、在厂车日、车时等指标来考核整个企业的服务质量。返修率是指汽车回厂翻修辆次与出厂汽车总数的比值。在厂车日(车时)是指维修车辆自入厂时起,直至竣工出厂时的日历天数(或小时总数)。

2. 建立质量分析制度

进行质量分析的重要步骤就是要了解情况,搞好调查研究。各级领导一方面要亲自动手,深入现场;另一方面,也要组织科室、车间、班组人员,组成各种调查组深入现场,以质量为中心,从车辆进厂到竣工出厂,从维修机具到检验设备,从维修工人到管理干部,从上道工序到下道工序,从原材料配件出入库到外协件验收等方面,层层调查研究,发现问题,为不断提高维修质量打下良好基础。

质量分析应当是经常的、全面的。厂部、车间、班组都要进行。既要分析发生的质量事故,又要分析合格车辆。分析质量事故,是为了找出发生质量事故的原因和责任者,以便有针对性地采取技术组织措施。分析合格车辆,是为了全面掌握达到质量标准的规律,总结经验,鼓励先进,为进一步改善和提高质量奠定基础。

质量分析的方法,可从企业内部和企业外部两个方面进行。在企业内部,除了对日常质量检验的统计资料进行分析外,还可通过现场质量分析会、专项难点攻关等形式进行分析。在企业外部主要是组织质量调查组深入用户进行走访调查,更具体地了解使用单位的意见和要求,为进一步提高维修质量提供资料。

3. 制定提高维修质量措施

质量计划指标,应有切实可行的措施来保证。为了实现质量计划指标,就必须制定相应的具体措施。

(1) 加强教育,提高全体员工的质量意识,做到人人关心质量,个个保证质量。这是保证和提高维修质量的先决条件。

(2) 抓技术管理,建立与健全各项有关质量管理的规章制度。做到岗位有职责,检验有标准,操作有规程,优劣有奖罚,不断提高质量管理水平。

(3) 以质量为中心,依靠群众,积极推广和应用新技术、新工艺、新材料、新设备、新经验,不断提高维修质量和生产效率。

(4) 加强职工的技术业务培训,练好基本功,不断提高工人的技术水平和操作的熟练程度。

(5) 积极推行全面质量管理新经验。

## 二、全面质量管理的基本工作方法

全面质量管理的基本工作方法就是 PDCA 循环法。

根据管理也是一个过程的理论，按计划（Plan）、实施（Do）、检查（Check）、处理（Action）四个阶段顺序进行的管理工作循环，称 PDCA 循环。它是质量管理活动中应该遵循的科学程序。它不仅适用于整个质量管理过程，也适用于质量管理的任何一个方面，如质量管理活动。

1. P 阶段

即计划阶段。是循环的第一阶段，在这一阶段要确定维修质量管理的具体项目和每一管理项目的目标和任务，制订质量管理活动具体计划，提出完成这些任务、实现管理目标的具体方法和措施。

2. D 阶段

即实施阶段。在这一阶段要按照第一阶段制订的目标和措施计划去实施、执行，为实现质量目标而努力。

3. C 阶段

即检查阶段。按照计划和设计的内容检查执行情况和效果，通过检查总结经验和发现存在的问题，从而提高质量管理水平。

4. A 阶段

即总结阶段。把成功的经验和失败的教训加以归纳总结，把成功的经验加以肯定纳入标准，予以推广。对没有解决的问题，反映到下一个 PDCA 循环中去。

# 第三节　汽车维修质量评价与控制

## 一、汽车维修质量的评价

汽车维修质量可以通过修理后汽车性能的量化指标，即质量指标来评价。

表 13—1 列出了表征汽车修理质量的评价指标。

汽车质量指标不仅取决于修理后汽车和总成的初始指标，而且由汽车在整个使用期内保持这些指标的能力来解决。

汽车在修理过程中，其修理质量取决于汽车修理工艺规程、工艺设备、修理生产的组织和生产技术准备工作的完善程度以及修理工作人员的劳动素质等，详见表13—2。

表13—1　　　　　　　　　　汽车维修质量评价指标体系

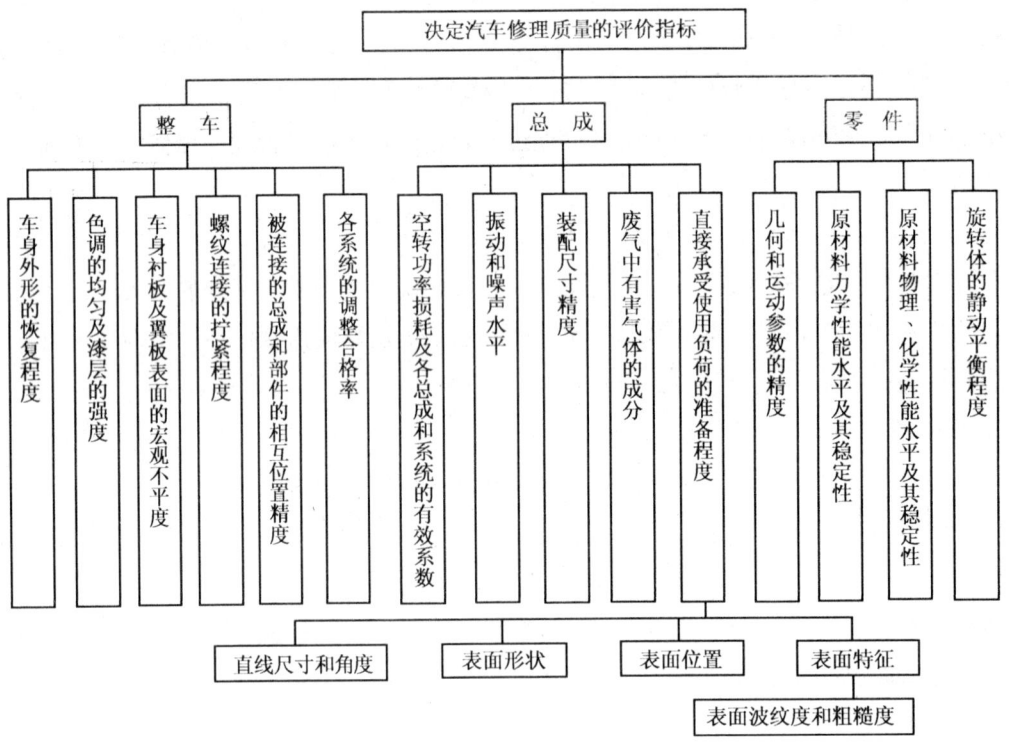

汽车维修质量的好坏，取决于设计、制造、使用诸因素和修理生产过程的组织与管理水平，也取决于修竣车的使用条件。

## 二、汽车修理质量的控制

为了保证汽车和总成的修理质量，应分段对总成和整车修理质量进行管理和控制。

质量管理的第一阶段是获取有关被管理对象的信息。为此，要检查送修品，检查各工序的规范，检查工艺装备的状况和检查试验手段的状况等。

质量管理的第二阶段是分析有关工艺规程的执行情况，收集和分析信息。

质量管理的第三阶段是制定和修改有关技术措施和管理措施。其主要内容包括加工工艺要求和工艺纪律，提高检验质量，改善对设备状况的预防性检查，改善工艺组织和管理，加强职工培训等。

质量管理的第四阶段是贯彻执行修改后的技术措施或管理措施。

**表 13—2　　汽车维修质量的保证体系**

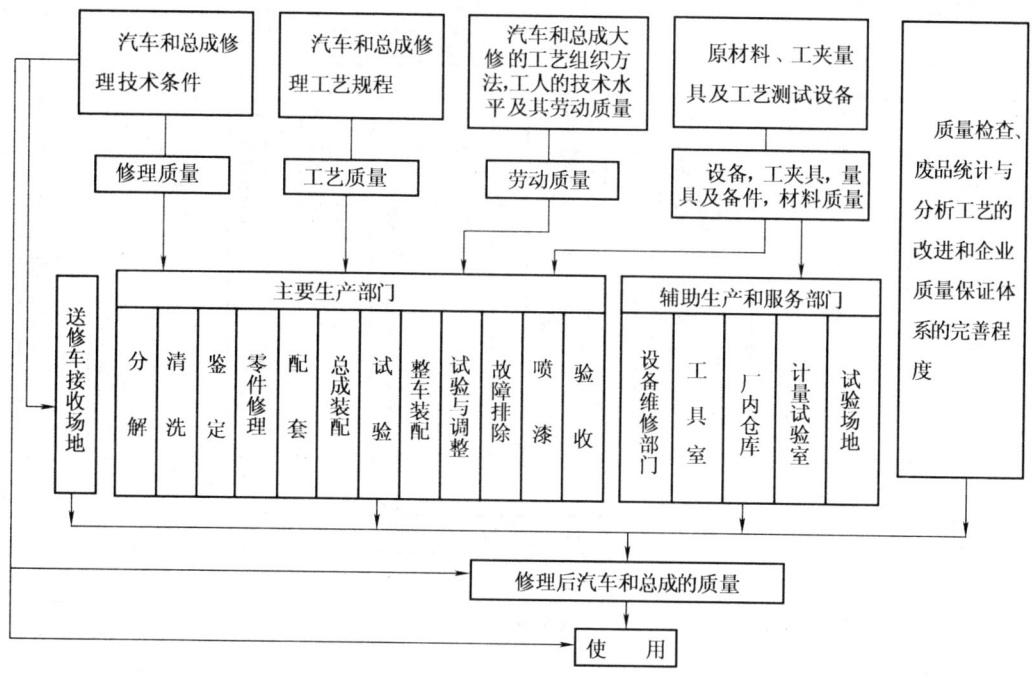

质量管理的这四个阶段是对汽车修理过程实行全面质量控制的主要内容。它是以企业各部门、各个人为主体，以数理统计方法为基础，建立的整个全面质量管理系统，详见表 13—3。为了控制汽车维修的质量，分析影响质量的因素，常采用的统计方法有排列图、因果分析图、分层法和控制图。现对排列图、因果分析图介绍如下。

1. 排列图

排列图又称主次因素排列图或巴雷特图。它是一种从大量影响汽车修理质量的因素中，找出主要影响因素的有效方法，是将影响质量的因素分为 A，B，C 三类：A 类因素是指累积频率为 0～80％的因素，为主要因素；B 类因素是指累积频率在 80％～90％的因素，为次要因素；C 类因素是指累积频率在 90％～100％的因素，为一般因素。

排列图由两个纵坐标、一个横坐标及若干个直方形和一条折线组成。其中，直方形个数代表影响维修质量的因素个数，直方形高度表示各因素对维修质量影响的程度。左边纵坐标表示频数，右边纵坐标表示频率，横坐标表示影响维修质量的各项因素，按影响程度大小从左到右排列。折线即累计频率曲线，又称巴雷特曲线。对主要因素应采取相应措施，采取措施后，还应按原项目重做排列图，以检查措施的效果。

2. 因果分析图

因果分析图又称树枝图、鱼刺图，是寻求影响维修质量因素的有效方法之一。它是从问

**表 13—3** 汽车和总成质量的管理

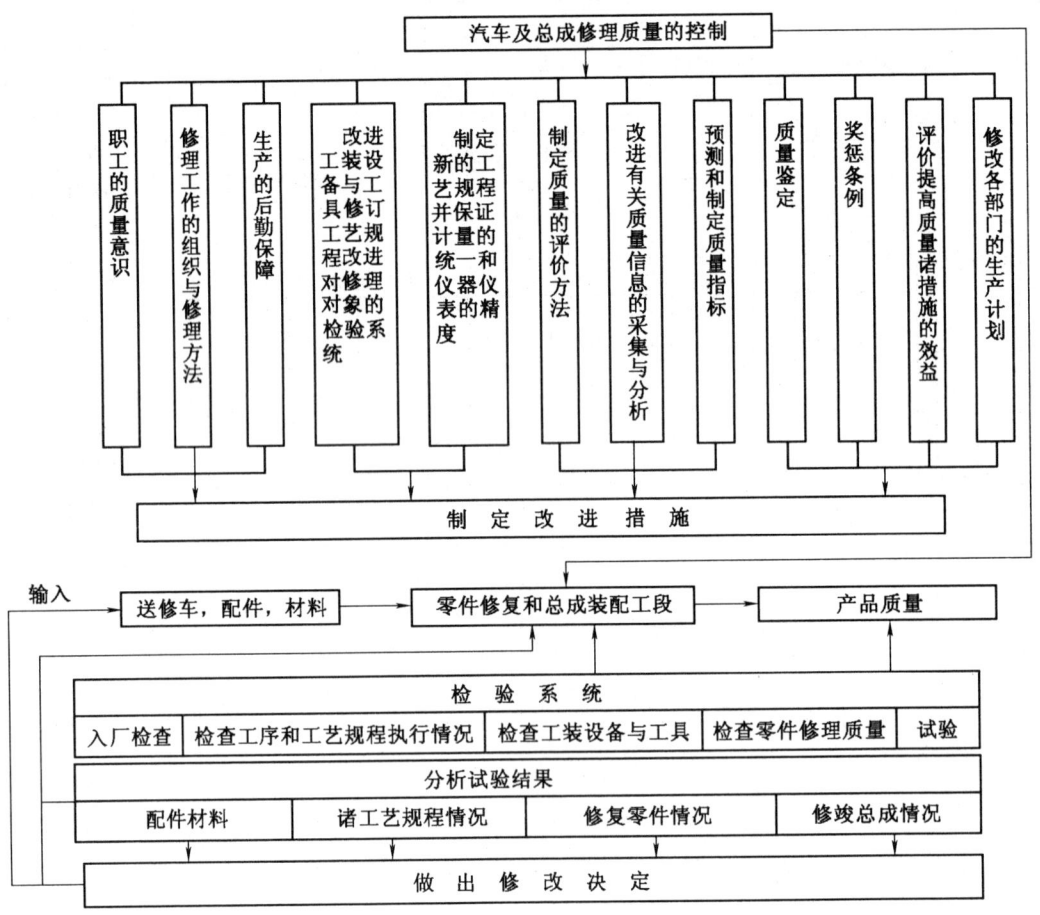

题的结果出发,首先找出影响质量问题的大原因,然后找出影响大原因的中原因,再从中找出小原因,依次类推,步步深入,一直找到能够采取措施为止。

# 第四节 汽车维修人员的职业道德

一个合格的维修从业人员,不仅表现在技术的娴熟上,更重要的是应该具有良好的行为习惯和道德修养,良好的职业道德是保证修车质量和行业兴衰的先决条件。

1. 良好的行为习惯

维修人员要注意自己的道德修养,养成良好的行为习惯;修理工之间应该互相学习,互相帮助，取长补短，虚心学习。注意修理行业之间应文明相处，互相合作。

2. 规范操作

在对车辆进行修理时应注意操作规程，不要野蛮操作。

3. 文明修车

对待修车辆应认真、细心询问，听取驾车人有关车况介绍。在修理过程中要根据所学修理知识和经验耐心、细致地检查修理。

# 第十四章 法律知识

## 第一节 劳动法常识

广义的劳动法是指调整劳动关系及与劳动关系密切联系的其他社会关系的法律规范的总称。它既包括国家最高权力机关颁布的劳动法律，也包括其他调整劳动关系的法律法规。狭义的劳动法仅指《中华人民共和国劳动法》（以下简称《劳动法》）。该法1994年7月5日于全国人民代表大会常委会通过，并于1995年1月1日起开始施行。《劳动法》共十三章107条，它以宪法为依据，全面规定了用人单位应遵守的劳动标准和行为规范，明确了法律责任和监督检查职责，是我国第一部全面调整劳动关系、规范劳动行为的基本法律，是制定其他劳动法律规范的重要依据。

### 一、劳动者的权利和义务

根据《劳动法》规定，劳动者既享有一定的权利，又要履行一定的义务。即：劳动者享有平等就业权和选择职业的权利、取得劳动报酬的权利、休息休假的权利、获得劳动安全卫生保护的权利、接受职业技能培训的权利、享受社会保险和福利的权利、提请劳动争议处理的权利以及法律规定的其他权利。同时劳动者应当完成劳动任务、提高劳动技能、执行劳动安全卫生规程、遵守劳动纪律和职业道德。

权利和义务是统一和互为条件的，没有无权利的义务，也没有无义务的权利。

## 二、劳动合同制度

劳动合同是用人单位与劳动者个人确立劳动关系，明确双方权利与义务的协议。建立劳动关系应当订立劳动合同，劳动合同依法订立即具有法律约束力，当事人必须履行劳动合同规定的义务。

订立劳动合同遵循的是平等自愿、协商一致和依法订立的原则。订立劳动合同要经过要约和承诺两个阶段，要约由提出合同建议一方提出，承诺是另一方完全接受，承诺后合同即告成立。

劳动合同的内容包括劳动合同期限、工作内容、劳动保护和劳动条件、劳动报酬、劳动纪律、劳动合同终止的条件、违反劳动合同的责任及双方认为应当规定的其他事项。

劳动合同依法订立即具有法律约束力，当事人必须履行劳动合同规定的义务。

## 三、劳动保护制度和社会保险制度

1. 劳动保护制度

劳动保护制度包括劳动安全卫生制度和对女职工和未成年工的特殊保护制度。

劳动安全卫生制度包括：安全技术规程；工业技术卫生规程；职工安全卫生行政管理制度；劳动保护监督制度等。

女职工特殊劳动保护的内容主要有：男女平等就业权、同工同酬、劳动禁忌范围和经期、孕期、产期、哺乳期的特殊保护措施。

未成年工是指已满16周岁未满18周岁的劳动者。《劳动法》规定，不得安排未成年工从事矿山井下、有害有毒、国家规定的第四级体力劳动强度的劳动和其他禁忌从事的劳动。

2. 社会保险制度

社会保障制度是指国家或社会对劳动者在年青、失业、患病、工伤、生育等情况下给予物质帮助和补偿的一种制度。社会保险是现代社会保障制度的重要组成部分，它通过国家立法，强制征集专门资金用于保障劳动者在丧失劳动能力或劳动机会时的基本生活需求。社会保险既不同于社会救济，也不同于职工工资，主要内容有养老保险、失业保险和医疗保险。

## 四、劳动争议的处理

我国劳动争议是指劳动关系当事人在执行劳动法或履行劳动合同和集体合同发生的纠纷。用人单位与劳动者发生劳动争议，当事人可以依法申请调解、仲裁、提起诉讼，也可以协商解决。解决劳动争议应当根据合法、公正、及时处理的原则，依法维护劳动争议当事人的合法权益。

劳动争议发生后，当事人一方要求仲裁的，可以向劳动争议仲裁委员会申请仲裁。当事人一方也可以直接向劳动争议仲裁委员会申请。对仲裁不服的，可向人民法院起诉。

# 第二节　合同法常识

### 一、合同法概述

1. 合同与合同法的概念

合同也称契约，是指平等主体的自然人、法人、其他组织之间设立、变更、终止民事权利义务关系的协议。

合同法是我国社会主义法律体系的重要组成部分，是调整合同关系的法律，是规定合同的订立、主要条款和履行的法律，是调整平等主体的自然人、法人、其他组织之间设立、变更、终止民事权利义务关系的法律规范的总称。《中华人民共和国合同法》（以下简称《合同法》）于1999年3月15日第九届全国人大会议通过，于1999年10月1日起施行。该法对合同的概念、合同法调整的范围、合同法的基本原则、合同的订立、合同的效力、合同的履行、合同的变更和转让、合同权利义务的终止、合同的种类，以及违反责任都作了明确的规定，是我国第一部统一的、较为完备的合同法典。

2. 合同的法律特征及合同法的基本原则

合同的设立、变更和终止是合同双方当事人为追求特定债权债务关系的法定状态而实施法律行为的结果。因此，合同是一种民事法律行为；合同是由当事人在平等基础上意思表示一致而成立的，并且依法成立的合同具有法律约束力。合同一旦成立，当事人就必须严格按照合同内容履行义务。

《合同法》规定，合同当事人应遵守平等原则、自愿原则、公平原则、诚实信用原则和遵守法律与社会公德原则。

### 二、合同的订立

1. 合同的主体、形式及内容

《合同法》规定，当事人订立合同，应当具有相应的民事权利能力和民事义务能力。可见，只有具备法定资格条件，才可以成为合格的合同订约主体。在民事法律关系中，自然人、法人、其他组织是合同主体，同时也是订约个体。

合同的形式是合同内容的载体。当事人订立合同可采用书面形式、口头形式和其他形式。

书面形式是合同的主要形式，是通过文字来表达当事人所订合同内容的合同形式。当事人可以通过合同书、信件、数据电文（包括电报、传真、电子数据交换和电子邮件）等形式来确立合同关系。

合同的内容也叫合同的条款，是确定合同双方当事人权利义务关系的根本依据，也是判断合同是否有效的客观依据。《合同法》第12条规定，合同内容由当事人约定，一般包括以下条款：

(1) 当事人的名称或者姓名和住所。
(2) 标的。
(3) 数量。
(4) 质量。
(5) 价款或者报酬。
(6) 履行期限、地点和方式。
(7) 违约责任。
(8) 解决争议的方法。

当事人可以参照各类合同的示范文本订立合同。

2. 合同的订立

合同的订立过程，就是当事人双方依法对合同内容进行协商，取得一致意见的过程。它包括要约和承诺两大程序。

要约是一方当事人向对方提出订立合同的建议和要求，即希望与他人订立合同的意思表示。该意思表示应符合以下要求：

(1) 内容具体确定。
(2) 表明经受要约人承诺，要约人即受该意思表示约束。
(3) 要约到达受要约人时生效，不得任意撤回、撤销或变更。

承诺是受要约人同意要约的意思表示。承诺必须由受要约人或其代理人做出，其内容必须与要约的内容一致，并且在要约规定的期限内到达要约人。否则，承诺没有法律效力。

### 三、合同的效力

合同的效力即合同的法律约束力，就是合同的法律效力。《合同法》规定：依法成立的合同自成立时生效；法律、行政法规规定应当办理批准、登记手续生效的，依照其规定。

不具备法定条件的合同没有法律效力，不受国家保护，该合同无效。因重大误解订立的合同、显失公平的合同、一方以欺诈、胁迫的手段或乘人之危订立的合同，属可撤销合同。对此类合同，受损害方有权请求人民法院或者仲裁机构予以变更或撤销。被撤销的合同自开始时即没有法律效力。

### 四、合同的履行

合同的履行就是合同双方当事人为了实现订立合同的目的而做出合同约定的行为。也就是按照合同约定的主要内容全面完成各自承担的义务。双方当事人在履行合同过程中应遵守全面履行和诚实信用的履行原则，切实完成合同义务。

### 五、合同的变更、转让和终止、解除

《合同法》第77条规定了合同变更的一般条件：当事人协商一致，可以变更合同。法律、行政法规规定变更合同应当办理批准、登记手续，手续齐备方可变更。

合同的转让是指合同当事人一方依法将其合同全部或部分的权利和义务转让给第三人的行为。合同的转让可分为合同权利的转让、合同义务的转让和合同权利义务的一并转让三种情况。合同的转让和合同的变更最主要的区别在于：合同转让是合同主体发生变更，但不致改变合同的内容；合同变更则是只对合同的内容进行非实质变更，合同的主体不变。

合同的终止即合同的权利义务终止，是指合同当事人双方终止合同关系，合同确立的权利义务关系消灭。《合同法》第91条规定了终止合同权利义务的情形。

合同的解除是指合同有效成立后，因当事人一方的意思表示或者双方的协议，使基于合同发生的民事权利义务关系归于消灭的行为。合同解除的方式有协商解除、约定解除、法定解除三种。

# 第三节　质量管理法

### 一、产品质量法概述

1. 产品质量及产品质量法

产品质量是指产品能够满足社会需要的某种属性或特征。在社会主义市场经济条件下，

产品质量是市场竞争的关键所在,产品质量的优劣,必然会影响企业的生存与发展。

产品质量法是调整在生产、流通和消费过程中因产品质量所发生的经济关系的法律规范的总和。为了加强对产品质量的监督管理,明确产品质量责任,保护用户、消费者的合法权益,维护社会经济秩序,1993年2月22日第七届全国人民代表大会常务委员会第十三次会议通过了《中华人民共和国产品质量法》(以下简称《产品质量法》)。

2. 产品质量责任和义务

产品质量责任是指生产者或者销售者因为生产或销售了有瑕疵和缺陷的产品,使用户、消费者或其他人人身和财产遭受损失时承担的赔偿义务。

产品质量义务是指产品生产者或销售者为了确保自己的产品达到法定的质量标准,依照《产品质量法》以及其他一些有关法律、法规的要求,必须为一定质量行为或者不为一定质量行为,以满足对方利益需要的责任。产品质量义务是生产者和销售者为了确保产品质量义务必须履行的义务。《产品质量法》对生产者和销售者的产品质量、产品或包装上的标志,以及对产品质量的禁止性、限制性等都做了明确的规定,这是法律强加给生产者、销售者的,如果不履行,有关部门将依法追究其行政责任或刑事责任。

## 二、产品质量的监督管理

1. 产品质量管理体制

国务院产品质量监督管理部门(国家技术监督局)负责全国产品监督管理工作。国务院有关部门在各自的职责范围内负责产品质量监督管理工作。县级以上地方人民政府管理产品质量监督管理工作的部门负责本行政区域内的产品质量监督管理工作。县级以上地方人民政府有关部门在各自的职责范围内负责产品质量监督管理工作。

2. 产品质量管理标准

《产品质量法》对产品质量管理有以下标准:

(1) 国家及行政标准。

(2) 企业质量体系认证制度。

(3) 产品质量认证制度。

(4) 产品质量监督检查规定。

## 三、违反《产品质量法》的法律责任

我国对违反《产品质量法》的行为采取追究民事责任、行政责任和刑事责任相结合的制裁方式。无论违法行为给用户和消费者是否造成损失,只要存在违法行为,国家均可予以惩罚。

# 第四节 消费者权益保护法

## 一、消费者权益保护法的概念

消费包括生产资料的消费和生活资料的消费。这里所说的消费者是指生活资料的消费者,是指为满足生活需要而购买、使用商品和接受服务的个体公民。消费者权益是指消费者在有偿获得商品或接受服务时所应得到的正当权利。消费者的权利是消费者利益在法律上的体现,是国家对消费者进行保护的前提和基础。为了保护消费者的合法权益,维护社会经济秩序,促进社会主义经济的健康发展,1993年10月31日第八届全国人民代表大会常务委员会第四次会议通过了《中华人民共和国消费者权益保护法》(以下简称《消费者权益保护法》),这是我国制定的第一部保护消费者权益的专门法律。主要内容是规定消费者的权利、经营者的义务、国家对消费者合法权益的保护、消费者组织、争议的解决和法律责任等。

## 二、消费者的权利与经营者的义务

《消费者权益保护法》第二章专门规定了消费者的权利。依据该法的规定,消费者的权利主要有:安全权(人身、财产不受损害)、知情权、自主选择权、公平交易权、请求赔偿权、依法结社权(成立社团)、获得有关商品知识权、维护尊严权、监督批评权等。

依照《消费者权益保护法》第三章的规定,在保护消费者权益方面,经营者主要有如下义务:履行法定和约定的义务,接受监督的义务,保证商品和服务安全的义务,提供商品和服务真实信息的义务,标明真实名称和标记的义务,出具购货凭证或者服务单据的义务,保证质量的义务,履行"三包"的义务,不得侵犯消费者人格权的义务等。

## 三、消费者权益的保护

1. 国家对消费者合法权益的保护

对侵犯消费者合法权益的行为,应当采取民事的、行政的和刑事的手段来保护消费者的合法权益,具体表现在由经营者根据其违法行为的性质、情节、社会危害等因素分别承担民事责任、行政责任和刑事责任。

2. 消费者组织对消费者合法权益的保护

消费者协会和其他消费者组织是依法成立的对商品和服务进行社会监督和保护消费者合法权益的社会团体。消费者协会通过下列职能保护消费者的合法权益:

(1) 向消费者提供消费信息和咨询服务。

（2）参与有关行政部门对商品和服务的监督、检查。

（3）就有关消费者合法权益的问题，向有关行政部门反映、查询，提出建议。

（4）受理消费者的投诉，并对投诉事项进行调查、调解。

（5）投诉涉及商品和质量问题的，可以提请鉴定部门鉴定，鉴定部门应当告知鉴定结论。

（6）就损害消费者合法权益的行为，支持受损害的消费者提起诉讼。

（7）对损害消费者合法权益的行为，通过大众传播媒介予以揭露、批评。